Copyright © 1999, 2010 by Capps, Donald

Original published in English under the title ;
   Social Phobia:Alleviating Anxiety in an Age of Self-promotion
   Previously published by Chalice Press, 1999.
This limited edition licensed by special permission of Wipf and Stock Publishers (www.wipfandstock.com) through arrangement of rMaeng2, Republic of Korea. All rights reserved.

Korea Edition Copyright © 2015, Eldoron Publisher. in Daejeon, South Korea

이 한국어판의 저작권은 알맹2 에이전시를 통하여 Wipf and Stock Publishers와 독점계약한 엘도론에 있습니다. 신 저작권법에 의하여 한국 내에서 보호받는 저작물이므로 무단 전재와 무단 복제를 금합니다.

사회공포증

지은이	도널드 캡스
옮긴이	김태형
초판발행	2015년 6월 16일
펴낸이	배용하
책임편집	윤순하
등록	제258호
펴낸곳	엘도론
	www.eldoron.com
등록한곳	대전광역시 동구 우암로 75-21
편집부	전화 (042)673-7424
영업부	전화 (042)673-7424 전송 (042)623-1424
분류	심리	상담치료
ISBN	978-89-92257-68-8 03180

이 책은 저작권법에 의해 보호를 받는 출판물입니다.
기록된 형태의 허락 없이는 무단 전재와 복제를 금합니다.

값 12,000원

사회공포증

만남의 두려움에서 벗어나기

도날드 캡스 지음
김태형 옮김
이상억 감수

※ 일러두기

본문에서 "~이다."(Reich 1986, 130)는 참고문헌에 나오는 Reich의 1986년 저작의 130쪽이며, 숫자만 있는 것은 앞의 책의 쪽수를 뜻한다.

| 차례 |

추천의 글 / 7
옮긴이의 글 / 17
서 문 / 19
서 론 / 23

Chapter 1. 불안장애로서의 사회공포증 / 31

Chapter 2. 사회공포증의 진단 / 55

Chapter 3. 사회공포증의 유형과 증세 / 85

Chapter 4. 전통적인 치료법 / 104

Chapter 5. 인지 행동 치료 / 131

Chapter 6. 심리 치료적 접근 / 157

Chapter 7. 문화적 차원에서의 사회공포증 / 181

Chapter 8. 종교적 자원을 통한 사회공포증의 완화 / 197

참고문헌 / 227

추천의 글 |

따뜻한 세상을 만나는 책

이상억
장로회신학대학교 목회상담학 교수

옷에 흙이 묻어 더럽다고 털어냈습니다. 생각해보면 저 역시 하나님께서 흙으로 만드신 흙인 주제에 별걸 다 더럽다고 털어내려 한다 싶었습니다. 죽어서 흙이 될 주제이니 흙이 묻어 조금 더러워도 더러운 대로 살아야겠습니다. 더러움을 상처라 여기지도 말고, 흠이라고 생각하지도 말고, 아픔이라 부르지도 말고 그저 흙으로 살아야겠습니다. 그리 살면 누군가를 싹 틔우게 하거나 누군가를 열매 맺게 할 양분이 되는 것은 아닐런지요. 이런 삶과 서런 아픔이 모여 있기에 고약한 냄새도 나는 별것 아닌 주제이지만 누군가를 넉넉하게 하는 그런 흙 같은 존재가 되길 소망합니다. 이 아무개라고 불리길 원하는 이현주 목사의 시를 들려드립니다.

너는 흙이니 흙으로 살아라.
죽어서 흙 될 생각 말고
살아서 너는 흙으로 살아라.
온갖 썩는 것 더러운 것
말없이 품 열고 받아들여
오래 견디는 참 사랑

모든 것 삭이는 세월에 묻었다가
온갖 좋은 것 살아있는 것
여린 싹으로 토해내어
마침내 열매 맺히도록
다시 말없이 버텨주는 흙으로
흙으로 살아라.
너는 흙이니
오오, 거룩한 흙으로 살아라.

제가 참 좋아하고 의지하는 김태형 교수가 정말 좋은 책을 번역하였습니다. Social Phobia^{사회공포증}! 무시무시한 제목의 책이지만 참 따뜻한 책입니다. 마음이 어두워지는 제목을 달고 있지만 읽는 내내 "흙이니 흙으로 살아야지!"라는 다짐을 하게 하는 책입니다.

저자인 도날드 캡스^{Donald Capps} 선생님은 따뜻함과 유머, 그리고 넉넉함과 푸근함을 가진 참 좋은 분입니다. 제 스승님이라 그리 표현하는 것이 당연하다 생각하실지 모르지만 정말 그런 분입니다. 그러니 저도 그런 사람이 되려고 노력하였습니다. 조금 힘들더라도 누군가를 위해 조금 더 푸근한 울타리와 공간이 되려고 생각하였습니다.

캡스 선생님이 쓰신 이 책은 자신의 경험과 삶이 담긴 책입니다. 그러니 읽으시는 내내 위로를 느끼실 겁니다. 제가 학교를 졸업할 때, 박사학위를 받는 제자를 위해 선생님이 용기를 내셨습니다. 많은 사람들이 모인 곳에서 누군지 알지 못하는 사람들을 만나는 것에 대한 두려움을 가지신 분이니 그곳을 찾아오신다는 것이 선생님께는 썩 유쾌한 일이 아니었을 텐데 식장 한 귀퉁이에서 저를 기다리고 계셨습니다. 사진 찍으러 왔다고 환히 웃으시던 모습을 잊을 수 없습니다. 물론 사진을 찍고 잠시 방심한 사이 어김없이 사라지신 분이지만, 집으로 오는 내내 선생님의 마음이 생각났습니다.

　이 책에는 선생님이 담겨 있습니다. 그리고 선생님이 어떻게 세상과 만나고 세상을 살아내셨는지 그 이야기가 담겨 있습니다. 비슷한 성향을 가진 저 역시 선생님의 책을 통해 어떻게 세상을 찬란하고 화창하게 살 수 있는지 깨우칠 수 있었습니다. 아마 이 책을 번역한 김태형 교수님도 그러셨을 겁니다. 우리 모두 비슷한 성향의 사람들이니 말입니다. 그래서 책을 읽는 내내 마음이 따뜻해지실 겁니다. 더 나아가 혹 누군가를 만나기 힘들어하거나 누군가와 함께 한다는 것에 대한 어려움과 두려움을 가진 분들을 이해하실 수 있으실 겁니다. 그리고 그런 성향을 가진 분들과 어떻게 관계를 맺고 살아야 하는지에 대한 분명하고 구체적인 지침도 갖게 되실 것입니다. 무엇보다 하나님과 만나는 예배가 이런 성향을 가진 사람들에게 왜 꼭 필요한지 그 이유도 알게 되실 겁니다. 그래서 목회상담가에게, 기독교상담가에게

던져주는 의미가 무척 큰 그런 책입니다.

저는 자신감과 자존감을 구분하는 사람입니다. 성공 경험을 많이 하게 되면 사람은 자신감을 갖게 됩니다. 뭐든 할 수 있을 것 같은 자신감은 또 다른 성공을 불러오는 좋은 원동력이 되기도 합니다만, 행여 실패하게 되면 한없이 절망하게 되는 계기가 되기도 합니다. 그래서 성공과 실패와 상관없는 자존감이 필요한 것입니다. 자존감은 성패에 잇댄 결과 지향이 아니라, 성공이든 실패든 삶의 과정이라 여기고 '그럼에도 살아내자!'는 삶에 대한 확신을 일컫습니다. 책을 읽는 내내 자존감을 갖게 되실 겁니다. 그리고 "나도 아름다운 사람이야!" 그런 생각도 하실 겁니다.

사회가 점점 발달하면서 점점 빨라져가고 있습니다. "빠름! 빠름!"을 외치는 시대입니다. 그런 사회를 살아가니 소외되고 아파하는 사람들이 생겨나는 것은 당연한 일입니다. 하지만 이들을 실패자라고 도태된 패배자라고 함부로 말해서는 안 될 것입니다. 누군가와 잘 어울리진 못하지만 또 누군가에게 스스로를 잘 나타내지도 못하지만 하나님의 감동과 아름다움을 담은 보석 같은 실존이라는 것을 책을 읽으시며 느끼실 수 있으실 겁니다. 읽으시는 내내 '그래도 세상이 따뜻하구나!' 하고 느끼시면 좋겠습니다. 귀한 책을 번역해 주신 김태형 교수께 다시 한 번 박수를 보내드립니다.

추천의 글 II

자신의 존재감과 가치에 대한 성찰을…

김진영
한국목회상담협회/학회 회장

캡스 교수가 이 책을 저술한 의도는 부제가 말하듯이 자기 선전 시대가 낳은 불안을 경감하려는 것이라 하겠다. 자기성격과 대인관계 특성에 대한 이해가 없이 자아존중감이란 미명하에 자기 선전과 자기 자랑을 일삼는 현대인들이 잠깐 이 책을 통하여 참된 자기모습을 발견하기 위한 진지한 성찰을 권유하고 있다. 캡스 교수는 전문적인 치료를 받아 본 적은 없으나, 경미한 low-grade 사회공포증의 경향을 지니고 있다고 고백한다. 지극히 내성적이고 조용히 집에서 독서를 하거나 시쳇말로 "혼자 놀기"를 좋아하는 경향을 지닌 사람들이 모두 그 범주에 드는 것은 아닐지라도, 다른 이들과 어울리고 사회 활동을 즐기고 파티를 하고 다양한 사교 모임을 즐길 수 없는 이들이 소위 출세를 위하여 억지 춘향 식으로 이런 문제들을 해결하거나 치료하는 것이 반드시 좋은 해결책은 아니라는 균형있는 시각을 제시하고 있다. 사회공포증의 특효처방은 그보다 더 큰 댓가를 지불해야 하는 것일 수 있다고 경고하고 있다. 우리 사회에도 이러한 문제에 대한 이해와 치료를 제공해야만 하는 지 미지수이다. 그러나 갈수록 개인주의가 팽배해 가는 우리 사회에 이미 혼자 지내면서 타인들과 어울리기를 두려워 하는 이들이 늘어가고 있다. 그런 이들이 자신의 삶의 방식에 싫증이 나고 변화하기를 원한다면, 이 책을 권하고 싶다. 자신의 존재감과 가치에 대한 성찰을 요청하며 자신의 진정한 내면의 모습을 수용하고 그 안에 내재한 어떤 힘을 찾아가도록 권유하고 있기 때문이다.

김태형 박사가 "재구조화" 이후에 또 한 권의 책이 우리 언어로 읽혀질 수 있도록 한 수고에 박수를 보낸다. 번역은 노동이다. 그래서 인기없는 일거리일 수 있다. 그러나 번역된 책을 읽은 이들이 임상과 학문에 도움을 얻어 연구의 열매가 맺힐 때에 수고의 댓가를 얻게 되는 기쁨이 있다. 그 이유가 불안이건 상실에 대한 두려움 때문이건 간에, 고독과 외로움 속에서 사람들과 행복한 동행을 할 수 없는 이들이 이 책을 통하여 유익한 깨달음을 얻게 되기를 바란다.

추천의 글 Ⅲ

사회공포증과 멋진 동거에 성공하려면…

정연득
서울여자대학교 기독교학과 교수
부설 가족상담센터 센터장

　자신을 잘 표현하고 알려야 생존이 가능한 오늘날 우리 주위에는 남모르게 사회공포증을 앓고 있는 사람들이 있다. 자신의 아픔을 드러내고 치료받기를 거부하는 질병의 특성상 그 수가 얼마나 되는지는 정확히 알 수 없지만 조금 지나치다 싶게 내성적이거나 타인과의 접촉을 꺼리는 사람들을 어렵지 않게 만나볼 수 있다. 이 책은 사회공포증을 경험하고 있는 당사자들과 그들을 돌보는 목회자와 상담자들 모두를 위한 책이다. 책에서 밝히는 것처럼 이 책의 지자인 도널드 캡스 사신이 사회공포증을 안고 살아가고 있으며, 한 편으로 이 책은 저자 자신을 위한 책이기도 하기 때문에 우리에게 더 많은 도움을 준다. 캡스를 개인적으로 알고 있는 사람들은 누구나 그가 얼마나 멋지게 사회공포증과 동거하며 살고 있는지 알 수 있다. 그는 많은 사람들과 만나는 것을 좋아하지 않고 사회적인 모임에 잘 참석하지 않는다. 자신에게 들어오는 대부분의 강연 요청을 정중히 거절하며 살아간다. 그럼에도 불구하고 그의 삶은 참 평온해 보인다. 그러면서도 때론 권력으로 타인을 조종하고자 하는 세력들에 대해서 마음 깊은 저항의식을 내비치기도 한다. 사회적으로 조금은 고립된 것처럼 보이지만, 그는 참 많은 제자들과 사람들에게 좋은 대상으로 기억되고 있다. 이 책에는 그의 삶의 지혜가 담겨있다.

　이 책의 가장 독특하고 중요한 기여라고 한다면 사회공포증을 경험하고 있는 사람들의 종교경험에 대해서 논하고 있으며, 나아가 종교가 사회공포증을 앓고 있는 사람들을 도울 수 있는 가능성을 다루고 있다는 점이다. 그런 점에서 목회자와 목회상담자들에게 매우 유익한 책이 될 것이다. 김태형 박사의 성실함이 잘 드러나는 좋은 번역까지 더해져서 읽는 독자들에게 멋진 선물이 될 것으로 기대한다.

추천의 글 IV

사회공포증을 이해하도록 돕는 책

김용민
MCI 대표, 침례신학대학교 겸임교수

　7년 전에 은둔형 외톨이 청소년을 만난 적이 있습니다. 집에서 나오지 않은지 1년이 넘었고, 가족 외의 대인관계가 거의 단절되어 있었습니다. 병원에 데려갈 목적으로 다른 분과 함께 방문했는데, 집 앞에서 아무리 문을 두드려도 나오지 않았습니다. 문이 열려져 있는 것을 확인하고 집에 들어가 이름을 불러보았지만 아무런 반응이 없었습니다. 어쩔 수 없이 방문을 하나씩 두드리며 확인했는데 방문 하나가 열리지 않았습니다. 낯선 사람 탓인지 더욱 나오려고 하지 않았지만 우여곡절 끝에 밖으로 나오게 되었습니다.

　이처럼 자신만의 안전지대를 고수하며 밖으로 나가기를 두려워하는 사람들 또는 사람들을 만나거나 사람들 앞에 서는 것을 두려워하는 사람들은 대개의 경우 사회공포증을 가지고 있습니다. 사회공포증은 미국에서 우울증, 약물남용에 이어 세 번째로 흔한 정신질환으로 알려져 있습니다. 아마도 정도의 차이는 있겠지만 대부분의 사람들이 이러한 증상을 경험하지 않을까 싶습니다. 이 책의 저자 역시 사회공포증을 앓았습니다. 그렇기에 이 책에는 저자의 절실함이 담겨져 있습니다.

　이 책의 저자인 캡스는 목회상담학자 가운데 다작으로 유명합니다. 그럼에도 그 깊이가 결코 얕지 않기 때문에 우리나라에 가장 많이 번역되어 소개되고 있습니다. 또한 이 책의 역자인 김태형 박사는 이미 캡스의 『재구조화』를 번역한 바 있기 때문에 캡스를 보다 잘 이해하고 있다고 할 수 있습니다. 좋은 책이 좋은 역자를 만났습니다. 이제 이 책이 좋은 독자와의 만남을 기다리고 있습니다. 이 만남에 독자 여러분을 초대합니다.

옮긴이의 글

　겨울이 지나서 따뜻한 봄을 만나고, 자연의 생명력이 절정에 이르는 여름을 기다리는 이 시기에, 존경하는 도날드 캡스Donald Capps 교수님의 *Social Phobia*라는 소중한 저서를 번역하고, 출판하게 되어서 주님께 감사드리며, 저에게 또 다른 기쁨이 되었음을 밝힙니다. 사실 개인적인 어려움을 견디기 위하여, 책을 읽으면서 번역을 시작하게 되었습니다. 서문에서 알 수 있듯이, 캡스 선생님은 당신이 겪는 어려움에 대하여 솔직하게 말씀하셨습니다. 저는 그분의 진솔함에 감동을 받고, 책을 읽을 당시에 비슷한 어려움을 겪던 시기를 견딜 수 있는 용기와 위로를 얻었습니다.
　또한, 그동안 상담소에서 근무하면서 사회공포증의 경향을 가진 내담자분들이 어려움을 겪지만, 지속적으로 상담을 받을 용기를 내기가 쉽지 않음을 발견하곤 하였습니다. 그런 분들은 도움을 요청하는 시도를 하는 것조차 부담을 느끼기 때문에, 책을 통하여 어려움을 완화시킬 수 있도록 돕는 것이 매우 중요하다고 깨닫게 되었습니다. 캡스 교수님은 이 책에서 사회공포증에 대하여, 다양한 관점의 연구를 일목요연하게 정리해서 제시하십니다. 사회공포증에 대한 진단, 유형, 문화적 관점의 차이, 유형과 증세, 전통적 치료방법, 인지행동치료, 심리치료적 접근방법을 소개하시고, 마지막에 종교적 관점에서의 완화방법에 대하여 그분만의 독특한 관점을 서술하십니다. 따라서 목회상담을 전공하시는 분뿐만 아니라, 일반상담을 전공하시는 분에게도 도움이 될 것입니다. 한편 다양한 내용을 담고 있으면서도 각 장마다 뒷부분에 요점이 잘 정리되어 있어서, 상담 및 정신 건강에 관심이 있는 평신도분들과 일반분들도 도움이 될 것으로 생각됩니다.

   이 책을 번역하고, 출판하기까지 많은 분들의 소중한 도움이 있었습니다. 어떤 상황에서도 지지와 격려를 보내주는 아내 시현, 아들 성민과 부모님, 목회상담학을 가르쳐주신 홍인종, 오규훈, 이상억 교수님, 바쁜 가운데에도 추천사를 써주신 김진영 목회상담협회 회장님, 정연득, 김용민 교수님, 학문적 동료이자 선배이신 양해란, 유영순, 백미경 목사님, 또한 교정과 교열을 맡아준 임성은 목사님, 장수진 전도사님, 상담소에서 학업과 근무를 묵묵히 병행해주어서 고마운 이강윤, 박주현. 이나미 조교님, 그리고 기꺼이 출판해주신 엘도론출판사에도 감사를 드립니다. 마지막으로 이 책을 통하여, 주님의 은혜 가운데에 많은 분들이 도움을 얻게 되시기를 소망합니다.

2015년 6월 1일
아차산 기슭에서

서문

이 책은 수 세기 동안 많은 사람들의 삶에 고통을 준 사회 공포증에 대하여 이야기한다. 현대 사회에서 사람들은 과거 어느 때보다 자신을 홍보하는 삶을 살아야 한다. 그러나 사회 공포증을 앓는 사람들은 자신의 장점을 세상에 드러내지 못하고 살아간다. 더욱이 그들이 스스로의 문제를 인식하지 못한 채 살아간다면 이는 더욱 불행한 일이다. 그들은 단순히 "나는 내성적이야"라고 말하며 자신은 사람들을 만나는 것을 그리 좋아하지 않으며, 사람들 앞에 나서서 연설하기를 싫어할 뿐이라고 생각한다. 그래서 사회공포증의 증세를 겪고 있다고 깨닫지 못할 때가 많다. 그러나 지난 수십 년 동안 이 증세에 대하여 눈에 띌 만한 연구 성과들이 있었으며, 이에 따라 다양한 치료법을 발견하였다.

이 책은 무엇보다도 책을 읽으면서 자신이 '사회공포증'에 해당한다고 스스로 '분별'할 수 있는 사람들과 그들의 친척 또는 직장 동료들을 위해, 그리고 사회공포증에 대한 지식을 가지면 유익을 얻게 될 교회 지도자들을 위하여 쓰였다.

학자들에 따르면 사회 공포증을 겪는 사람들은 다른 사교모임보다 교회 예배에 출석하기를 좋아한다고 한다. 교회는 비교적 사람들과 덜 사귀면서 다닐 수 있는 곳이기 때문이다. 교회 지도자들은 자신이 돌보는 공동체에 상당수의 사회공포증을 겪는 성도가 있다는 사실을 인식할 필요가 있다. 또한 그들의 개인적, 사회적, 그리고 종교적 욕구가 그렇지 않은 사람들의 욕구와 다르다는 사실을 세심하게 파악할 필요가 있다.

목회자는 사회공포증을 겪는 성도들이 자신을 찾아올 때에, 그들의 증세의 극복을 돕기 위하여 특별한 치료적 훈련을 받을 필요가 있다. 하지만 이 책은 목회상담학적 관점만 다루지는 않는다. 실제로 성도들이 공포증을 극복하려고 목회자들을 찾을 가능성이 낮기 때문에 일반 심리학적 관점도 다룬다.

이 책은 사회공포증에 대하여 다양한 관점을 제시한다. 다소 기법적인 특성이 강하다고 생각할 수 있지만, 일반인들도 쉽게 이해할 수 있도록 나름대로 최선을 다하였다. 나는 사회공포증을 겪는 사람들이 생각이 깊고 지적이지만 평가받는 것을 꺼린다는 사실을 잘 파악하고 있다. 따라서 이 책에서 그들에 대하여 경솔한 언급을 피하고자 하였다. 또한, 나는 사회공포증을 겪는 당사자들이 전문가의 치료를 원하지 않을 때가 많으며, 배우자나 친구들도 그들이 전문가의 도움을 받도록 설득하기가 어렵다고 생각한다. 이런 특성을 반영하여 이 책을 읽는 독자들은 전문 치료사들이 돕는 것처럼 스스로 치료방법을 이해하고 터득하는 시도를 할 수 있다는 전제하에, 사회공포증의 치료를 위하여 개발된 치료방법들을 설명하는 데에 주력하였다.

사실 나도 사회생활의 '열등생'또는 '미달이'이었다. 그럼에도 불구하고 전문가의 도움을 찾지 않고 혼자 어려움을 극복하려고 노력하며 살아왔기 때문에 이 책을 쓰게 되었다. 이 주제에 대하여 많은 글을 읽으면서 지식을 얻게 되었고 도움을 받았다. 그래서 나름대로 사회공포증에 대하여 깊은 관심을 가지고 있지만, 사회공포증이 쉽게 '치료' 될 수 있다는 섣부른 태도를 보이지 않는다. 누군가가 사회공포증이 '치료'가 되었다고 말해도, 나는 오랫동안 면밀히 검토한 후에 그 사실을 받아들이곤 한다. 치료가 되려면 그만한 시간과 노력이라는 대가를 지불해야 하기 때문이다. 더 솔직하게 말한다면, 나또는 사회공포증을 겪는 사람들의 경험에 비추어 볼 때, 사회공포증에서 많이 벗어났다고 말하는 경우에도 완치되었다고 단정하기는 매우 어렵다. 단지 사회공포증을 좀 더 잘 견딜 수 있도록 돕는 방법들이 있다고 말하는 것이 정직할 것 같다. 우리는 앞으로 이 방법들을 자세하게 살펴볼 것이다.

앞에서 개인적인 어려움을 고백하였지만, 나의 심리적 평안을 얻으려고 이 책을 쓴 것은 아니다. 당신은 이 책을 읽으면서 사회공포증을 겪는 사람들은 관심의 대상이 되기를 싫어한다는 사실을 발견할 수 있다. 그들은 개인적인 어려움에 대한 책을 쓴다거나, 토크쇼에 출연하기를 꺼린다. 심지어 가족이나 친한 친구에게도 고민을 이야기하지 않는다. 그들이 겪는 공포증이 취업, 승진, 친구를 사귀고 그 관계를 유지하는데 방해가 되기 때문이다. 이런 공포증의 성향 때문에 사회 공포증을 앓는 사람들을 돕기 위한 모임을 만들려는 노력은 별 효과 없이 끝나는 경향이 있다.

따라서 나는 다음과 같은 몇 가지 이유들 때문에 이 책을 썼다.

첫 번째 이유는, 사회공포증에 대하여 일반인들이 읽을 책이 별로 없다는 사실이다. 훈련받은 전문인들을 위해서는 여러 책들이 쓰였다. 그러나 앞에서 설명하였듯이 사회공포증을 겪는 사람들이 전문적인 도움을 찾는 일은 매우 드물기 때문에, 일반인들이 읽을 만한 책이 별로 없다는 사실이 매우 안타깝다. 마치 신체장애를 겪는 사람이 책을 통하여 자신이 겪는 장애의 특징, 장애가 삶에 미치는 영향 그리고 그 장애의 어려움을 극복한 다른 사람들의 사연 등을 알게 되면서 도움을 얻게 되듯이, 사회공포증을 겪는 사람도 책을 통하여 도움을 얻을 것이라고 생각한다.

두 번째 이유는, 사회공포증에는 매우 중요한 종교적 의미가 있다는 것이다. 다른 정신 장애에도 해당되겠지만, 사회공포증은 타인을 지배하려는 현대적 경향에 무의식적으로 반항적인 태도를 취한다. 현대가 자신을 선전해서 '성공하고', '영향력을 행사하고', '힘을 발휘' 해야 하는 시대라면, 사회공포증은 조용하지만 굽히지 않고, 시대적 조류에 대항하는 태도를 보인다. 이런 관점에서 보면 사회공포증을 겪는 사람은 예언적 태도를 취한다고 이해될 수 있다. 남을 지배하는 위치에 설 때에 성공했다고 생각하기 쉬운 현대인의 위선을 전복시키는 태도를 취하기 때문이다. 우리 시대는 예언적 태도를 불의에 대하여 소리를 높이는 것으로 이해하는 경향이 있으며, 이러한 예언적인 태도를 부정적으로 보기 쉽다. 그러나 사회공포증을 겪는 사람들은 우리 사회에서 지배력을 행사하는 사람들에게 조용하지만, 굴복하지 않으려는 태도를 보이는 드물고 값진 존재들이다. 따라서 사회 공포증을 겪는 사람들이 공포에서 '벗어나게' 될 때에 완치가 어렵기 때문에, 그들은 자기 자신을 과시하려는 현대 사회에서 권위에 지나치게 복종적이지 않으면서 의연하게 살아가는 모습을 보일 수도 있다. '예언적인' 태도를 보이는 면에서 사회공포증을 겪는 사람들은 지배적인 권위가 팽배한 시대에서 겉으로는 무능한 듯이 보일 수 있다. 하지만 한편으로, 현실적으로 모든 사람들이 타인에게 영향력과 힘을 행사하는 위치에 오를 수 없다는 사실을 수용하면서도 평온하게 누리며 살아가는 좋은 예를 보여줄 수 있다.

서론

"저는 아주 어릴 때부터 극심한 불안에 시달렸습니다. 초등학교 때부터 고등학교에 이르기까지 정말 힘든 시기를 보냈어요. 12년의 학창시절 동안 성실하게 숙제와 공부를 했어요. 선생님들이 질문을 하셨을 때에도 거의 대부분 답을 알고 있었습니다. 그럼에도 불구하고 선생님이 내 이름을 부르시거나 혼자 발표해야 될 때에는 어김없이 죽을 정도의 공포와 두려움이 엄습하였어요. 내 이름이 호명되면 온 몸이 얼어붙고, 말 그대로 머릿속이 멍해졌고, 누가 내 머리에 총을 겨눈 것처럼 대답이 전혀 생각나지 않았습니다."

"저는 24살 이고요. 현재 비서 일을 하고 있으며, 결혼해서 아이를 낳고 싶어요. 그러나 남성이 조금이라도 관심을 보이면 얼굴이 붉어져요. '안녕하세요.'라고 인사를 건네도 공포를 느껴요. 물론 데이트는 꿈도 못 꾸어요. 사람들은 겉보기에 얌전해 보인다고 말하지만 마음 속은 지옥 그 자체예요. 머릿속으론 남자와 멋지게 사귀는 장면을 상상해요. 하지만, 남자들이 쳐다보면 극도로 예민해져요. 그래서 사람들이 저에게 관심을 갖지 않도록 머리 스타일을 보기 흉하게 바꾸거나, 몸매가 펑퍼짐하게 보이도록 옷을 입어요. 유능한 직장인이 되고 싶지만, 남들에게 주목받는 것이 두려워서 직장 생활은 꿈도 못 꾸어요. 예전에 정말 좋아하던 일을 그만두었어요. 제가 일을 잘 했다고 저녁 만찬에서 시상을 하겠다는 말을 듣고, 거짓으로 아프다는 핑계를 대고 만찬에 참석하지 않았어요. 그러자 저의 사정을 모르는 직장에서 다시 조촐한 '모임'을 열어서 기어이 시상을 하겠다는 거예요. 그래서 직장을 그만두었죠. 사표도 내지 않고 금요일 오후에 직장에서 나왔어요. 물론 그 후에 전혀 출근할 수 없었고요."

"저는 기초 과학을 연구하며, 나이는 37세입니다. 그런데 어떤 회의에도 참석할 수가 없고, 공포가 엄습해서 연구 내용을 발표할 수도 없어요. 연구소에서나 사교적인 모임에서나 사람들이 나를 살펴본다고 생각하면 공포가 밀려옵니다. 원래 내향적이지만 제 연구 분야에서 새로운 연구 업적에 대한 논문을 몇 편 발표하고 난 후, 지난 2년 동안 특히 힘들었어요. 타인들에게 주목받고 사교 모임에서 관심을 받는 것이 싫어지면서 사회생활이 점점 어려워졌습니다."

"다른 사람이 쳐다보면 식사를 할 수가 없었어요. 저는 특별히 어떤 사건 때문에 공포증을 느끼곤 했어요. 어렸을 때부터 청년이 될 때까지 소아마비를 앓았던 아버지가 식사 때마다 심하게 목이 막히는 광경을 보아야 했습니다. 저는 두려움을 느끼면서 목이 막히게 될까 봐 늘 신경을 썼죠. 그러던 중 청년이 될 때까지 아무 일이 없다가 20대에 잠시 목이 막히는 경험을 하였고, 지난 2년 동안 그 상태가 점점 악화되었습니다."

"다른 사람들이 제 글씨를 읽는 것이 두렵습니다. 약 4, 5년 전부터 사람들이 보는 데서 서류에 사인을 하게 될 때에 극도로 두려워지곤 하였습니다. 그러나 서류에 사인을 하는 일이 자주 있지 않아서 '점심을 굶어서 손이 떨리는 거야', 또는 '누구나 은행 서류에 사인을 할 때에는 신경이 쓰이지.'라고 스스로를 안심시키곤 하였습니다. 그러나 약 6개월 전에 주유소에서 카드 결제를 할 때에, 말 그대로 공포가 '엄습'하였습니다. 손의 힘이 풀리면서 떨렸고, 펜을 쥘 수가 없어서 결국 사인을 할 수 없었습니다. 그 후로 사인뿐만 아니라 글씨도 쓸 수 없게 되었습니다."

"고등학교 때부터 다른 사람들이 있을 때에 소변을 보지 못해서 좌절을 느끼며 살아가고 있습니다. 기숙사의 공동생활이 너무 불편해서 자살을 생각할 정도였습니다. 51살이나 된 지금도 모임의 참석을 꺼립니다."

이 6명의 사람들1991년 Uhde 연구팀은 사회공포증이라는 불안장애를 앓고 있으며, 이 증세 때문에 전반적으로 대인관계가 위축되고, 큰 좌절을 겪고 있다. 사회공포증의 가장 큰 특징은 사회적 상황에서 부정적인 평가를 받을 것이라고 예상하고 공포를 느끼는 것이다. 그리고 이 때문에 사회적 상황을 피하거나, 피할 수 없을 때 높은 불안을 경험한다. 이 증세는 시간이 경과한다고 해서 갑자기 낫거나, 증세가 소멸되지 않는 만성적인 장애이다. 따라서 증세에서 벗어나려고 많은 노력을 기울여도 효과가 미미하고, 성공적으로 치료되었다고 보고되는 사례도 완치를 장담하기 어렵다.

그러나 전문적인 치료방법은 어느 정도 효과가 있다. 따라서 사회공포증을 겪는 엄청나게 많은 사람들이 전문적인 도움을 찾지 않는 이유를 의아하게 여겼다. 치료방법이 있다는 사실을 모르거나 치료방법을 찾으려는 시도 자체가 익숙하지 않을 수도 있다. 또는, 증세의 특징 때문에 도움을 구하면 부정적인 평가를 받을지도 모른다고 생각하여 전문적인 도움을 찾지 않을 수도 있다.

사회공포증을 앓는 많은 사람들은 그 증세가 장애라는 사실조차 깨닫지 못한다. 대개 다른 문제로 전문가를 찾아왔다가 사회공포증이라는 장애를 겪고 있다는 사실이 밝혀진다. 중독증을 앓는 사람들이 '밑바닥까지 내려가서' 절망을 느끼고 도움을 청하듯이, 사회공포증을 겪는 사람들은 평소에 심각성을 느끼지 못한다. 오랫동안 그 증세에 적응해서 살아가는 방법을 터득하게 되어서, 여간해서 도움을 받아야겠다는 동기를 느끼지 못하기도 한다.

사회공포증은 주요 공포증의 범주에 속한다. 주요 공포증 외의 공포증의 범주는 특정 대상이나 상황예를 들어 특정 동물, 뱀, 천둥, 높은 곳에 대하여 공포를 느끼는 특정 공포증specific phobia과 탁 트인 장소예를 들어 인도, 고속도로, 공항, 상가에 나가면 공황을 경험하는 광장공포증agoraphobia이다. 사회공포증은 특정 공포증에 비해서 공포증을 일으키는 상황들을 피하기 어려워 더 흔한 빈도를 보이며, 광장공포증과 비교해서도 그 증세가 덜 극적이지만 더 흔한 빈도를 보인다. 사회공포증은 1966년 이전에 DSM-IV정신장애 진단 통계편람, 1994에서 이미 다른 공포증과 구별Marks and Gelder, 1966되어 특정 공포증의 범주로 분류되었다. 그러나 세 가지 공포증 중, 가장 늦게 고유한 특성과 적합한 치료방법이 소개되면서 다른 공포증과 구별되었다.

Marks and Gelder는 사회공포증을 그 증세가 시작되는 연령을 기준으로 다른 공포증과 구분하였다. 특정 공포증은 유년기 후반에, 광장공포증은 대개 청년기20대 중반에 시작되는 경향이 있다. 그러나 사회공포증은 청소년기에 나타나는 특성이 있다.

정신치료 분야에서, 사회공포증은 실제 생활에서 잘 드러나지 않기 때문에 다른 공포증에 비해 그 특징이 늦게 발견된다. 사람들의 관심을 덜 받기 때문에 매체에 잘 보도되지도 않는다. 그리고 다른 특정 공포증과 광장공포증과 달리 극적인 특성이 없기 때문에 치료법을 연구해야 할 만큼의 흥미를 끌지 않는다. 많은 특정 공포증과 달리 사회공포증은 단순하게 이해하기 어렵다는 이유 하나만으로 치료가 어렵고 그 효과도 잘 나타나지 않는다.

광장공포증은 공황이 엄습하는 상황에 대하여 분명한 레퍼토리를 가지고 있지만 사회공포증은 그렇지 않다. 사회공포증은 사회 모임에 참석하기를 거부하고 꺼리지만, 사적으로는 친밀감을 맺기 원하는 모순된 성향을 보인다. 한 마디로 공포증이 유발될 때에도 마음 깊은 곳에서는 사회적 관계를 맺고 싶어 한다. 이러한 점에서 사회공포증은 언제나 혼자 있기를 원하는 반사회적antisocial 성격과 구별되어야 한다. 다시 말해서, 사회공포증은 특정한 사회적 맥락에서 발견되며 증세가 분명하게 드러나지 않아서 감지되기 어렵다. 그래서 사회공포증을 겪는 사람들은 불안장애anxiety disorder의 범주에 적합한 증세를 경험하고 있다는 사실을 인식하지 못할 수 있다.

또한 가족 관계나 친한 친구들 사이에서는 증세가 감쪽같이 숨어버리다가 다른 사회적 관계에서는 극심한 불안을 경험하게 되는 모순된 성향을 보인다. 어떤 사회적 관계에서는 편안함을 느끼고 다른 관계에서는 정반대의 경험을 하게 되는 이유는 무엇일까? 제1장에서 설명하겠지만, 이런 일관되지 않은 사회공포증의 특성은 지배와 복종의 상황에서는 민감하게 반응하지만, 가족과 친한 친구들과 같은 편안함을 느끼는 관계에서 잘 들어나지 않는다.

또 다른 사회공포증의 모순은 그들이 전문가의 도움을 구하는 자체가 불안을 야기한다는 것이다. 이 증세의 핵심은 사회적 관계에서 받게 되는 부정적인 평가에 대한 불안이다. 사회공포증을 겪는 사람들은 내담자의 신분 또는 환자의 신분으로 치료에 임하던 간에 심리 치료를 받았다는 경력이 사회생활에서 불이익을 받을 수 있다는 인식을 갖고 있다. 결국 대부분의 사회공포증을 겪는 사람들은 자신이 심각한 고통을 받고 있으며 이에 대해 도움을 받을 수 있음을 인식하면서도 전문가의 도움을 구하지 않기 때문에 비극의 상황에 놓여있다고 말할 수 있다. 이들 대부분은 그 증세를 익숙할 때까지 적응하고 견뎌서 일상에서 그에 다른 피해를 최소한으로 줄여야하는 장애로 받아들인다. 한 마디로 사회공포증은 만성적이어서 쉽게 나아지지 않기 때문에 일생동안 화해하고 받아들여야 할 대상으로 생각한다.

따라서 사회공포증을 겪고 있거나 그런 상태에 놓인 사람들은 이 증세에 대하여 지식을 얻으면 유익하다. 사회공포증에 대해 알게 되면 어느 정도 공포를 덜 느끼게 되고, 공포를 덜 느끼게 되면서 공포증에 더 잘 대처할 수 있게 된다. 사회공포증을 겪는 사람의 친구나 친족이 사회공포증에 대한 지식을 갖추면 공포증의 고통을 겪는 사람을 더 잘 이해하게 된다. 그래서 그가 어떤 모임에는 참석하지만 다른 모임에는 참석을 거부하는 일관되지 않은 태도를 보일 때에 이해할 수 있고 견디어 줄 수 있다.

제1장에서는 사회공포증을 불안장애의 하나로 보고 불안과 공포를 모두 포함하는 증세로서 설명한다. 사회공포증이 유전의 요인에서 비롯되지만 유아기 때의 양육환경에서 경험하는 스트레스도 실제로 사회공포증의 유발을 결정하는 중요한 역할을 한다는 심리치료사와 연구자들의 일치된 견해를 설명한다.

제2장은 사회공포증이라고 진단하기 위하여 사용되는 진단방법을 설명한다. 그리고 사회공포증에 영향을 주는 다양한 인구 통계적 요소를 소개한다. 이 요소에는 연령, 성, 사회경제학적 계급, 종교정체성 그리고 인종 등의 주요 쟁점이 포함된다. 또한 지금까지 수행된 몇 가지 비교문화적 연구들이 인용된다.

제3장은 다양한 종류의 사회공포증을 구별하여 설명하고, 사회공포증을 겪는 사람이 자신을 표현하는 보호적인 방식과 그들이 불신하는 사회적 상황을 살펴보고 마무리 짓는다.

제4장은 사회공포증을 치료하는데 사용된 기존전통적인 방법의 설명에 초점을 둔다. 대부분의 방법들은 특정 공포증과 광장공포증의 치료를 위하여 개발되었는데, 사회공포증에 응용하였다.

제5장은 사회공포증을 치료할 목적으로 만들어진 최근에 개발된 방법들을 소개한다. 대부분의 방법들은 최근의 인지접근법에 특별히 초점을 둔다.

제6장은 정신분석적인 방법에 초점을 두어 사회공포증에 대한 심리치

료방법을 설명한다. 정신분석은 매우 전통적인 치료방법이지만 최근에 그 이론과 치료방법이 사회공포증에 응용되어 연구되고 있다.

제4장부터 제6장에서 치료방법들을 설명하는 목적은 사회공포증에 대한 상담방법의 입문서를 제시하려는 것이 아니라, 오늘날 사회공포증을 이해하고 치료하는데 이 지식들이 유용하게 사용될 수 있다는 사실을 알리는 데에 있다.

제7장은 비교문화적인 관점에서 사회공포증을 살펴본다. 일본과 미국 두 나라에서 나타나는 사회공포증세의 의미와 문화적 가치에 대한 Ken-Ichiro Okano의 연구[1994]에 초점을 둔다. 오늘날에는 문화적 의미와 가치가 신체장애와 정신장애에 상당한 영향을 끼친다는 이론이 잘 정립되어 있기 때문에, 비교문화적인 연구는 문화 자체가 사회공포증에 대하여 많은 의미를 자동으로 부여한다고 설명한다. 동시에 사회공포증은 사회적 상황에서 부정적으로 판단으로 받을 것이라고 예상하는 태도를 포함하기 때문에, 사회의 기존 문화적 규범과 가치에 도전하는 의미를 가지게 된다고 볼 수 있다는 관점을 설명한다.

제8장에서는 종교가 사회공포증과 관련된 불안을 낮추는 데에 도움을 준다는 관점을 살펴본다. 이 관점은 20세기 초의 William James의 관찰에서 단서를 얻었다. 그는 인간의 본성에 대하여 고전적인 종교적 관점은 인간의지를 강조한 반면에, 최근의 임상인간은 자신이 살던 시대의 정신 위생의 움직임에 영향을 받음은 공포 경험을 강조하게 되었다고 주장한다. 그는 의지의 강조로부터 공포의 강조로 옮겨진 관점의 변화를 사회공포증에 적용하지 않았다. 그러나 나는 그가 주장한 관점의 변화가 사회공포증에 적합하다고 생각되어 소개한다. 사회공포증으로 인한 불안의 저변에는 파악되지는 않지만 깊은 공포감이 존재한다. 또한 나는 자기심리학자인 Heinz Kohut의 '진정시키는 구조calming structure'와 '자기 대상'이라는 개념을 제시한다. 두 개념

은 모두 공포감이 불안을 감소시키는데 도움을 주며, 결국 종교심의 기초가 된다고 주장한다.

사회공포증을 겪는 사람은 두려워하는 상황을 피하는 태도를 완전히 극복하지는 못하지만, 공포가 감소되거나 어느 정도 불안을 덜 느낄 수 있게 될 수 있다는 임상 증거가 있다. 또한 여러 상황에서 불안을 동반하는 반응을 나타내는 이유를 더욱 분명하게 깨닫게 되면, 고통스럽거나 정신적 에너지를 많이 소모했던 상황들 속에서 '걸어 다니기또는 피하기'를 위한 효과적인 전략을 개발할 수 있다.

Oskar Pfister라는 스위스 목사는 프로이트의 평생 친구였는데, 『기독교와 공포』Christianity and Fear, 1948라는 중요한 책을 저술하였다. 그 책은 프로이트가 사망한지 5년이 지난 1944년에 출판되었다. 그는 공포에 대한 진실한 종교의 반응은 사랑이라는 논지를 주장하였다. 그는 "사랑 안에 두려움이 없고 온전한 사랑이 두려움을 내쫓나니 두려움에는 형벌이 있음이라 두려워하는 자는 사랑 안에서 온전히 이루지 못하였느니"요14:18라는 성경말씀을 그 근거로 사용하였다. 그는 과도한 자기 처벌적인 양심에 의하여 발생되는 강요와 강박에 초점을 두고 공포에 대한 정신분석적인 통찰을 제시하였다. 동시에 예수의 사랑에 대한 메시지를 강조하며, 기독교가 교리적dogmatic 순수성을 유지하려고 능동적으로 공포를 조장해 예수의 메시지를 위반했다고 주장하였다. 그러나 그는 특정 단어들과 숫자들에 대한 공포 반응을 경험하였던 몇 몇 환자들의 경험을 제외하고, 사회공포증은 물론 공포증 자체에 거의 관심을 기울이지 않았다. 그러나 나는 공포에 대한 Pfister의 관심을 사회공포증이라는 중요한 주제와 관련시켜서 설명할 것이다. 그는 사회공포증에 별로 관심을 기울이지 않았지만, 나는 사람을 좌절시키고 낙심시키는 이 정신적인 문제에 대하여 종교적 자원이 매우 적합하다는 증명을 시도하려고 한다.

chapter 1
불안장애로서의 사회공포증

고대 의학 기록에도 사회공포증에 대한 언급이 있다. 그리스의 의사 Hippocrates는 어떤 환자에 대하여 "얼굴이 심하게 붉어지고 의심이 많고 매우 소심해서 바깥출입을 하지 못하고 어두운 실내에 숨어 지내며, 빛을 피하려고 눈을 가릴 정도로 모자를 눌러쓰고, 어떤 의욕도 보이지 못하며, 남에게 이용당하거나 창피를 당할까 봐 사람들을 사귀지 못하고, 지나치게 예민한 동작과 언어 사용을 보이며, 늘 누군가가 자신을 감시한다고 생각한다"라고 묘사한다.[Greist 1995, 5] 19세기 영국 시인 William Cowper는 영국 정부로부터 공직에 적합한지 심사받으려고 상원 인사청문회(House of the Lords)에 출석하기로 계획된 당일 날 아침에 목을 매 자살을 시도하였다. 그는 심사에 대한 두려움을 다음과 같이 적었다. "남들은 경험해보지 못했겠지만, 나는 사람들 앞에서 심사받는 장면을 상상만 해도 독약을 마시는 것과 같은 두려움을 느낀다."[Quinlan 1953, 360] Charles Darwin은 1872년 인간의 감정에 대하여 기술한 책에서 극도의 수치심을 경험하는 한 남자가 조촐한 파티에서 표창을 받는 장면을 묘사한다. 그는 감사의 말을 해야 하는 순간에 열심히 암기했던 말을 한 마디도 입 밖에 내지 못하고 상상 속에서 대사와 몸동작을 취하였다. 그의 친구들은 그가 침묵 속에서 몸동작을 취할 때마다 열렬한 박수갈채를 보내었고, 연설을 하는 당사자는 자신이 전혀 말을 하지 못했다는 사실을 인식하지 못했다. 심지어 본인이 연설을 매우 훌륭하게 한 것으로 착각하고 있었다.Darwin 1998, 321

사회공포증을 겪는 사람들이 언제나 최악의 상황 속에서 지내지 않는다. 그들은 사람들을 덜 만나는 재택근무 등을 선택하거나 불안을 최소화 시키며 살아가는 방법을 터득한다. 그러나 사회공포증에 의한 기능적 손상에 대한 연구Schneider연구팀, 1994에 따르면, 연구대상 중 절반 이상이 "교육, 직장, 가족 관계, 결혼, 애정 관계, 친구 관계, 이익을 추구하기 위한 사회적 관계 등에서 사회불안과 회피 때문에 살아가면서 상당한 불이익을 경험한다."322 그들은 "직장에서 누구 못지않게 일을 잘해낼 수 있지만 충분히 능력을 발휘하지 못한다. 데이트나 야외활동을 잘하지 못한다. 친밀한 친구 관계를 맺을 능력이 있지만 대인 관계를 잘 맺지 못한다. 직장 이외의 여러 활동예를 들어 종교 활동, 사교클럽, 취미생활, 운동 등을 병행할 능력이 있지만 참여하기를 꺼리며, 그나마 가족관계에서는 편안함을 느낀다." 또한 "가족관계에서도 약간의 어려움을 느낄 수 있지만, 다른 관계에서처럼 뚜렷한 어려움을 겪지 않는다."324

그러나 이들이 전문적인 도움을 구하지 않을 때가 많기 때문에 숫자를 파악하는 것은 쉽지 않다. 미국 정신의학 협회에서 출판하고 정신 건강 분야에서 '정경'이 되어버린 DSM-Ⅳ정신장애 진단 통계편람, 1994에 따르면, 광범위한 인구와 사회공동체에 기반을 둔 연구에 근거해서 평생 사회공포증을 안고 살아가는 사람들의 숫자가 미국 전체 인구의 3%에서 13%에 이른다고 추정한다.414 이 비율이 정확하지 않은 이유는 삶 속에서 증세와 관련된 고통을 정확하게 판정할 기준이 통일되지 않았기 때문이다. 또한 어떤 증세에 대하여 20%의 사람들이 어려움을 겪지만, 실제 사회공포증으로 진단받을 만큼 고통을 겪는 비율은 겨우 2%라고 밝힌다.414 예를 들어서, 사람들과 말하기를 꺼리는 행동은 가장 흔한 사회공포증세이지만 일반인들도 절반 정도는 낯선 모임이나 처음 만나는 사람들에게 말을 꺼내기를 꺼린다. 한편 사람들이 보는 데에서 음식을 먹고, 마시고, 글을 쓰고, 공중 화장실을 이용하는 데에 공포를 느끼는 사회공포증은 그 비율이 더 낮다.

임상 관찰의 보고에 따르면, 사회공포증을 경험하는 사람들은 한 가지 이상의 사회적 상황에 대하여 공포를 느낀다.[414] 그런데 입원하는 비율은 매우 낮다. 불안 장애 환자 중에서 10~20% 정도가 사회공포증_{사회공포증이 속하는 범주는 DSM-IV를 참고할 것}을 겪고 있어서 외래 치료를 받지만, 그 비율은 연구발표에 따라 다양하다.[414]

연구자들은 사회공포증에 대한 비율이 다양한 이유를, 그 증세를 관찰하고 평가하기 어렵기 때문이라고 말한다. 사회공포증을 진단하기 위하여 인터뷰를 할 때에, 사회공포증을 겪는 사람들은 자신이 고통 받는 증세와 관련된 평가 항목에 동의하지 않으려 한다. 그 이유는 "친구나 친한 사람들과의 관계에서 쉽게 감추어질 수 있고, 또한 증세를 사람들에게 알리고 싶지 않아서 인터뷰에 응하지 않기 때문이다."Reich 1986, 130

사회공포증은 Mark와 Gelder의 연령에 따라 발생하는 다양한 공포증에 대한 연구1966에서 최초로 공포증의 하나로 분류되었다. Mark와 Gelder는 사회공포증을 사람들이 보는 데에서 음식을 먹거나, 마시거나, 말하거나, 글을 쓰는데 어려움을 겪으며, 얼굴이 붉어지거나 토하는 행동에 대한 공포로 묘사하였다. 그로부터 20년이 지난 후에 Liebowitz와 그의 동료들은 사회공포증이 이미 널리 펴져있는 데에도 주목받지 못한다고 비판하였다.

1991년에 Ross는 미국에서 성인 240만 명이 사회공포증의 영향 하에 있고 잠재적으로 500만 명 이상이 사회공포증을 경험할 수 있으며, 23% 미만의 미국인들이 어떤 종류이던지 간에 공포증 때문에 치료를 받았다고 말하였다. 또한 그는 "일반 대중들뿐만 아니라 공중의 정신 건강에 책임이 있는 사람들도 사회공포증에 대한 인식이 부족하다."[44]고 말하였다.

1987년에 ABC-TV와 NBC-TV의 'Today Show'에서 인기를 얻은 뉴스 리포터 Willard Scott는 "Nightline"이라는 방송을 진행하였는데, 이 방송은 사회공포증에 대하여 더 큰 대중의 관심을 일으켰다. Scott는 자신이 TV에 출연하는 동안 매일 아침 상당한 불안을 경험했다고 털어놓았는데, 이 사실이 방송 자체보다 더욱 큰 관심을 끌었다. 그의 솔직한 고백은 동변상련의 처지에 있던 수많은 사람들에게 용기를 불어넣었고, 2만 명의 시청자들이 미국 불안장애 협회Anxiety Disorder Association of America에 편지를 보내게 되었다. 당시 Scott는 협회 이사회의 일원이었다.

Ross는 공항장애를 겪는 사람들의 편지를 공개하면서 "공항장애나 사회공포증 때문에 겪어야했던 어려움, 여러 의사들을 찾아 전전했지만 정확한 진단을 받지 못하고 도움을 받지 못한 사연, 유망한 직장과 가족을 잃고 술에 빠지거나 우울증을 겪게 되어서 자살을 생각하거나 실제로 시도하였다는 가슴 아픈 사연을 담고 있어서, 읽는 이들은 가슴이 찢어지는 안타까움을 경험하게 된다"[44]라고 말한다. 어떤 사람은 "저는 현재 32살인데, 지난 18년 동안 거의 지옥 같은 삶을 살았습니다. 저는 사회공포증 때문에 알코올 중독에 빠졌습니다. 술을 마셔야만 편안한 마음으로 사람들 앞에 나설 수 있었거든요. 술을 좋아하지도 않으면서 말입니다."라는 편지를 보냈다. 또한 다음과 같은 사연이 적힌 편지도 있었다. "저는 고등학교를 중퇴한 19세 소녀입니다. 스스로가 부끄러워서 학교에 갈 수 없었어요. 간절히 도움을 받고 싶었지만 돈을 벌 수 없었고 어머니도 실직 상태였으며 아무도 도와주지 않았어요. 저는 일을 하고 싶어요. 실업계 학교에 가고 싶어요. 그러나 사람을 만나기 싫은 지독한 병을 앓고 있어서, 금방 그만두곤 했습니다. 괴로워서 울기도 많이 울었고, 죽을 생각도 여러 번 했어요." "저는 사람들이 주위에 있으면 불편해서 외톨이로 살았어요. 술로 그 어려움을 극복해보려고 했지요. 현재 39세인데 수년간 일을 하지 못하고 있습니다. 친한 친구가 청소업체를 운영하고 있어서 저에게 일거리를 주었지만, 저는 고객이 외출해서 아무도 없는 집만 청소할 수 있습니다. 사실 어렸을 때에는 활동적이고 친구들도 많았습니다. 병원에서 몇 년간 일할 때에는 주위 사람들이 저보고 사회사업가가 되라고 추천까지 했을 정도입니다. 제가 사람들에게 통찰력을 주고 위로를 준다는 겁니다. 누구 못지않게 상식도 풍부하다는 칭찬도 받았지요. 그러나 이젠 다 꿈같은 일입니다. 다만 저 같은 문제를 겪는 분들을 도울 수 있게 되기를 희망할 뿐입니다." 이런 비극적인 사연이 의외로 많다.

정확히 사회공포증은 무엇인가? Greist는 "사회공포증의 핵심적인 특징은, 다른 사람들이 자신을 지나치게 과장해서 보거나 또는 지나치게 과소평가해서 당황함이나 무능함을 느끼게 될 것이 두려워서, 분명하고 지속적인 공포를 느끼는 경험이다. 주로 청소년기에 시작되며, 우울감을 최소화시키려고 장기간 알코올, 또는 특정 물질을 남용하게 된다."[1995, 5]라고 말한다.

사회공포증은 여러 형태로 나타난다. 가장 흔한 형태는 "소리 내어 읽기, 연기하기, 연주하기"[6]와 같이 사람들이 보는 데에서 말을 하거나 어떤 행동을 할 때 체험하는 공포 경험이다. 그런 증세를 겪는 이들은 "생각을 표현할 단어를 생각해내지 못하거나 암기한 내용을 전혀 기억하지 못할 것"을 걱정한다. 이런 경험은 당황감이나 무능감의 고통으로 이어진다. 얼굴이 붉어지고, 손이나 머리, 또는 목소리를 떨게 된다. 자신이 불안을 느끼고 있다는 사실을 남들에게 들켜서 당황하게 되거나 무능감을 경험하게 될 것을 걱정하는 사람들도 있다. 자신의 이마나 옷에 땀이 나는 것을 남들에게 보여서, 자신이 불편해하고 있다는 사실이 발각될까 봐 두려워하기도 한다. 결국 "다른 사람들이 자신의 불안을 알아차리게 될 것이 두려워 제대로 일을 하지 못하게 되어서 실제 능력을 제대로 발휘하지 못하게 된다."[6]

식사와 관련된 상황에서도 사회공포증세가 발생한다. "공포증에 예민한 사람들은 얼굴이 붉어지거나 땀을 흘리는 모습이 불안을 느끼고 있음을 알리는 신호로 간주될 것이라고 생각하기 때문에, 그런 경험이 시작되면 이미 공포가 밀려온다. 또한 접시나 그릇에서 음식을 집을 때에, 입으로 컵을 가져갈 때에, 몸이 떨려서 음식이나 음료를 흘리게 되어서 당황하거나 체면을 잃게 될까 봐 전전 긍긍한다."6 사람들 앞에서 글을 쓸 때에도 사회공포증을 경험할 수 있다. "예를 들어서 슈퍼마켓에서 수표에 사인할 때에 손을 떨면, 마치 잔액이 부족한 수표를 사용한다고 직원이 의심할까 봐 당황과 창피함을 느낀다."6 어떤 사람들은 공중화장실을 이용할 때에 사회공포증을 경험한다. "남자들은 빨리 소변을 누지 않으면 뒤에 서서 기다리는 사람의 눈총을 사게 되고, 그러면 당황함을 느낄 것이라고 생각해서 아예 소변보기를 포기할 때도 있다."6 어떤 여성들은 "소변보는 소리가 너무 커서 다른 사람들이 들을 것이라고 불안해할 때도 있다. 그래서 헤어드라이어를 켜놓거나 수도꼭지를 틀어놓아서 소변보는 소리가 크게 들리지 않도록 나름대로 조치를 취하기도 한다."6

Greist는 사회공포증과 관련된 여러 증세를 "사회적 상황에서 어떤 일을 제대로 해내지 못할 것이라는 공포를 느끼는 경험"으로 압축하며, "거절에 민감rejection-sensitive하며, 우울해지면 더욱 민감해지는 특성을 보인다. 타인이 자신을 비난할 것이라는 선입견을 가지고 있고, 이 선입견 때문에 상황을 과장해서 해석하게 된다, 타인의 부정적 평가negative evaluation에 대하여 지나친 공포를 느낀다. 사회적 상황에서 주어진 일을 잘해내지 못할 것이라는 믿음이 강하다. 상황에 잘 적응하지 못한다는 불안 때문에 삶에서 무엇인가를 성취할 수 있다는 기대감이 줄어들어 낮은 자존감low self-esteem을 가지기 쉽다."등이 있다.6

그러나 그들은 결코 타인에게 무관심하지 않다. 다시 말해서 "사람들과의 관계를 갈망하고, 관계 안에서 평안함을 느끼고 싶어 한다. 과거에는 가족 이외에 적어도 한 개 이상의 사회적 관계에 참여할 수 있었다.[8] 특정 공포증예를 들어 뱀에 대한 공포을 겪는 사람들은 공포증을 주는 상황을 피하기가 비교적 쉽지만, 사회공포증을 경험하는 사람들은 살아가려고 어느 정도의 인간관계를 유지해야 하기 때문에, 스트레스의 상황을 피하기가 더 어렵다.Cook 연구팀, 1988, 739

사회공포증 안에서 불안의 역할

DSM-Ⅳ에 의하면 사회공포증은 광장공포증과 같이 불안장애1994, 393-444에 속한다. 그러나 광장공포증은 홀로 있을 때에 공황을 경험하지만, 사회공포증은 사회적 상황 속에서 공황의 엄습을 경험한다. 예를 들어 아무 불안을 느끼지 않고 연설을 하던 사람이 어느 날부터 사람들과 대화를 나누거나 발표를 할 때 불안의 엄습을 경험한다. 이처럼 사회공포증은 혼자 있을 때가 아니라 다른 사람들과 함께 있을 때, 그들이 자신을 보고 관찰하고 평가할까 봐 두려움을 느끼는 증세이다. 반면에 광장공포증을 겪는 사람은 혼자 있을 때에 공황에 빠지기 쉽고, 특히 의지하는 사람이 옆에 없을 때에 공황의 정도가 심해진다.[401] 또한, 사회공포증은 공황이 드물게 일어나는 반면에, 광장공포증에서는 더 자주 일어난다. 사회공포증은 공황을 경험할 가능성이 낮기 때문에 진단하기가 더 어렵다. 그 이유는 불안보다는 공황을 겪는 개인이 도움을 청하기 쉽기 때문이다.

사회공포증이 DSM-Ⅳ의 불안장애 범주에 속한다면, 과연 "불안이란 무엇인가?"라는 질문을 할 수 있다. 가장 흔한 사전적 정의는 '불편하거나, 어떤 일이 일어날 것을 걱정하는 심리적 상태'이다. 심각한 수준에서 "거의 공포에 이를 정도로 안절부절 못하는 감정 상태, 실제 환경적 위협 및 그 위협에 따른 감정적 반응의 불균형, 가슴이 옥죄는 경험, 호흡곤란, 목구멍이 막히는 느낌, 다리가 풀림"등으로 묘사된다.[Lewis 1970, 33] 불안의 중심에는 "아직 구체화되지 않은 미래의 시련을 미리 예감하려는 감정"이 도사리고 있다.[33] 때때로 불안은 몹시 힘든 일예를 들어 사람들 앞에 나서는 것이 싫지만, 어쩔 수 없이 나선 후에 경련을 느낄 때을 겪은 이후에 나타나지만 조금 더 깊이 살펴보면, 힘든 일을 겪은 후에 동일한 사건이 일어날 것이라고 상상하면서 다시 경험된다. 그리고 두려워하는 상황이 가까워질수록 그 강도가 더욱 커진다. Roth와 Argyle는 불안을 "두려워하는 위험이 가시화될 것이라는 의심이 고문으로 발전하는 증세로써, 불가능해 보이는 일이 정말로 일어날지 모른다고 예감하는 고통스러운 병리적 현상이다."[1988, 35]라고 설명한다. 그러나 Holt와 Andrew의 연구[1989]에 따르면, 사회공포증을 경험하는 사람들은 "①지속적인 신경질 ②죽음과 죽어가는 과정에 대한 공포 ③신경쇠약에 대한 공포"로 설명되는 "불길한 예감" 중에서 ①의 항목만 느낀다고 인정한다. 대조적으로, 공황장애를 경험하는 환자들은 대부분 본인에게 위의 세 항목 전부가 해당한다고 체크한다. 한편 일반적인 불안 장애를 겪는 환자들은 주로 ①과 ②의 항목에 해당된다고 체크하기 때문에, 다른 불안 장애와 달리 사회공포증은 파국적인 공포 경험보다는 신경과민의 성향을 보인다. 다시 말해서, 사회공포증은 미래의 경험 또는 사건에 대한 예감 속에서 지속적인 신경과민을 느끼는 불안이라고 결론 내릴 수 있다. 비록 사회 공포증의 지속적인 신경과민이 다른 불안 장애들보다 더 심한지 또는 덜한지의 여부를 확정할 수 없지만, 신경과민이 예감되는 사건들은 사회관계적인 특성을 보인다. 그리고 가장 흔하게 보고되는 증세는 안정을 취하지 못함, 수면방해 그리고 집중 곤란 등이다.[Reich연구팀, 1988]

    대부분의 사회공포증은 겪는 사람들이 불안의 원인을 안다는 점에서 공황장애와 다르고, 불안을 야기한다고 판단되는 경험을 기억해내고 설명할 수 있다는 점에서 광장공포증과 구별된다. 전형적으로 사회공포증을 겪는 사람들은 과거에 외상을 안겨주었던 경험을 기억하고 설명한다. 그리고 미래에 동일한 경험을 반복할 것이라는 예상 때문에 극도로 긴장한다. 그러나 사실 기억해낸 과거의 경험이 현재 증세를 일으킨 원인이 되었다고 결정하는 것은 그리 간단하지 않다. 다만 공포증에 대하여 '이해할 수 있도록' 나름대로 원인이나 이유를 설명해내기 때문에 공황장애와 구별된다. 왜냐하면 공황을 경험하는 사람은 그 원인을 이해하기 위한 자신의 시도뿐 아니라 타인의 시도도 거부하기 때문이다. 또한 공황의 발생은 사전경고나 분명한 이유 없이 자동적으로 일어나기 때문에, 일정한 조건이 충족되어야만(예를 들어 다가올 사회적 사건 또는 뱀의 출현 등) 불안이 발생하는 사회공포증이나 특정 공포증과 구별된다. 예를 들면, 광장공포증을 경험하는 사람은 공공장소, 고속도로, 비행기 등에서 공포를 경험한다. 좀 더 자세히 말해서, 안전감과 친밀감을 느끼는 집에서보다 낯선 공공장소 등에서 장소 자체 보다는 낯섦 때문에 공황에 빠질 것이 예상되면서 공포증을 경험한다. 대조적으로, 사회공포증을 경험하는 사람은 특정한 사회적 상황에 참여할 것이 예감될 때에 공포를 느낀다. 이때 그가 경험하는 불안은 심장마비나 신경쇠약 못지않게 가혹한 시련이 된다.

공포증이 특정 상황과 관련되어 있다는 사실을 설명하기 위하여, 목회자들을 위하여 발행되는 어떤 잡지에 실린 기사에 대한 독자의 반응을 예로 들어보겠다. 이 기사에 따르면 목회자가 성례전에 참여하는 성도 개인의 이름을 부르면(예를 들어 "Wilma, 당신에게 베풀어주시는 그리스도의 몸을 받으세요.") 호명되는 사람들은 성례에 집중하지 못할 우려가 있다는 기사가 있었다. 이 기사는 많은 독자들과 목회자들의 관심을 끌었다. 이 기사를 보고 어떤 목회자는 다음과 같은 글을 투고하였다. "첫 교구사역 시, 성례전을 집례 할 때에 성도들의 이름이 기억이 나지 않을까 봐 엄청난 공포에 휩싸인 경험이 있었습니다. 그리고 실제로 어떤 성도의 이름이 기억나지 않았습니다. 결국 저는 성례전에 참여하는 성도들이 생명을 주신 예수 그리스도보다 목회자에게 더 집중한다는 것을 알게 되었고, 그 이유로 성례전 때에 참석자의 이름을 부르지 않게 되었습니다. 성례전에서 참석자의 이름을 부르는 이유가 참여하는 개인들을 위한 것인가요, 아니면 목회자에게 집중하게 하려는 것인가요? 만약 목회자가 성도로부터 '목사님, 그 많은 이름들을 어떻게 다 외우세요? 저는 그렇게 할 수 없을 것 같은데요'라는 말을 들었다면, 자신이 대단하다고 생각될 수 있겠지요. 그러나 저는 솔직히 성례전에서 목회자가 호명하는 것은 성도가 자신에게 집중하기를 원하기 때문이라고 생각합니다."

어떤 목회자가 이런 말을 한다고 해서 무조건 사회공포증에 걸렸다고 결론을 내리기는 무리겠지만, 성례전을 거행해야 한다고 생각하는 자체로 긴장에 휩싸인다면 사정은 다르다. 더 나아가서 성례전에서 모든 사람의 이름을 기억해야 하며, 한두 명의 이름이라도 기억하지 못하는 상황을 상상하는 것 자체만으로 불안을 느낀다면 사회공포증을 겪고 있다고 추론할 수 있다. 그가 상상할 때에 일어나는 감정 자체를 '불안을 느낀다.'라고 표현하였고, 이름이 기억나지 않는 상황은 '말 그대로 끔찍한 사건'으로 표현하기 때문이다.

사실 극심한 불안 때문에 이름을 기억하지 못하게 될 수 있다. 그런데 흥미로운 사실은 불안 때문에 이름을 기억하지 못하게 될 가능성이 있다고 인정하기보다 다른 구실을 생각해내는 데에 있다. 앞의 예에서, 성례전에서 호명하는 것은 신학적으로 목회자의 자만심을 유발하거나 성도들의 주목을 받으려는 태도에서 비롯된다고 설명하였다. 물론 이 기사에 대하여 많은 목회자들이 비슷한 논지를 피력할 수 있다. 그러나 위에서 글을 투고한 목회자는 성례전에서 불안 때문에 이름을 기억하지 못해서 비판적인

'주목'을 받았다고 추측한다. 그리고 '주목'을 받을 때에 수치심을 느끼게 되었다. 그러나 자신이 수치심을 느꼈다는 사실을 감추고 목회자들이 자만심을 충족시키고 싶어서, 성례전에서 호명을 한다고 비난한다. 한 마디로 신학적 논리로 자신에게 극심한 공포를 일으켰던 특정 사회적 상황을 회피하고 싶은 욕구를 합리화시킨다.

나는 그가 신학적 논리를 세워서 공포를 경험하였다는 사실을 감추려 한 사실보다, 그의 공포가 특정한 상황과 관련되어있음을 강조하고 싶다. 한 마디로 성례전 자체가 아니라, 성례전에서 누군가의 이름을 기억하지 못할 수도 있다는 불안 때문에 수치심과 공포를 느꼈기 때문이다. 이 사례는 사회공포증은 구체화되지 않은 미래의 두려운 상황을 상상하는 것만으로 발생된다고 경고한다. 사회공포증을 겪게 되면, 사람들 앞에서 말하거나 특정 사교적 모임에 참석할 때에 통제할 수 없는 불안을 경험하게 될 수 있다.

사회공포증의 공포 반응

지금까지 불안 장애의 일종으로서 사회공포증에 대하여 살펴보고, 사회공포증의 특징이 공포를 느끼는 사회적 상황에 대한 예상임을 알게 되었다. 단순히 신경이 예민해서 걱정 할 때와 달리, 사회공포증을 겪는 사람은 아직 구체화되지 않은 상황에 대하여 두려워하며 그 상황을 심각하게 받아들이고, 회피할 방법을 간구한다. 이 특별한 불안증에 대하여 '공포증phobia'이란 단어가 사용된 이유를 생각할 수 있다. 왜냐하면 공포증phobia은 말 그대로 공포fear의 병리적인 상태를 의미이기 때문이다. 공포증phobia에 대한 가장 흔한 사전적 정의는 '특정한 사물또는 일이나 상황에 대하여 견딜 수 없을 정도로 동요되며 공포를 느끼게 되고, 그 공포가 누그러지지 않는 상태'

이다.

그렇다면 정확하게 과연 공포란 무엇이며, 사회적 상황에서 '공포'를 느낀다는 것은 무엇을 뜻하는가? William은 불안과 공포에 대한 자신의 글 1987에서 '공포'라는 단어에 대하여 상당한 의문을 제기한다. 그는 공포는 경험하는 사람에 따라 그 정도가 다양하게 느껴지는 주관적 감정이며, 특히 사회공포증일 때 문제를 일으킨다고 주장한다. "어떤 일을 하다가 공포를 경험할 수 있지만, 대개 다시 그 일을 시작할 수 있다. 그러나 어떤 사람들은 다시 시도하기를 포기한다."165 또한 처음에 공포를 느끼다가 차츰 공포를 느끼지 않게 되는 일도 흔하다. "훈련을 거듭해서 일을 숙련되고 수월하게 처리하게 되면, 그 일과 관련되어서 거의 공포를 느낄 이유가 없게 된다." 따라서 "분명히 주관적인 공포는 역기능적 행위의 결정적 요인이 아니다."165-166 따라서 William은 '공포fear'라는 단어가 사회공포증과 관련되어 사용될 수 있는지 의구심을 제기하였다.

그러나 웁살라대학의 심리학자 Arne Öhman1986은 '기능 진화적인 관점'에서 '공포fear'에 대하여 설득력 있는 사례를 제시한다. 그는 인간은 크고 위협적인 동물을 만나게 될 때에, 가장 큰 공포를 경험하게 되고, "분노와 고통에 찬 인간들과 마주칠 때"124에도 공포가 재연된다고 말한다. 그는 위협적인 동물을 만나거나 분노에 찬 사람들을 만날 때, 두 가지 모두 "만남의 관계가 공격자와 방어자로 양분되는 상황을 설명하기에 적합하다. 실제로 싸우게 되는 당사자들이 모두 죽지는 않지만 생존을 위해서 투쟁을 할 수 밖에 없어서" 감정적으로 극심한 스트레스를 받는 상황이라고 말한다124.

그렇다면 두 가지 상황에서 어떤 감정을 경험하게 되는가? Öhman은 공격자가 인간일 때는 분노와 공격성을 보인다고 설명한다. 그러나 공격자가 동물이라면 반드시 분노와 공격성에 의하여 행동한다고 말하기 어렵다.

동물은 공포 때문에 공격하게 된다고 보는 것이 더 적절하다는 것이다. 또한 더 강한 자의 공격을 막아낼 수가 없어서, 도망치는 동물이나 사람이 공포를 느낀다고 표현할 수 있다고 말한다. 한 마디로 공포는 공격하는 행위보다 피하는 행위와 더 잘 연결된다고 보는 것이다. 이 견해에 따르면, 동물은 공포보다는 두려움을 느끼기 때문에 사람을 공격한다고 표현하는 것이 더 자연스러울 수 있다. Öhman은 공격보다는 회피가 사회공포증의 특성을 더 잘 설명하며, 적대적인 인간에게서 도망칠 때에 느끼는 감정은 동물의 공격을 피할 때의 느낌과 다르다고 주장한다. 겉으로 볼 때에는 비슷해 보이지만 자세히 살펴보면 각각의 사례마다 다른 반응을 보일 수 있다는 것이다. 동물을 피할 때에는 처음에는 공포를 느끼다가 곧 편안해지거나 심지어 재미를 느낄 수도 있다. 사나운 개를 피해서 달아날 때가 그 좋은 예이다. 그러나 사람의 공격을 피할 때에는 "굴욕감과 패배감"을 느끼게 되고, "체면이 손상"되어 마음이 상하기도 한다[124]. 실제로 위협적인 동물은 피해버리지만, 남자들은 적대적인 사람에게 공포를 느끼고 도망가는 것을 수치스럽게 여기기 때문에 싸우기로 결심할 수 있다. Öhman은 디트로이트에서 대수롭지 않은 말싸움에서 "체면" 때문에 싸움판이 벌어져 가담한 성인 남자의 절반이 학살된 예를 설명하면서, 겉보기에는 사나운 동물을 만나거나 적대적인 사람을 마주칠 때에 비슷한 공포를 경험하는 것처럼 보여도 대응하는 행동이 큰 차이를 보인다고 결론을 내렸다.[124]

위의 내용이 사회공포증과 어떻게 연결되는가? 동물을 만났을 때와 사람을 만났을 때에 느끼는 공포의 차이를 근거로 비교적 합리적이고 적응이 용이한 공포와 더 비합리적이고 적응이 안 되는 공포를 나누어 생각한다면, 사회공포증에서 느끼는 공포를 이해하는 데에 도움이 된다. 나이를 기준으로, 일반적으로 동물 공포증'특정 공포증'의 범주에 해당은 대개 아동 초기 또는 중기에 시작되기 때문에 3대 중요 공포증 중에서 가장 먼저 발생한다.

Öhman은 유아들은 부모의 보호 속에서 생활하지만 성장해서 걸어 다니기 시작하면서 부모의 보호를 덜 받게 된 어린이는 동물의 공격에 취약할 수 있다고 설명한다. "생물학적인 관점에서, 아동기 때에 동물에 대한 공포를 느끼기 쉽다."[129]

대조적으로 사회공포증은 십대 중반에, 사회적 금지명령을 따르게 되면서 그 명령을 어길 때에 수치심을 느끼면서 나타난다. "동물 공포증은 아동기의 좁은 환경 속에서 발생하는 반면에 사회공포증은 더 넓은 사회관계 속에서 나타나며, 공포를 경험할 때에 그 상황을 피하면서 자신이 겁이 많거나 약하다고 느낄 수 있다." 또한 "사회공포증은 사회적으로 지배권을 행사하는 사람들을 극단적으로 회피하는 인간관계 패턴이 굳어지게 할 수 있다."[129] Öhman은 지배와 복종의 체계가 사회질서를 유지하기 때문에, 어떤 단체의 위계질서가 비교적 안정되면 적대적인 관계가 감소하고 집단 응집력과 기능이 원활해져서, 집단 내에서 개인과 집단의 이해관계가 일치가 되도록 위계질서가 형성된다고 보았다.[129-130]

Öhman은 사회 공포증을 경험하는 사람은 사회적 질서 안에서 지배와 복종체계에 매우 민감하며, 사회적 관계에서 타인이 지배하는 상황을 맞이하게 될 때에 본능적으로 자신은 복종하는 위치에 처할 것이라고 예상하여 희생자가 될 것을 매우 우려한다고 말했다.

그리고 복종은 '체면을 잃은 행위'라고 생각되어서 불안을 느끼게 된다. 이런 예기불안이 공포를 야기한다. 현실에서 지배와 복종의 체계에 굴복하지 않게 될 가능성이 있지만, 그들은 굴복하게 될 가능성만이 존재한다고 믿는다. 체면을 잃을 것이 예상되면 비합리적인 공포를 경험하게 된다. 특히 자신이 지배력을 가진 구성원들의 희생자가 되고, 괴롭힘을 당하고, 조롱거리가 될 것이라고 믿으려고 한다.

Öhman에 따르면, 사회공포증을 겪는 사람들은 자기주장이 강하지 않

은 듯이 보이지만 실제로 그들은 매우 자의식self-conscious적이며 지배와 순종의 관계 속에서 공포를 느끼기 때문에 가족이나 친한 친구들과의 관계에서는 그 증세가 잘 드러나지 않는다물론 지배적인 부모도 있지만고 한다.

또한 그의 분석은 사회공포증을 겪는 사람이 사회적 상황에서 위계질서 내에서의 지배적인 관계에서 체면을 잃거나, 당황함과 모욕감에 대한 공포를 느낀다는 사실을 설명한다. 그 공포는 유아기 때에 지배적인 사람들에 대하여 방어적으로 행동할 수밖에 없었던 사회적 상황에서 반복되어 경험된 '패배감'에 그 기원을 두고 있다. 결과적으로 사회공포증을 겪는 사람은 쉽게 복종하는 역할을 맡도록 학습화되었다. 상대방이 지배적으로 행동하지 않는 상황에서도 스스로 학습된 역할을 떠맡는다. 지배적인 태도에 의해 공격을 받기 전에 생존을 위하여 스스로 복종하는 자리로 물러나는 셈이다. 심지어 자신이 속한 단체에서 연장자로서 역량을 발휘해서 지도자의 역할을 감당해줄 것이 기대 될 때에도 타인의 지시에 따르는 것이 훨씬 익숙하기 때문에 지도자의 자리를 거절해서 구성원들을 실망시키기도 한다. 이때에 사람들은 그가 사회공포증을 겪는다는 사실을 알지 못하기 때문에 세으르거나, 야심이 없거나, 무능하다고 오해한다. 또한 당사자는 당사자대로 자신보다 능력과 전문지식이 부족한 사람이 단체에 더 큰 영향력을 행사하는 상황을 지켜보아야 하기 때문에 좌절과 분노를 느끼게 된다. 무엇보다 능동적으로 자신이 처한 상황에 대처할 수 없다고 느끼는 무기력감 자체가 가장 큰 좌절을 안겨준다.

그러나 실제로 사회공포증을 겪는 사람은 체면을 잃게 될 상황을 피하기 어려울 때가 많기 때문에 딜레마에 빠지기 쉽다. 이 딜레마는 일반인들이 겪는 것보다 더욱 강력한 늪이 된다. 딜레마에 동반되는 공포가 겉으로 드러나지 않고 비합리적이기 때문이다. 예를 들어서, 불안이 예상되는 모임을 앞두고 참석해야 할지 또는 피해야 할지 고민할 때에 비합리적 공포가 결정에 영향을 미친다. 만약 불안이 예상되어 어떤 모임을 참석하지 않기로 결심한다면 건강하지 않고 비합리적인 심리적 고통을 겪으면서 겉으로 그럴듯한 핑계를 대야하기 때문이다. 이 말은 사회공포증을 겪게 되면 공포와 당혹감의 저변에 한층 더 깊은 '비밀스러운 수치심'을 간직하고 있음을 암시한다. 이 비밀스러운 수치심은 비합리적인 공포 때문에 다시 어떤 모임에 참석하지 못하게 만드는 건강하지 못한 순환을 이끌어낸다. Öhman은 사회공포증을 겪는 사람의 복종적인 태도 이면에 낮은 자존감이 숨어있다고 말한다.

이런 관점에서 그는 사회공포증을 겪는 사람은 마음속에 사회질서에 순응하지 않으면서 실제 신체적 위협을 당하지 않으려고 겉으로 순종하는 태도를 취하게 된다고 말한다. 신체적 위협이 가해질 때에 취하는 반응을 단순히 '사회공포증'의 성향으로 보기에는 무엇인가 부적절 하지만, 당황이나 굴욕감 때문에 '체면을 잃게 될 것'에 대한 반응은 분명히 사회공포증세의 특성을 보인다고 말한다. 그 이유는 동물에 대한 공포는 단순히 무서워하는 동물을 피하면 해결되기 때문이다. 공포를 주는 동물을 피하고도 살아가는 데에 아무 지장이 없다. 그러나 사회적 관계가 싫다고 인간사회와 완전히 고립되어 살아간다면 정상적인 삶을 영위하기 어렵다. 사회공포증을 겪는 사람들은 고립되어 살 때에 겪어야 할 손해를 견딜 수 없기 때문에 공포를 느끼게 되는 사회적 상황 속으로 들어가야 한다. 그들은 누구보다도 외톨이로 살고 싶지 않고 인간관계의 상호작용을 간절히 원한다.

지금까지의 Öhman은 동물 공포증을 설명해서, 사회공포증의 공포에 대한 이해를 높였다. 한편 광장공포증은 지배와 순종의 체계에 초점을 둔 사회공포증의 기본 모델에 적합하지 않다고 결론을 내렸다. 그는 "광장공포증은 다른 공포증과 달리, 이론적으로 분리불안이라는 독특한 논리로 설명할 수 있다,"[127-128]고 말한다. 광장공포증을 경험하는 사람들은 다른 사람들과 있을 때보다 홀로 있을 때에 더욱 공포를 체험하기 때문에, 분리 불안예를 들어 유치원에서 엄마와 떨어진 어린아이가 느끼는 불안이 광장공포증의 중심이 된다는 이론은 그동안 널리 대중의 지지를 받아왔다. 광장공포증을 겪는 사람들 중에 많은 사람들은 홀로 있기를 피하고, 특히 '안전지역'을 넘어서는 모험을 시도할 때에 누군가 곁에 있어주기를 바란다. 보통은 가족, 그 중에서도 배우자가 곁에 있어주기를 원하며, 비단 사람뿐 아니라 애완용 동물도 도움을 주는 애착대상attachment object이 된다. Routh와 Bernholtz 1991가 지적하였듯이, 분리불안과 유사하게 홀로 있어서 공포를 느낄 때에 어린아이들이 의지하는 애착대상attachment object : 예를 들어 테디베어 또는 중요한 담요은 탐험의 시도를 돕는 안전한 기반이 된다는 사실은 매우 놀랍다. 그들은 또한 광장공포증을 겪는 사람들에 대하여 군중이 많이 모이거나 탁 트인 장소에서 견딜 수 있도록 도전 하는 것을 돕는 것보다, "안전감"을 경험하도록 돕고, 스스로가 안전하다고 느끼는 장소나 사람에게서 한 걸음이나 두 걸음 떨어져서 견디어보도록 격려해야 한다고 강조하였다.303 이런 시도는 아주 어렸을 때에 안전함을 제공하는 어머니나 양육자로부터 시시히 떨어져보는 경험을 회상시키기 때문이다.

보통 10대 중·후반기에 광장공포증이 시작된다는 관점의 연구가 다수이지만, 광장공포증이 시작되는 시기가 분리불안을 겪게 되는 유아초기까지 거슬러 올라간다는 관점도 있다. 그동안 광장공포증을 겪는 사람이 더 쉽게 학교공포증학교가기를 거부하는 증세을 경험한다는 주장은 별로 지지를 받지 못하였다. 그들 가운데에 아동기 때에 부모의 사별을 경험한 비율이 더 높다Thyer et al. 1988는 연구는 더욱 신빙성을 인정받지 못하였다. 또한 그들은 부모 모두, 또는 한 쪽이 냉정하거나 거절을 잘하는 경향이 있다는 연구 결과도 있지만, 그들의 부모가 다른 공포증을 겪는 사람들의 부모와 감정적으로 크게 다르다는 사실을 입증할 증거는 없다.

그러나 Öhman이 진화론에 근거하여, 사람이 안전한 장소에서 떠나서 안전이 확인되지 않은 공간으로 들어갈 때에 체험한다고 주장하는 광장공포증은 육식 동물에 대한 공포나 적대적인 사람에 대한 공포증에 비해서 증명될 필요가 있다. 비록 광장공포증을 겪는 사람들이 다른 공포증을 겪는 사람들보다 초기 아동기에 더 큰 분리불안을 경험했다고 주장할만한 결정적인 증거가 확보되지는 않았지만, 분리불안의 경험은 다른 공포증과 구별되는 중요한 특성이다. 광장공포증을 겪는 사람은 부모가 제공하는 "안아주는 환경holding environment"의 밖으로 모험을 하는 어린아이와 비슷한 감정을 경험한다.Kohut, 1984 좀 더 자세히 설명하면, 분리불안을 경험하는 어린아이가 느끼는 완전히 자기 조절을 잃을 것 같은 공포, 죽음에 가까운 자기 붕괴 등의 감정을 느낀다. 바로 이런 특징 때문에 지배와 복종의 체계에 민감한 사회공포증과 구별된다. 그 이유는 사회공포증을 겪게 되면 분리불안보다는 다른 사람들에게 지배력을 행사해야 되는 역할을 감당해야할 때, 또는 지배적인 위치에 있는 사람에게 복종해야 할 때에 당당하게 자신의 의견을 말하지 못하면서 무기력감과 관련된 불안을 경험하기 때문이다.

사회공포증의 수치심과 민감성

최근에 연구자들은 사회공포증을 발전시키는 개인적 기질의 존재 여부에 의문을 제기하였다. 사회공포증을 겪는 대부분의 사람들은 나름대로 공포증이 시작되었다고 생각되는 시기에 특정한 '패배'의 경험을 가지고 있다. 이 경험은 고통스럽고 강한 수치심을 동반하였기 때문에 잊기 어렵다.Kaufman and Raphael, 1996, 60-63 연구자들은 이런 경험이 공포증을 야기하였다고 확신할만한 증거가 충분하지 않지만, 사회공포증을 겪기 쉬운 개인적 성향 때문에 동일한 경험을 해도 다른 사람들보다 더 부정적인 영향을 받는 것은 아닌지 생각하게 되었다.

연구자들은 사회공포증을 발전시키는 몇 가지 성향을 설명한다. 가장 중요한 것은 가족력Family History이며, 성Gender도 포함된다. 문화Culture와 민족성Ethnicity도 지속적으로 강력한 공포증을 야기하는 요소들이다. 인종Race도 빼놓을 수 없다. 다음 장에서 이 요소들에 대하여 자세하게 설명할 것이다. 그러나 무엇보다도 지배와 복종의 사회적 체계 내에서 복종의 역할을 떠맡아야 한다고 예상할 때에, 공포증을 경험하게 되는 데에는 뿌리 깊은 기질적 성향이 있다고 생각할 수 있다.

Rosenbaum과 그 연구팀1991은 불안 장애는 다른 의학적 조치가 필요한 장애와 같이 독특한 성향에서 야기된다고 주장한다. 그들은 특히, 어린아이가 어른으로부터 지나치게 가혹한 '행동 금지behavioral inhibition'의 요구를 반복해서 듣고 따르게 되면 위축감을 느끼며 성장하는데, 이러한 경험이 사회공포증의 발생 가능성을 높일 수 있다는 가능성에 초점을 둔다. Harvard의 아동연구 실험실Infant Study Laboratory의 장기적 연구 조사에 따르면, 코카시안세Caucasian 미국 어린이들 중에서 10~15%가 쉽게 성질을 내는 성향을 보이는데, 그들은 걸음마를 시작하는 시기에 수치심이나 공포를 느꼈고, 학년기에 이르러서는 조심스럽고, 조용하고, 내향적이 된다고 한다. 이 연구소에 소속된 Kagan과 동료들은 수년에 걸쳐서 생후 21개월과 31개월의 두 집단으로 구성된 유아를 대상으로 연구를 진행하였다. 유아들은 각각 낯선 상황과 사람들, 그리고 낯선 대상에 노출되었을 때에 한 집단은 '행동 금지behaviorally inhibited'의 요구에 익숙하고 또 다른 집단은 그렇지 않은 것으로 판명이 났다. 연구 집단에 속한 유아들이 4살, 5살 그리고 7살 중반에 이르기까지 후속연구가 계속되었는데, 그때까지 두 집단의 차이가 유지된 것으로 밝혀졌다. 처음부터 낯선 대상에 다가가기를 좋아하는 어린이는 계속 그 성향을 유지하였고, 반대로 다가가기를 두려워하는 어린이도 마찬가지였다.

연구자들은 처음 실험할 때부터 행동 금지 명령에 잘 따르는 성향과 그렇지 않은 성향이 동일하게 유지되는 이유는 심리적인 요소가 작용하기 때문이라는 가설을 설정하였다. 그들은 일반적으로 움츠러들고, 회피하고, 목소리가 작아지는 어린이들은 긴장하면 심박 수가 올라가는데, 행동 금지 요구에 잘 순응하는 어린이들에게서 동일한 현상이 발견되기 때문에 자신들의 가설을 뒷받침해주었다고 주장하였다.

Rosenbaum과 동료들은 Kagan과 그 동료들이 얻은 연구 결과에 대하여 "유아기 때에 반복해서 주입된 행동 금지 요구가 불안성향을 설명하는 한 지표가 된다."[6]는 결론을 내려서, 역시 유아기 때에 반복적으로 듣고 따를 수밖에 없었던 행동 금지 요구가 "불안이 병리적으로 발달하도록 만드는 심리 내재적 성향을 반영한다."는 가설을 인정하게 되었다. 두 연구팀에 따르면, "생의 초기에 부모의 행동 금지 요구는 불안을 경험하게 만들고, 그 불안이 되풀이 되어 경험되면 특정한 기질 형성에 영향을 주며", 형성된 특정 기질은 "이후의 삶에서 불안 장애의 시초가 되는 무대"를 제공한다고 설명할 수 있다.[6]

이 가설을 검증하려고 Rosenbaum의 연구팀은 2살부터 7살에 해당하는 56명의 어린이들을 Harvard의 아동연구 실험실로 보냈고, 행동 금지 요구에 대한 반응의 순위를 정하였다. 그리고 이 실험의 연구 대상이 되었던 어린이들과 Kagan의 연구 대상이 되었던 어린이들을 매사추세츠 종합 병원Massachusetts General Hospital의 소아과 외래진료 어린이들과 비교하였다. 진단을 목적으로 구조화된 면담을 통하여 행동 금지 요구를 받은 어린이들은 "다양한 불안장애multiple anxiety disorder, 과다불안장애overanxiety disorder 그리고 공포장애phobic disorder를 경험할 위험이 높다."는 사실을 발견하였다. 한편 Kagan과 그 동료들은 금지 명령을 받은 경험이 있었던 생후 21개월의 유아들이 8살이 되었을 때에 다시 검사를 하였다. 그들은 사람들의 주목을 받으면서 서 있거나 말을 하거나, 낯선 사람을 만나거나, 수업 중에 호명되거나, 승강기를 타거나 비행기 여행을 하거나, 혼자 외출을 할 때에 공포를 느꼈으며, 광장공포증과 사회공포증의 증상을 보였다.

위의 실험을 통하여 Rosenbaum과 동료들은 장기적인 연구만이 생의 초기의 반응 패턴이 삶 전반에 걸쳐서 나타나는 불안 장애를 발전시킬 위험성을 밝힐 수 있다고 설명한다. 그들은 "삶의 초기에 이미 불안장애의 성향이 드러나며, 그 성향이 발전단계의 주요 경험들과 삶의 사건과 상호작용을 일으켜서 본격적으로 불안장애로 나타난다."[9]라고 결론 내린다.

Kagan의 연구팀은 "행동 금지"와 더불어서, 더욱 전통적인 "수치심"Kagan & Reznick, 1986이란 용어를 사용한다. Beidel과 Morris는 사회공포증에 대한 논의에서 생의 초기에 사회성Sociability과 수치심Shyness이 감지되며, 그 후의 발달 과정 속에서도 이 대조적인 특질이 계속 나타난다고 설명한다.1995 그들은 사회성과 수치심에 대하여 각각, "홀로 있기보다는 다른 사람들과 관계를 맺고 함께 있기를 좋아하는 성향"과 "특별히 낯선 상황 안에서 가족이 아닌 사람들의 평가에 예민해지며, 그들과의 관계를 회피하는 태도"로 정의한다. 한 마디로 "사회성은 관계를 맺으려는 욕구를, 수치심은 사람들과의 관계를 힘들어하고 철수하려는 욕구를 뜻한다."[18]고 설명한다.

연구팀은 사람들과의 상호작용에서 만족을 주고받으려는 사회성의 차원이 낮은 사람들이 있다고 강조하였다. 이들은 사교적 모임에서 대화를 주고받지 않아서 감정적인 어려움을 보이지 않거나 느끼지 않으려고 하며, 사람들을 사귀고 싶은 욕구는 강하지만 상대방의 대화에 적절하게 반응을 하지 못해서 심한 스트레스를 받으며, 친구들을 사귀고 싶은 마음은 간절하지만 막상 사귀는 것이 힘들다고 고백하는 어린이들은 이미 사회공포증의 진단범주에 속할 수 있다고 말한다.[181] 이런 관점에 따르면, 사교적이지만 수치심을 겪는 어린이들도 넓은 범위에서 사회공포증에 해당된다고 볼 수 있다. 이에 따라 기질적으로 미래에 사회공포증을 겪을 가능성이 있는 어린이들은 현재에 사교적이면서도 수치심을 많이 타고 있는 모순paradox적인 속성을 보인다는 주장이 가능하다.

Bruch와 Cheek은 아동기와 청소년기의 수치심의 발달적 요소에 대한 또 다른 연구에서 수치심과 사회공포증은 부정적인 평가라는 선행 경험을 공유하기 때문에 다양한 성격 특성 중에서 수치심이 사회공포증과 가장 유사하다고 강조한다. 그러나 수치심과 사회공포증은 부정적인 평가에 대한 공포를 인지적이고 감정적으로 표현하는 공통점이 있지만, 사회공포증이 수치심보다 사교적 기능에서 더 왜곡된 형태의 회피와 손상을 포함하기 때문에 두 개념이 동의어로 사용될 수는 없다고 설명한다. 하지만 그들은 Kagan과 Reznick의 연구[1986]를 인용해서 생물학적으로 수치심의 성향을 가지고 태어나는 어린이들이 있다는 사실을 보여주어서, 아동기의 수치심의 기원에 대한 그들의 연구는 나름대로 신뢰할만한 결과를 이끌었다.[163] 또한 그들은 생의 초기에 발달하는 공포적 수치심과, 비교적 뒤에 발달하는 자기 의식적 수치심을 구별한 Buss의 연구[1980, 1986]를 지지한다. Buss의 연구에 따르면, 전자는 생의 첫 해 동안에 출현하는데 기질적으로 행동 금지 명령에 대하여 두려움과 격한 감정적 반응으로 나타나며, 후자는 4세나 5세경에 출현해서 14세에서 17세 사이에 청소년기의 정체성 혼란기에 가장 강하게 나타난다고 한다.[166] 전자의 특징은 행동 금지에 대한 신체적 불안 증세이며, 후자의 특징은 고통스러운 자기의식과 부정적 자기 몰두와 같은 정신적 증세이다.

한편, 대학생들을 대상으로 실시한 과거 회상연구에서 발달적인 관점에서 수치심의 개념화에 대한 연구결과가 보고되었다. Bruch와 Cheek[1995] 그리고 그 동료들은 아동 초기에 수치심을 경험하면 그중에서 약 75%가 성인이 된 이후에도 수치심을 겪게 되고, 아동 후기나 청소년기에 처음 수치심을 경험하면 그 중에서 50% 정도만이 성인이 된 후에 수치심을 경험한다고 주장한다. 한 마디로 일찍 수치심을 경험할수록 성인이 된 후에도 여전히 수치심을 경험할 가능성이 더 높다. 이 관점은 어린아이들이 성인이 되면 수치심을 저절로 극복하게 된다는 통념을 반대한다. 또한 더 나아가서 아동 초기의 수치심은 치료적 개입에 의하여 극복해야 할 필요가 있음을 깨닫게 한다.

마지막으로, Bruch와 Cheek은 수치심을 겪는 어린이들과 청소년들은 부정적인 또래 관계를 경험할 가능성이 높다고 지적한다. "수줍어하는 어린이들의 회피적 행동이 또래와 친구들을 싫어하는 태도로 보이게 되어서 또래들이 그들을 부정적으로 대하고, 거절하고, 학대예를 들어 괴롭힘하기 쉽다."[174] 이런 주장은 사회질서 내에서 지배와 복종의 체계에 매우 민감한 사회공포증을 겪는 사람들이 부모와 자녀 관계, 또는 선생과 학생의 관계보다, "'지배'와 '복종'의 역할이 유동적으로 뒤바뀌는 또래관계의 적응에서 더 큰 어려움을 겪게 된다."는 Ohman의 설명과 잘 일치한다. 수치심을 겪는 어린아이는 부모와 자녀 관계, 또는 선생과 학생의 관계에서 비교적 고정된 지배와 순종의 체계에 익숙해져 있다. 그래서 또래 관계 처럼 사회적 위계질서가 잘 갖추어지지 않아서 구성원들이 힘과 영향력을 서로 행사하려고 경쟁하고, 지배력을 행사하려는 사람이 계속 교체되고, 또한 동시에 여러 사람이 지배력을 행사하려고 하는 상황을 맞닥뜨리게 될 때에 위협을 느끼고 상당한 스트레스를 경험하기 쉽다. 더욱이 또래들로부터 앞에 나서서 말을 하고 단체에서 지배적인 역할을 행사하라는 요청을 받을 때에는 더욱 극심한 공포를 느낀다. 이 때, 선생님이 또래 집단으로부터 받는 스트레스의 해소를 도우려고 해도 선생님은 지배적인 위치에 있고, 도움을 받아야 하는 자신은 복종을 강요받는 처지에 있다고 생각하게 만드는 사회공포증의 성향 때문에 도움을 거절하기가 쉽다. 선생님이 적극적으로 나설수록, 지배력에 압도되어 더욱 복종적으로 행동을 취해야 한다고 생각하게 된다.

결론

1장에서 사회공포증이 불안장애로 분류되고, 공포증의 세 유형 중의 하나에 속한다는 설명에 초점을 두었다. 또한 사회공포증을 불안장애라는 더 큰 범주 안에서 파악하고 공포증의 도식schema을 설명하는 데에 관심을 두었다. 아울러 사회공포증이 발달되는 과정을 설명하고 시간이 지나도 그 증세가 유지되고 사라지지 않는 이유에 대하여 질문을 제기하였으며, 대략적인 이론적 설명을 제시하였다.

그 과정에서 사회공포증을 겪는 사람들은 비합리적인 근거에 의하여 특정 사회적 상황을 회피하려고 하기 때문에 당혹감이나 모욕감을 경험하며, 또한 깊은 수치심shame의 경험을 가지고 있다고 강조하였다. 다음으로 사회공포증에서 공포의 역할에 대해 살펴보았고, 공포가 체면을 잃게 만든다고 설명하였다. 좀 더 자세히 설명하면, 지배와 복종의 체계 속에서 경험되는 사회공포증의 핵심에는 체면 상실에 대한 공포가 있다. 그만큼 사회공포증의 많은 특성은 다양한 지배와 복종의 체계에 대한 선별적인 수용어떤 사회적 상황에서는 편안함을 느끼고, 다른 상황에서는 위협을 느끼는지의 여부으로 설명될 수 있다. 마지막으로 수치심을 사회공포증의 성향으로 바라보는 관점 이외에 성인이 될 때까지 수치심을 느끼는 원인을 발달단계의 관점으로 바라보는 이론을 설명하였다. 발달 단계의 관점은 나름대로 장점을 가지고 있지만, 동시에 사회공포증이 쉽게 치료될 수 없다는 생각을 더 강화시키는 근거가 되기도 한다.

chapter 2
사회공포증의 진단

제2장은 사회공포증의 진단에 초점을 두고, 현재 개인이 사회공포증을 겪고 있는지를 결정하는 범주와 미래에 사회공포증을 경험할 가능성을 보이는 성향에 대하여 면밀히 살펴보려고 한다. 사회공포증의 기본 진단자료로 지난 십 수 년 동안에 학자들과 임상가들의 연구와 지혜를 모아서 출판한 DSM-Ⅳ를 사용한다. DSM-Ⅳ는 특정 개인이 사회적 공포증을 겪고 있는지 아닌지를 결정하는 데에 도움을 주지만, 사회공포증이 아닌 사람을 분별하고 다른 종류의 공포 증세를 파악하는 데에도 유용하다.

중요한 두 개의 주제 : 범주와 심각성

사회공포증에 대한 진단범주

DSM-Ⅳ는 임상가들에게 특정 개인이 사회공포증을 겪고 있는지의 여부를 결정하는 데에 도움을 주는 범주들을 제공한다. 첫 번째 범주는 "한 가지 또는 그 이상의 사회적 상황이나 활동에서 현저하고 지속적인 두려움, 즉 친숙하지 못한 사람들이나 타인들이 자신을 바라보는 상황에 대한 두려움, 자신이 수치스럽거나 당혹스런 방식으로 행동하게 되어서 불안 증상을 보이게 될 것을 두려워한다.1)"1994, 146이다. 두 번째 범주는 "두려운 상황에 노출되는 것은 예외 없이 불안을 유발시키며, 이 불안이 상황과 관계가 있거나 상황의 원인이 되는 공황발작으로 나타난다.2)"이다. 두 번째 범주에 따르면 일종의 공황 발작의 증세와 비슷해 보인다. 그러나 좀 더 정확하게 말해서 공황장애는 불안을 야기하는 특정 상황이 좀 더 명확하게 설명되는 특성이 있지만, 광장공포증에서 공황이 좀 더 임의로 나타난다. 그러나 광장공포증은 특정 상황과 덜 관련되어 있다는 점에서 사회공포증과 구분된다. 세 번째 범주는 "공포가 너무 지나치거나 비합리적"이라는 인식3)이다.417 네 번째 범주는 "두려운 사회적 상황이나 공포를 느끼며 활동해야 하는 상황을 인식하고 그 상황을 회피하려 하지만, 피할 수 없는 때에 강한 불안과 고통을 경험하게 된다.4)"이다.417 위의 네 범주가 거의 모든 성인 공포증에서 발견되는 사회공포증의 가장 중요한 진단 범주들이다. 이 범주들은 자신이 처한 상황에 대처하기 위하여 과도하게 긴장해야 한다는 비합리적 예상을 하게 되고, 그 상황이 종료된 후에도 긴장의 정도가 낮아지지 않아 공포증이 시작되는 징후를 설명한다. 그중에서 네 번째 범주공포를 느끼는 상황을 피하거나 견디어야 한다는 인식는 세 번째 범주공포가 너무 지나치거나 비합리적에도 불구하고 경험하게 되는 단계를 설명하며, 공포증이 단계적으로 진행된다는 사실을 잘 설명한다.

그 이외에, 공포증을 경험하는 상황을 세분해서 임상전문가들의 이해를 돕는 몇 가지 중요한 범주들이 있다. 또한 "두려운 사회적 상황 또는 활동 상황을 회피하고, 그 상황에 대하여 예기 불안을 경험한다. 이 예기 불안 때문에 정상적인 일상생활과 직업학업수행의 기능 또는 사회적 활동이

---

1) DSM-Ⅳ, 하나출판사, 1995. 544면.
2) 위의 책, 544-45면.
3) 위의 책, 545면
4) 위의 책, 545면

나 관계 형성이 심각하게 저해 받거나, 공포 때문에 심하게 고통 받는다."[5] 라는 다섯 번째 범주도 진단을 위하여 유용하다.[417]

DSM-Ⅳ에 따르면 사람들 앞에서 연설을 하거나 연기를 하는 것에 대하여 뚜렷한 공포를 느끼는 사람이 직장에서 차분하게 혼자 일을 하고, 실제 생활에서 공포증을 경험할 가능성이 거의 없다면 사회공포증의 진단 기준을 충족시키지 않는다고 볼 수 있다. 따라서 실제 생활에서 기능적 손상이 중요한 진단기준이 된다. 만약 이 다섯 번째 범주가 엄격하게 적용예를 들어, 사람들을 많이 만나지 않으면 공포증을 경험하지 않을 가능성이 높은데, 직업 특성상 대중 앞에서 말을 해야 할 상황이 많아서 공포 경험을 반복하게 될 때된다면, 사회공포증으로 고통을 받는 사람들의 숫자와 증세의 심각성이 과소평가될 가능성이 있다. 예를 들어, 직장생활을 할 때에 개인의 선택에 따라서 비사교적 모임에 참석할지 말지의 여부를 결정할 수 있다. 하지만 상식적으로 모임에 참석하는 사람이 참석하지 않은 사람보다 상사나 동료들로부터 더 긍정적인 평가를 받을 수 있다. 또한 직장 동료들이 어떤 여성이 사교적 모임과 대중 연설을 꺼린다는 사실을 알고 있다면, 굳이 그 여성이 거절할 것 같은 부탁을 하지 않을 것이나. Henry James라는 소설가는 모의 법정에서 말을 한 마디도 꺼낼 수 없어서 법정 시연에 참여하지 못했고, 로스쿨을 졸업하지 못했다. 그러나 친한 사람들과 함께 모이는 조촐한 저녁 파티에서 누구보다도 다정하고 섬세한 대화를 건넸다. 그의 사회 공포증은 예리한 관찰력의 기술을 발휘해서 뛰어난 소설가가 되도록 도왔다

여섯 번째 범주는 "18세 이하에서 공포증을 경험하는 기간이 6개월 이상이 되어야 한다."[6]이다. 이 범주는 전학을 가거나 일정 기간 가족위기를 경험한 어린아이들과 청소년들이 사회공포증을 겪는지를 진단하는 데에 유용하다. 다시 말해서 어린이들과 청소년들은 특정 기간에 사람들을 회피

---
5) 위의 책, 545면.
6) 위의 책, 545면.

하는 증세를 보일 수 있지만, 그 기간이 6개월 이상이 되어야 사회공포증으로 진단될 수 있다는 근거를 제시한다.

일곱 번째 범주는 "일반적으로 물질이나 약물에 의한 생리적 효과 때문에 발생하는 공포가 아니어야 한다."7)이다. 실제로 사회공포증을 겪는 많은 사람들이 물질, 특히 알코올의 힘을 빌어서 불안을 야기하는 사회적 상황을 견디어내려고 한다. 그러나 이 범주는 사회공포증의 증세가 물질과 약물의 효과로 인한 것일 때에는 사회공포증이라고 진단하기 어렵다고 설명한다.

여덟 번째 범주는 일반적인 의학적 관점에서 다른 정신장애가 존재한다는 사실이 발견될 때에, 사회공포증이 이 증세와 관련이 없음이 증명되어야 한다는 것이다. 만약 파킨슨병을 앓고 있어서 손발을 떨거나, 거식증이나 폭식증 때문에 불규칙한 식사 습관을 보이면서 특정 사회적 상황에 대하여 공포를 경험하고 있다면 사회적 불안이나 회피가 질병과 관련이 있다고 해석하는 것이 더 적절할 수 있으므로 진단에 신중을 기할 필요가 있다.

앞에서 이야기한 범주들은 성인과 청년들에게 적용될 수 있으며, 아동에게 적용될 때에는 세심한 고려가 필요하다. 예를 들어서, 뚜렷하고 지속적인 공포를 진단 기준으로 설명하는 첫 번째 범주에 근거해서, 아동이 단순히 낯선 사람들에게 자신의 행동이 노출될 때에 공포를 느낀다는 사실만으로 사회공포증을 겪고 있다고 보기에는 다소 무리가 있다. "어린이가 낯선 사람들을 만날 때에 극도의 불안을 느끼는 지의 여부"와 "어른들뿐만 아니라, 또래 관계에서도 지속적인 불안 경험"의 증거가 있어야만 한다.414) 두 번째 범주와 세 번째 범주의 기준에 의하여 아동이 사회공포증으로 진단되려면, 즉각적인 불안 반응이 있어야하고, "낯선 사람들과의 만남에서 울음, 성마름, 얼어붙음, 몸 떨기"등의 반응으로 불안을 표현해야 한다.417)

---

7) 위의 책, 545면.

그리고 어린이 스스로 자신의 공포가 과도하거나 비합리적이라고 인식할 능력을 갖추지 않아도 된다.

DSM-Ⅳ는 사회공포증 때문에 어려움을 겪는 상황을 설명한다. 예를 들어, 그들은 사람들이 "당황할 것을 염려하는 태도"와 "약한 모습을 보일 것에 대한 불안을 느끼며, 사람들이 자신들을 '미친 듯이 행동하는 사람' 또는 '바보'등으로 묘사할 것이라고 걱정한다."412 그들은 "사람들이 자신이 손을 떨거나 목소리를 떨고 있다는 것을 알아차릴 것이다."라는 걱정 때문에 대중 앞에서 말할 때에 공포를 느끼거나, 또는 "말을 알아듣도록 또박 또박 발음하지 못할 것이라는 공포" 때문에 극심한 불안을 경험할 수 있다.412 또한 "사람들이 자신이 손을 떠는 것을 보게 되면 더욱 당황할 것이라는" 공포를 느껴서 대중 앞에서 먹거나, 마시거나, 글을 쓰지 못한다.412 대부분의 사회공포증을 겪는 사람들은 언제나 가슴 두근거림, 전율, 땀 흘림, 속 매스꺼움, 설사, 근육경직, 안면홍조, 혼동 등의 증세를 경험한다. 더 심할 때에는 공황발작을 보인다.

사회공포증을 겪는 성인이나 청년들은 한 가지 이상의 상황에서 자신들이 느끼는 공포가 과도하거나 뚜렷한 이유가 없음을 인식한다. 이런 특성 때문에 사회공포증은 망상예를 들어 경찰이 자신을 발견할 것이라고 생각해서 사람들이 있는 곳에서 식사를 하지 못할 때과 구별된다. DSM-Ⅳ에 따르면 개인이 나름대로 공포를 느끼는 상황심지어 다른 사람은 전혀 위협을 느끼지 않는데 특정 개인만 공포를 느낄 때도 포함도 설명한다. 예를 들어, 준비 없이 수업에 참여했다가 호명되면 공포를 느끼거나, 상사가 부를 때에 해고통지를 받을지도 모른다고 공포를 느낄 때 등이다. 그때에 느끼는 공포는 나름대로 이유가 있기 때문에, 그 이유 자체만으로는 사회공포증이라는 진단이 타당하지 않다. 그러나 어떤 학생이 수업준비를 철저히 했는데도 호명이 두려워서 죽을 정도의 공포를 느끼거나, 분명히 칭찬받기 위하여 상사를 만나는 자리에도 불구하고 만남 자체를 피하고 싶을 정도로 공포를 느낀다면 사회공포증으로 진단될 만한 근거가 된다.

또한 DSM-Ⅳ는 사회공포증으로 진단되려면, 공포나 회피가 "일상생활, 직업 또는 학업 수행 및 사회 활동"과 관련되어 불편을 초래하거나 "공포증 때문에 뚜렷한 곤경"을 경험해야 한다고 강조한다.412 실제로 사회공포증을 겪는 대부분의 사람들이 대중 앞에서 말하거나 사교적 모임에서 식사를 할 때, 또는 이성과 일대일 대화를 나누는 매우 구체적인 상황에서 공포를 느낀다. 그러나 DSM-Ⅳ는 개인이 공포를 느끼는 다양한 사회적 상황예를 들어 대화를 시작하거나 지속하기, 집단에 참여하기, 데이트하기, 권위를 가진 인물과 대화하기, 파티에 참석하기 등들을 '일반화된 사회공포증'generalized phobia이라는 하위 범주에 포함시킨다. 일반화된 사회공포증을 경험하는 사람들은 연설이나 사람들과 대화를 주고받는 상황을 피해서 다른 사회 공포증을 가진 사람들보다 더욱 분명하게 사회적 기술의 부족을 드러내며, 특히 사람들과 함께 일해야 하는 상황에서 한층 심한 부적응을 보인다. 반면에 '일반화 되지 않은' 사회공포증을 겪는 사람들은 대부분의 사회적 상황이 아니라, 단지 한두 가지의 특정 상황에서 공포를 느낀다.

DSM-Ⅳ는 사회공포증을 겪을 때에 특정 상황에서 당황하게 되는 태도 하나만으로 사회공포증으로 진단하기에는 불충분하다고 설명한다. 예를 들어, 헌혈할 때에 잠시 정신이 희미해질 수도 있고 강의 중에 질문을 받고 대답을 못해서 당황 할 수 있지만, 그렇다고 곧바로 사회공포증으로 진단하기에는 무언가 부족하다. 반복되는 예기불안 때문에 특정 상황을 지속적으로 피하려는 간절한 욕구가 솟아올라야 한다. 다만 드물게 특정 상황에서 처음으로 당황내적 수치심에 의해서함을 경험하고, 그 당혹감이 반복되어서 사회공포증으로 발전하게 될 때에는 예기불안의 경험이 희박할 수도 있다. "낯선 사람들이 포함된 사회적 상황에서 불안과 무대 공포증 그리고 수치심을 느끼는 일은 일반적으로 흔하다. 그래서 불안이나 회피가 임상적으로 중요한 기능손상이나 현저한 곤경을 일으키지 않는다면, 그 자체로 사회공포증으로 진단되는 것은 적절하지 않아야 한다."416라는 내용은 DSM-Ⅳ의 진단 기준을 신중하게 적용해야 할 필요성을 깨닫게 한다.

불안이 사회공포증이라고 확진되려면 실제 상황을 접하기 이전에 극심한 불안이 발생하였는지의 여부를 파악하는 것이 중요하다. 사회공포증에서 뚜렷한 예기불안은 빈번히 "사회적이거나 대중적인 상황을 접하기 이전예를 들어, 사교적 모임에 참석하기 수 주 전부터 매일 걱정할 때부터" 일어난다.412 그리고 불안이 실제로 개인의 행동에 부정적 결과를 끼쳤는지의 여부도 단서가 된다. 사회공포증은 "예기불안이 특정 상황에 대하여 공포가 동반된 인지로 이끈다. 다음엔 공포를 동반한 인지와 연관된 상황이 떠오를 때마다 불안을 느끼게 되어서, 결국 실제 상황에서 원활한 기능을 발휘하지 못하게 된다. 실제 상황에서의 부정적 경험은 다시 예기불안으로 이어진다."는 악순환의 고리를 가진다.412 사회공포증을 겪는 사람은 전형적으로 자신이 처한 상황을 악순환, 또는 출구가 보이지 않는 일종의 미궁과 같은 딜레마로 여긴다.

마지막으로 DSM-Ⅳ에 따르면 때때로 사회적 금지나 수치심의 경험은 아동기또는 아동 초기 때부터 시작되기도 하지만, 사회공포증은 전형적으로 십대 중반기에 시작되어 일평생 지속된다고 본다. 한 마디로 사회공포증은 강한 스트레스를 받거나 굴욕적인 경험에서 시작되며, 시간이 갈수록 그 증세가 서서히 악화된다. 어떠한 상황에든지 "어느 한 순간에 멈추지 않고, 성인이 되어서 그 정도가 약화되어도 평생 증세가 진행 된다."414 따라서 기능손상도 사회공포증세의 강도에 맞추어서 때로는 심하게 또는 약하게 진행된다. 예를 들어 데이트를 두려워하는 사람이 결혼생활동안 증세가 감소되었다가 배우자가 사망한 이후에 다시 증세가 강화될 수 있다. 또,

이전에는 대중 앞에 나설 기회가 없어서 공포증을 경험하지 못했다가 승진한 후에 대중 연설을 하게 되면서 공포증이 출현하게 될 수도 있다. 따라서 공포증을 극복했다고 믿었는데 상황이 변하면서 다시 증세가 출현하거나, '잠재되어 있던' 사회공포증의 성향이 삶의 변화(긍정적인 변화도 포함)를 겪으면서 고개를 들기도 한다. 결국 공포증은 사회적 차원의 삶을 포함하고 사회적 상황의 변화에 매우 반응적이며, 기질적 요소(예를 들어 아동기의 수치심)에 깊이 뿌리를 내리고 있다. 따라서 일단 사회공포증을 경험한 이후에 공포증을 극복한 것처럼 느껴도 완치되었다고 확신하기는 어렵다. 오히려 공포증을 느끼지 않게 되면 지속적으로 공포가 재발되지 않도록 평온한 삶을 살도록 노력해야 된다는 관점이 더 현실적이다.

기능손상의 심각성

Heckelman과 Schneider는 진단적 문제에 대한 연구 논문1995에서, 사회공포증을 겪는 대부분의 사람들이 전문가의 치료를 꺼린다는 사실이 꾸준히 발견된다고 말한다. 그 이유에 대하여, "극심한 공포를 겪는 사람들은 공포와 관련된 일을 할 수 없기에, 실제로 일을 진행하면서 기능손상을 경험할 가능성이 낮다. 이러한 이유로 기능손상의 관점에서 사회공포증으로 진단되지 않을 때가 많다."[8]고 설명한다. 따라서 사회공포의 진단 기준이 언제나 적절하게 적용될 수 있을지의 여부 자체에 의문을 제기한다.

한 연구에서, 한 가지 이상의 상황에서 사회적 불안을 경험한다고 보고한 사람들에게 가장 큰 불안이 가정, 직장, 그리고 학교생활 전반에 걸쳐서 어떤 부정적인 영향력을 끼쳤는지, 그 영향력이 개인적인 생활에 끼친 어려움의 정도(예를 들어 '극복 가능한 어려움')가 어떠한지에 대하여 조사를 했다. 질문을 받은 사람들 중에 31%는 '견딜 만한', 또는 '꽤 많은' 심리사회적 분열이나 곤경을 경험했다고 답을 하였고, 그중에 12%는 엄격한 기준에 의해서도 '꽤 많은' 심리사회적 분열이나 곤경을 경험했다고 답을 하였다. 또 다른 연구에서, 검사 대상자 중에 69%가 최소한 한 번 이상, 40%는 두 번 이상, 그리고 18%는 최소한 세 번 이상 심각한 스트레스를 받는 상황에 놓였었다고 보고하였다. Heckelman과 Schneider는 "조사 대상중의 많은 사람들이 한 가지 이상의 상황에서 공포를 느낄 때가 가장 높았으며, 그중에서 특히 다양한 상황에서 공포를 느낄 때에 기능 손상 때문에 치료를 받아야 할 가능성이 높다"는 사실을 강조하였다.9-10

한편 회피하게 되는 사회적 상황이 많을수록 증세가 심각하다고 진단 내리게 될 가능성이 높지만, 그 숫자가 많다고 해서 반드시 기능손상의 정도dress가 심각하다고 결론내리기는 어렵다. 그 이유는 특정한 하나의 사회적 상황을 회피하는 성향도 고유한 직무 수행에 치명적일 수 있기 때문이다. 자부심 강하기로 유명한 피아니스트 Vladimir Horowitz는, 부정적인 평가를 두려워해서 십 년 동안 대중 앞에서 공연을 피하였다. 이 기간 동안 그가 들려준 연주는 녹음된 것이어서, 그가 청중들부터 평가받는 것을 두려워한나고 추측할 만한 근거를 제공하였다.

Turner와 동료1986들은 기능손상의 정도와 관련된 연구를 통하여, 사회공포증을 겪는 사람들이 학교, 직장 그리고 각종 사교적 모임 등에서 상당한 기능손상을 경험한다는 결론을 내렸다. 조사대상 중 83%의 사람들이 공포 때문에 학교에서 수업시간에 발표를 하지 못하고 클럽이나 체육활동에 참여하지 못하며, 뛰어난 능력이 있음에도 불구하고 어떤 활동을 적극적으로 참여하지 못해서 좋은 성적을 받지 못하거나, 특히 단체의 리더가 되지 못하는 기능손상을 경험했다. 응답자의 92%는 각종 회의에서 크고 작은 프레젠테이션을 원활하게 이끌지 못하며, 승진에서 밀려나는 치명적인 기능 손상을 경험한다고 보고하였다. 또한 69%가 평상적인 수준에서도 사회적 기능의 손상을 경험해서, 직장동료와 지역 사회와 관련된 가벼운 사교적 모임이나 행사에도 참석하지 못하고, 리더로 선출되지 못한다고 호소했다. 연구에 참여한 미혼 중 50%는 사교적 활동에 참여하기를 꺼렸거나 인간관계를 발전시킬 친밀감을 유지할 능력이 없어서 자신들의 사회적 기능이 제한되었다고 믿었다. 연구진은 "결론적으로 임상 결과를 통해서, 사회공포증은 완벽한 사회관계의 차단에 이르게 하지는 않지만 삶과 사회적 활동에 상당한 지장을 주는 기능손상을 일으키는 것으로 보인다."[39]고 설명한다.

좀 더 최근에 지역사회를 대상으로 한 임상연구를 통하여, David와 그 연구팀1994은 사회공포증을 겪는 사람들은 삶의 초기에 이미 그 장애를 경험하였으며, 그 이후에 미래에 경험할 무거운 짐을 저절로 벗게 될 비율이 매우 낮다고 보고한다. 그들은 세 종류의 공포증 가운데 10.5%가 한 가지에 해당하며, 그 중에서 3.8%만이 사회공포증의 진단 기준을 충족시킨다고 말한다. 연구자들은 이런 결과가 사회공포증을 겪는다고 응답한 사람들은 자신이 사회공포증의 증세를 가지고 있다고 생각하지만, 실제로는 그렇지 않은 사례가 더 많음을 암시한다고 주장한다. 또한 자신이 사회공포증의 증세를 보인다고 생각하는 사람들실제로 사회공포증에 해당하지 않지만은 스스로 건강하게 살아간다고 생각하는 사람들보다, 그리고 심지어 의식하지 못하지만 사회공포증을 겪는 사람들보다 수업출석, 성적, 수행혼란 증세, 사회적 지지의 결여, 자신감 부족, 친밀한 교우 관계의 결핍 등의 어려움을 겪는다고 보고할 가능성이 높다고 추론한다. 결국 자신이 사회공포증을 겪고 있다고 생각하는 사람들은 실제로 사회공포증의 진단 기준을 충족시키는지의 여부를 확인하는 것과 상관없이 삶의 여러 영역에서 기능손상과 불이익을 경험한다.[98] 이 연구 결과에 따르면 사회공포증에 대한 엄격한 진단 기준을 충족시키지 못하는 개인들도 개인적인 생활과 공적인 삶에서 어떤 종류이던 간에 기능 손상을 겪을 위험에 놓여있다는 사실을 깨닫게 된다. David의 연구팀은 심리치료사들이 진단 기준을 충족시키지 않는 사람들에 대해서도 기능손상이 일어날 수 있음을 염두에 두고 면밀하게 관찰하고 치료를 실시해야 하며, 연구자들은 표준적인 사회공포증의 진단 기준을 밑도는 사례들도 적극적으로 연구되어야 한다고 주장한다.

사회공포증을 겪는 개인은 흔히 다른 장애들도 함께 경험하기 때문에, 동반되는 장애들을 살펴봄으로써 기능 손상의 정도를 진단할 수도 있다. Schneider와 그 동료들[1992]은 연구를 통하여 69%의 사회공포증 겪는 사람들이 평생에 걸쳐 다른 정신적·감정적 문제를 겪으며, 그들 중에 사회공포증이 가장 먼저 발생하였다고 보고한 사례가 77%에 해당한다는 연구결과를 발견하였다. 동반되는 장애들은 특정 공포증[59%], 광장공포증[45%], 알코올 남용[19%], 중증 우울증[17%] 그리고 약물남용[13%]등이다.

이 중에서 사회공포증과 우울증의 상관관계는 특별히 학자들의 관심을 받아왔다. Munjack과 Moss[1981]는 사회공포증을 겪는 사람들의 3분의 1이 과거에 우울증을 앓았거나 현재에 우울증을 앓고 있다고 보고했다. Zajccka의 Ross[1995]는 사회공포증이나 우울승을 겪는 사람들 중에 최대 70%가 다른 장애도 앓고 있으며, 우울증을 겪다가 다른 장애까지 겪게 되었을 때보다 사회공포증을 앓다가 다른 장애를 동반하게 되는 사례가 더 많다는 사실을 발견하였다. Jarrett과 Schnurr[1979]는 우울증이 사회공포증과 광장공포증에 관련이 있지만, 특정 공포증과는 관련이 없다는 사실을 발견하였다. 따라서 우울증과 사회공포증의 관계는 매우 잘 설명되어 있으며, 대부분 사회공포증이 우울증보다 먼저 시작된다. Van Amerigen의 연구팀[1991]은 "두 가지 장애를 모두 겪을 때에 90%는 사회공포증이 중증 우울증보다 먼저 시작된다."[97]라고 강조한다. 단, 현재 시점에서 과거를 돌아 볼 때에, 먼저 사회공포증을 겪고 나서 우울증에 빠졌다고 회상하는 사람들이 더 많다는 진술을 근거로 하였음을

감안할 필요가 있다

Heckleman과 Schneider[1995]는 사회공포증을 겪을 때 우울증이 동반되는 사례가 높지만 그 핵심 특징이 다르다는 사실을 강조한다. 두 증세 모두 사회적 철수와 회피 성향을 보여주지만 심리 에너지의 부족에서 발생하는 감정적 냉담은 우울증으로 발전되며, 타인의 부정적인 평가에 대한 두려움은 사회공포증으로 악화되는 경향이 있다. 반대로 우울증 환자는 중증 우울증의 기간 동안에만 사회적 상황에서 당황하고 두려움을 느끼게 되며, 이 증세는 우울증세가 호전되면서 점차 사라진다.[13-14]

사회공포증과 알코올 의존 및 남용 환자들과의 관계에서, 전형적으로 사회공포증이 선행한다고 알려져 있다. Heckleman과 Schneider는 때때로 알코올이 잠시 동안 사회공포증세를 낮추는 듯이 보이지만 알코올 의존 증세는 사회공포증보다 더 극복하기 어렵기 때문에 치료를 위하여 값비싼 대가를 치르는 셈이 된다고 강조한다.[16] 연구에 따르면 사회공포증을 겪는 사람들 중에 16%~36%가 알코올 의존증을 앓고 있다. Turner의 연구진[1986]은 그들의 환자 중에서 약 절반가량이 취학 이전에 의도적으로 알코올을 사용하거나 사교성을 발휘하기 위하여 알코올의 힘을 의지해서 모임에 참석하는 습관이 굳어진다는 사실을 발견하였다.

사회공포증의 선행요인

앞에서 개인이 아동기 때에 경험하는 수치심이 청년기와 성인기의 사회공포증의 선행요인이 된다는 사실을 살펴보았다. 그렇다면 다른 선행조건은 없는가? 연구자들은 문화, 인종, 나이, 성, 가족 기원, 부모의 과거력, 그리고 종교 등도 선행요인에 포함시킨다. 만약 이 선행 요소들이 개인으로 하여금 사회공포증의 위험에 빠뜨리는 역할을 하게 된다면, 그 요소는 중요한 진단지표가 된다.

문화와 인종

연구자들은 어떤 문화권에서는 타 문화권에 비해서 사회공포증이 더욱 널리 퍼져있다는 사실에 주목하였다. Chaleby[1987]에 의하면, 사우디아라비아에서 남자들의 사회공포증이 특이할 정도로 높다. 그 이유는 엄격한 사회적 순응과 사회적 평판의 유지를 중요시하는 법 때문이다. 일본의 정신의학에서도 사회공포증에 대하여 상당한 관심을 가지고 있다. 서방에서 거의 관심을 가지지 않았던 일본문화에서의 사회공포증은 단체 속에서 개인이 불만을 표시하면 다른 사람들을 불편하게 만들 것이라는 두려움과 관련되어 있다.[8] 이런 두려움은 사회적 상황에서 불안을 가중시킬 수 있다.

Lee와 Oei[1994]에 의하면, 다양한 공포 반응특정·사회적, 그리고 광장공포증 등 중에서 홍콩 사람들은 특히 대중 연설이나 연기에 대한 공포를 가장 많이 느끼며, 그 다음으로 사람들의 평가나 주목에 대한 공포를 느낀다고 한다. 즉 사회공포증이 다른 공포증보다 앞선다. 대개 공황, 광장, 기타 장소예를 들어 탁 트인 공간, 버스나 마차를 타고 혼자 여행하거나 사람들이 가득찬거리에서 홀로 걷기와 관련된 공포증은 가장 낮았고, 다양한 특정 공포증피 흘리는 장면, 치과 진료받기은 사회공포증과 광장공포증의 중간을 차지한다.

또한 Navaho와 Anglo의 어린이들 비교 연구Tikalsky and Wallace 연구팀에서 전자의 어린이들은 어떤 사물이 또렷하게 인식될 때에 더 두려움을 느끼며, 반대로 후자의 어린이들은 사물의 형체가 뚜렷하게 파악되지 않는 경험을 불길한 징조로 인식하는 문화적 차이가 보고된다. 결국 전자의 사회에서는 두려움 때문에 상황을 정확하게 파악하기를 피하는 성향을 조장하기 쉽다. 반대로 후자의 사회에서는 주변을 지나칠 정도로 주도면밀하게 관찰하지 않으면 불안을 느끼는 성향을 키우게 되기 쉽다.

이 연구는 사회공포증수업시간에 발표하기, 실수에 대하여 공개적으로 비판받기, 사교적 모임 참석하기, 다른 사람 화나게 하기 등 이외의 다른 공포증개, 천둥, 그리고 유령 등의 특정 대상에 대한 공포증에 대하여도 실시되었으며, 문화적인 배경 때문에 동일한 상황에 대하여 상대적으로 확대되거나 축소된 두려움을 경험하는 과정이 무의식적으로 일어나서, 다른 사람들이 알아차리지 못하게 개인의 심리 내에서 은밀하게 진행된다는 사실이 밝혀졌다. 그리고 문화적 차이 때문에 어느 문화의 어린이들이 더 큰 사회공포증을 경험하는지에 대하여 객관적인 판단이 어렵다는 결론을 내렸다.[490]

Brown의 연구팀은 특정 지역을 대상으로 미국사회에서 나이, 지역, 교육, 성 그리고 결혼여부와 같은 사회경제적이고 인구통계적인 요소들을 기준으로 볼 때에, 백인들보다는 흑인들이 불안감에 대한 민감성이 높다고 밝혔다. 이는 흑인들의 불안하고 가난한 삶이 그 이유라고 한다. 그러나 이 연구는 일평생이 아니라 현재의 삶에서만 느끼는 공포증에 대하여 조사하였고, 전국적인 범위의 연구가 아니기 때문에 다른 지역을 대상으로 동일한 연구를 진행한다면 상당히 다른 연구 결과를 얻게 될 수도 있다.

남성과 여성의 차이

연구자들은 사회공포증에 대한 선행 요인으로 문화와 인종보다, 성에 더 많은 관심을 두었다. Capman과 그 연구팀[1995]은 지역에 근거를 둔 연구를 통하여 남성보다 여성이 더 높은평생 2%~3% 사회공포증의 경향을 보이며, 이 연구결과는 남성과 여성의 차이가 거의 없다는 기존의 임상 결과와 차이를 보인다고 말한다.[29] 또 다른 연구에 의하면 여성 대 남성의 사회공포증 경향에 대한 비율이 3:2를 보인다. 그러나 DSM-Ⅳ의 진단 기준을 엄격히 적용하면 그 비율이 2:3으로 변경될 수도 있다는 주장도 있다. 일반적인 상담에서 남성들보다 여성들이 전문적인 도움을 더 많이 찾는다는 현실을 고려하면, 이 비율이 적절하다고 볼 수 있다. 그러나 연구 관점과 대상 지역에 따라 그 결과가 달라질 수 있다.[30]

Pollard와 Henderson[1988]은 사회공포증이 여성들에게 더욱 널리 퍼져있다는 연구 결과를 지지하며, 특히 대중 연설이나 연기에 공포를 느끼는 여성들의 수가 남성들보다 두 배 이상 된다고 말한다. 이 연구는 처음에 여성을 대상으로 세 가지의 사회적 상황(대중 앞에서 식사하기, 글쓰기, 그리고 공중 화장실 이용하기)에 대하여 조사되었으며, 이 세 가지 상황에서 공포를 느끼는 여성들 중 83%는 대중 연설이나 연기에 대한 공포도 경험한다고 보고되었다.

Bourdon과 그 연구팀[1988]은 여성들이 특정 공포증과 광장공포증 비율이 현저히 높지만 사회공포증에 관하여는 남·여 차이가 거의 없으며, 일단 공포증을 겪게 되면 남·여 모두 비슷하게 반응한다고 설명하였다. 조금 더 자세히 설명하자면, 공포를 경험하게 되는 상황에 적응해 나가는 과정에서 성별의 차이가 없다고 말할 수 있다.[328]

여성이 남성보다 사회공포증을 더 많이 겪지만, 남성들이 전문적인 상담을 찾는 비율이 더 높다. 그 이유는 남성들은 사회공포증을 경험함에도 불구하고 대중 연설을 하거나, 비즈니스 때문에 낯선 사람들과 대화를 해야 하는 상황이 더 많기 때문이다. 한 마디로 사회공포증을 겪는 남성들이 기능손상을 경험하기 더 쉽다. 한편 여성들은 전통적으로 가정 위주의 생활(특히 출산을 할 때에)을 해서, 광장공포증을 더 흔히 경험한다. 결과적으로 사회공포증에서 남·여의 성 차이는 중요한 선행요건이 되지 않기 때문에 임상현장에서 단순히 어떤 성이 사회공포증을 더 겪을 가능성이 높거나, 낮다고 결론짓기 어렵다. 이런 관점은 금지 행동의 성향과 수치심에 대하여 성 차별이 없다는 Kagan과 그의 동료들의 연구결과와 유사하다. 그러나 성별에 따라 더 겪기 쉬운 사회공포증의 유형을 어느 정도 파악할 수 있다. 제3장에서 사회공포증의 각 유형에 대하여 더 자세히 설명할 것이다.

가족 기원

Chapman과 그 동료들은 사회공포증에 대하여 "가족의 내력"을 강조한다[1995]. 한 연구에 따르면 집단관계보다 가족과 친척 관계 속에서 사회공포증을 느낄 가능성이 3배각각 5%와 15% 더 높으며, 가족 내에서도 배우자와의 관계보다 형제·자매 관계에서 사회공포증을 경험할 가능성이 더 높다. 그리고 미혼자들은 더 많은 사교적 모임에 참석하고 낯선 사람들을 사귀려면 대화를 하거나 데이트를 해야 하기 때문에 기혼자들보다 사회공포증을 경험할 가능성이 높다. 따라서 가족의 내력에 의해서 사회공포증을 겪는 미혼자라면, 공포증 때문에 사람들을 사귀지 않고 독신으로 지낼 가능성이 높기 때문에 실제로는 사회공포증을 덜 경험하며 살아가게 될 수도 있다. 사회공포증이 내재된 가정에서 성장하면, 다른 불안 장애를 동반하게 될 위험성은 낮다. 사회공포증은 다른 공포증과 구분되는 독자적인 공포증이기 때문에, 특정 공포증이나 광장공포증과 같은 다른 불안 장애의 씨앗을 낳기 어렵다. 더 나아가서 특정 상황에서 경험하게 되는 사회공포증은 해당 개인만이 겪게 될 가능성이 더 높지만, 가족 내에서 겪게 되는 사회공포증은 유전이 되기 더 쉽다는 상당한 증거도 있다.

처음으로 사회공포증과 관련한 가족의 영향력에 대하여 발표한 학자들은 그 위험성이 그리 높지 않다고 발표하였다. 이들은 가족이라는 요인유전적이던, 환경적이던 간에은 장애의 발전에 영향을 끼치지만 사회적 경험, 신체적 외상, 특별한 환경적 요인, 그리고 기타 Fyer와 그 연구팀 1993, 291 가족 외의 요인들의 영향도 동등하게 중요시 하였다. 그들은 3분의 2 정도의 사례에서 가족 간에 동일한 타입의 사회공포증이 발견되었다는 사실을 강조하며 "세대 간의 증세 전달의 특수성"[291]으로 표현하였다.

가족 구성원간의 사회공포증 전달에 초점을 둔 연구들은 유전적 요인의 관찰을 통해서 지지를 받지만, 다른 한편으로는 유전적 요인이 사회공포증의 전달에 결정적인 책임이 있음을 확증시킬 사례를 찾기 어렵다는 견해가 있다.

인종이나 스트레스의 경험 등의 다른 사회 환경적 요인들에 초점을 둔 연구 사례들도 있다. 어떤 면에서 아동기에 받은 행동 금지 명령이나 수치심이 사회 환경적 그리고 스트레스를 주는 경험보다 사회공포증에 더 영향을 미친다는 근거가 설득력을 주기도 한다. Bruch와 Cheek[1995]는 다음과 같이 설명한다.

> 수치심이 생물학적인 성향에 뿌리를 두고 있다는 생각은 심리학의 역사와 함께 시작되었다. William James는 1890년에 수치심을 인간 본능의 목록에 포함시킨 Charles Darwin의 관점을 제시하였다. J. M. Baldwin[1894]는 생에 첫해에 본능적으로 얼굴이 붉어지는 유기체적 경험이 출현한다고 말하였다. H. Campbell[1896]은 임상 실험의 관찰을 설명하면서, "확실히 수치심은 가족내력이다."라고 주장하였다. 최근 진행되는 행동 유전자에 대한 연구는 수치심의 성향에 대한 초기 생물학적 성향을 지지하는 경향을 보인다.[164]

Bruch와 Cheek는 일란성 쌍둥이와 이란성 쌍둥이에 대한 사례들을 인용하면서, "유아에서 어른에 이르기까지, 수치심이 다른 특성예를 들어 활동성과 친구사귀기 등보다 유전형질에 실질적인 영향력을 미친다."[164]고 말한다. 결과적으로 여러 연구에서 일반적으로 사회공포증의 선행 요인으로서 가족 특히 편부모이 중요한 역할을 하며, 내면화된 행동 금지에서 비롯된 위축감이나 수치심이 겉으로 드러나지 않지만 숨겨진 영향력으로 작용한다는 사실이 밝혀졌다.

연령

사회공포증에 대한 연구에서 증세가 시작되는 나이와 그 나이에 따른 치료법이 중요한 관심을 갖는다. 대개 사회공포증은 청소년기, 광장공포증은 청년기, 그리고 특정 공포증은 아동 초기에 시작된다. Marks와 Gelder[1966]는 사회공포증은 가장 대표^{그리고 다양한 특정 공포증에 속하지 않은}적인 공포증이라고 말한다. Chapman과 그 동료들[1995]이 특정 공동체를 대상으로 실시한 연구에서 사회공포증이 발생하는 가장 전형적인 나이는 청소년기가 시작되는 11살부터 15살이라고 밝힌다.

보통 특정 공포증은 아동 초기에 특정 동물이나 대상에 대한 두려움을 경험하면서 시작된다. 그러나 부모나 다른 사람들의 이야기를 통하여 특정 공포증을 갖게 되는 사례도 있다. Öst[1987]는 뱀에 대하여 두려움을 가진 집단 중에서 가장 강한 공포 반응을 보였던 내담자가 실제로 연구실에서 뱀을 처음 보게 되는 일도 있다고 말한다.^{이 내담자는 아동초기부터 뱀을 조심해야 된다고 부모로부터 반복해서 주의를 받았다} 그는 특정 공포증을 겪게 되는 평균 나이가 6.9세이며, 심지어 4살부터 시작되는 사례도 있음을 발견하였다.

광장공포증은 전형적으로 10대 후반에서 30대 중반에 걸쳐서 나타난다. DSM-Ⅳ에 따르면 광장공포증이 본격적으로 시작되기 이전에 청소년기 후반에 공포증이 최고조에 달하는 경험을 하고, 30대 중반에 이런 경험을 다시 겪게 된다. 광장공포증은 평균적으로 27세~28세 때 본격적으로 시작된다.

일반적으로 다른 공포증에 비하여 사회공포증을 경험하는 나이는 다소 늦은 청년기에 시작된다고 보는 경향이 우세하다. 그 이유는 사회공포증의 진단 범주를 타당하게 충족시키는지의 여부와 관련이 있다. 아동은 자신이 경험하는 공포증에 대하여 지나치게 과장하는 경향이 있기 때문에 진단 범주를 타당하게 충족시키는지의 여부를 판정하기 어렵지만, 청년기의 내담자는 자신이 느끼는 공포증을 비교적 진단 범주에 맞추어서 적절하게 설명할 수 있기 때문이다.

따라서 청년 초기가 사회공포증을 경험할 가능성이 가장 높다는 사실과 함께, 그 증세가 평생 지속된다는 사실도 주목해야 한다. DSM-Ⅳ는 사회공포증이 지속되는 기간이 길다고 강조한다. 일단 사회공포증이 시작되면 일생 동안 계속 영향을 받는다.

또한, Chapman와 그 연구팀[1995]이 특정 공동체를 대상으로 실시한 연구에서 18세-29세에 사회공포증이 시작될 가능성[3.6%]이 가장 높았고, 65세 이상에서 가장 낮았다.[1.8%] 그러나 노인들이 과거를 잘 기억하지 못하거나, 진단 범주에 대한 이해력이 부족해서 사회공포증을 경험하였다고 보고하는 비율이 낮을 가능성이 있다.[31] 노인들은 공포증을 가지고 있어도 대중 연설 등 사회적 활동을 할 기회가 적기 때문에 공포증이 드러나지 않을 가능성도 있다. 그렇다고 해서 모든 노인이 대중 연설 등의 사회활동을 싫어한다고 결론짓는 것은 편견일 수 있다. 우리교회에서 연세가 지긋하신 한 분이 주일 예배 후에 교회에서 적합한 복장과 예의에 대하여 강의를 해달라는 요청을 받았다. 그분은 건강이 좋지 않아서 몸을 떨면서도 강의를 마쳤고, 며칠 후에 돌아가셨다. 이 사건은 노인들이 사람들 앞에서 나서기 싫어할 것이라고 생각해서 기회를 주지 않는 것이 낫다는 생각이 반드시 옳지 않을 수 있음을 암시한다. 그분들도 마음속에서 대중 앞에 나서고 싶은 욕구를 느낄 수 있다.

그러나 Öhman의 지배와 복종의 체계[dominance and submissiveness]의 관점에

서, 노인들은 조직의 주도권을 가진 젊은이들이 자신에게 대중 앞에 나설 기회를 별로 주지 않을 것이라고 예상하기 때문에 되도록 나서지 않는다고 설명한다. 이 주장은 노인들이 나이가 많다는 이유만으로 복종의 위치에 서게 될 때가 많다는 전제를 강력하게 암시한다.

또한 노인들 중에는 젊은 시절에 사회공포증을 경험하였지만 나이가 들어감에 따라 사회활동을 별로 하지 않게 되면서 마치 사회공포증이 저절로 '소멸'된 것처럼 느낄 수 있을 때도 있다. 이럴 때에는 젊은이들에 의하여 사회적 활동의 기회가 제한받게 되어서 공포 증세를 겪지 않게 되었을 뿐이다.

그만큼 DSM-Ⅳ는 자동적으로 사회공포증세가 사라지는 것은 드물다고 강조한다. 만약 공포증이 저절로 사라졌다고 느낄 때는, 삶의 조건이 변화되어 예전에 공포증을 경험하던 상황을 접하지 않게 되었을 뿐이라고 보는 것이 더 타당하다. 오히려 어렸을 때에 수치심을 경험하지 않았고 어떤 공포증의 증세를 보이지도 않았는데에도, 성인이 된 후에 갑자기 사회공포증이 발생하는 사례가 더 많다. 이럴 때, 사회공포증이 나아질지 여부는 예를 들어 더욱 긍정적으로 변화될 가능성이 높은 특정 공포증의 개선 가능성과 비교해 볼 수 있다. 요컨대, 사회공포증은 일평생 지속되기 때문에 나이가 들면서 저절로 증세가 나아질 것이라고 기대하기 어렵다. 성인이 되면서 저절로 사라지는 '청년기의 일시적 장애'가 아니다.

종교

정신건강 전문가들은 오래전부터 종교와 불안장애의 관계에 대해서 논의해왔다. 여기에는 종교가 불안장애를 야기하거나 악화시킨다고 보는 견해, 반대로 불안을 완화시킨다고 보는 견해, 그리고 두 가지 주장을 모두

지지하는 견해가 있다. 그러나 종교와 사회공포증의 관계에 초점을 둔 연구는 별로 없다.

최근 König의 연구팀은 불안장애에 속하는 각종 장애들이 종교에 미치는 영향을 설명하였다. 그러나 한편으로 종교생활을 하지 않는 청년들이 불안 장애에 더 많이 시달린다는 사실도 밝혀졌다.다만, 중년과 노년을 대상으로 동일한 연구가 실시되지 않았다 이 연구에 따르면, 18세-39세의 청·장년들에게서 나타나는 종교와 불안장애의 특성이 그 이후의 연령대에서는 반대로 나타난다. 다시 말해서 종교 활동을 하는 청년들주류 개신교는 0.8%, 오순절은 2.0%, 보수계통의 개신교는 2.9%보다 종교가 없는 청년들4.5%에게서 사회공포증이 높게 나타나지만, 반대로 중년과 노년의 때는 종교생활을 하는 사람이 그렇지 않은 사람보다 사회공포증을 겪는 비율이 높은 것으로 나타났다. 좀 더 자세히 설명해서, 중년의 나이에 속한 1.1%의 주류 개신교도, 1.7%의 보수 개신교도, 0.0%의 순복음교도가 사회공포증을 겪는다고 조사되었다. 노년층에서는 2.3%의 주류개신교도, 2.6%의 보수개신교도, 그리고 3.1%의 순복음교도가 사회공포증을 겪고 있다고 보고되었다.

학자들은 사회공포증과 종교생활의 연관성에 대하여 젊은이들과 중년들을 대상으로 실시한 연구에서 반대의 결과를 얻었기 때문에 다소 당황하였다. 연구 결과에 따르면, 젊은 신앙인들에게 종교 활동은 나름대로 독특한 사회적 지지를 제공해서 사회공포증을 의식하지 않도록 도울 수 있다고 판단된다. 젊은이들은 신앙생활이 주는 사회적 지지를 통하여 불안 장애가 약화되는 사실을 주목하게 되었다. 교회 출석은 그 자체가 사회적 활동의 한 형태로써 소속감을 느껴 소외감과 무기력감을 극복하도록 정서적 안정감을 제공한다. 그들은 여러 가지 이유 때문에 종교 활동에서 얻는 사회적 지지가 다른 형태의 지지보다 더욱 만족을 준다고 말하며, "다른 세속적 그룹이나 클럽에 참여하는 것보다, 특별히 종교 활동에 참여하는 것이 행복감을 높인다."[336]라고 표현한다. 반면에 사회공포증을 겪는 중년이후의 사람들은 종교 활동에서 더욱 만족스러운 사회적 지지를 얻기 때문에, 다른 활동보다 종교 활동을 선호한다는 사실이 밝혀졌다.

이런 관점에서 연구팀은 종교 활동을 하지 않는 청년들이 종교 활동에 참여하는 청년들에 비해서 불안 장애를 겪는 비율이 높은 이유를 찾았다. 종교 활동에서 참여하는 청년들은 다른 사회활동에서 제공하는 것보다 더 나은 혜택을 얻기 때문에, 불안장애를 겪을 가능성이 낮다. "교회 출석은 사회통합과 인지 기능을 향상시키는 방법으로 신앙과 세계관을 얻도록 도우며 소속감을 주고, 세상에 대하여 일관적 태도로 앞날을 예측하게 도우며 안정감을 강화시킨다."[336] 다시 말해서 종교 활동이 제공하는 사회적 지지가 청년들의 불안 장애를 낮추도록 돕는 일종의 더 큰 의미 체계라고 강조한다.

그러나 Chapman의 연구팀은 또 다른 사회공포증과 종교 활동의 연관성에 대한 연구[1995]에서, 특별히 종교 단체의 사회적 역할에 의해서 사회공포증의 완화되는 원인을 다음과 같이 설명한다.

> 사회적 관계에서 불안을 느끼는 개인은 낯선 사람들과 자연스럽게 대면해야 하는 비공식적인 파티나 사교적 모임에 참여하지 않기 위하여 계획을 세운다. 또한 교회와 같인 비교적 덜 불안을 야기하는 활동에 참여한다. 그리고 그들의 비사교적인 태도 때문에 사교적인 배우자들도 활동의 제약을 받게 된다.[31]

Chapman과 동료들이 파티나 사교적 모임보다 교회활동이 덜 불안을 일으키는 근본적인 원인에 대하여 설명하지 않지만, 사람은 누구나 본능적으로 더 편하게 사람들을 만날 수 있는 모임을 원하며 사교적 모임보다는 교회에서 자신의 모습을 있는 그대로 보일 수 있을 것이라는 인지상정의 경향을 설명하는 듯이 보인다. 이 연구 결과는 중·노년층에서 종교 활동에 참여하는 사람들이 그렇지 않은 사람들보다 사회공포증을 경험하는 비율이 높다는 König의 연구와 일맥상통한다. König에 따르면, 이혼이나 배우자의 사망을 경험한 후 사회공포증을 경험하는 중년 사람들은 다른 사회적 상호작용예를 들어 파티나 데이트보다 종교 활동에서 더욱 편안함을 경험한다. 마찬가지로 종교 활동에 참여하는 노년들은 가족들과 떨어져 지내거나, 배우자가 사망하고 사회공포증을 경험하게 되면 다른 어떤 사회적 단체보다도 종교단체에서 사회적 지지를 얻으려고 한다.

결론적으로, König의 연구팀은 사회적 지지를 얻으려는 강렬한 욕구가 사회공포증과 종교를 맺어준다고 설명한다. 그들의 연구는 종교의 역할이 사회공포증을 발전시킬 가능성에 대하여 설명하지 않는다. 이런 관점은 종교와 공포가 밀접하게 연결되어 있다고 보는 William James[1982]와 Rudolf Otto[1923], 그리고 Oskar Pfister[1948]의 견해와 차이가 난다. 그러나 Ragsdale과 Durham[1966]의 연구는 König팀과 동일한 결론에 도달하였다. 이들에 의하면 미국 남부의 한 대학에서 기초 커뮤니케이션 과목을 수강하는 학생들이 낮은 불안을 일으키는 메시지보다 높은 불안을 일으키는 종교적 메시지에 더욱 긍정적으로 대답하며, 더 긍정적인 대답을 할수록 자신의 믿음이 강해진다고 믿는 경향을 보였다. 또한 여성 수강자들남자 수강자들은 해당되지 않음이 낮은 불안을 일으키는 메시지보다 높은 불안을 일으키는 메시지를 더욱 잘 기억한다는 사실도 밝혀졌다. 그들은 그 이유에 대하여 여성이 더욱 강한 종교적인 성향이 가졌기 때문이라고 답한다. 이 연구는 직접적으로 공포증을 다루지 않았지만, 종교 활동에 참여하는 어떤 사람들에게 종교가 불안을 일으킬 수 있음을 암시한다.

한편 Ragsdale과 Durham[1966]의 연구는 이 원인에 대하여 자세히 설명하지 않는다. 그러나 König은 교회출석이 "소속감, 세계관, 앞날에 대한 예측과 안전감을 강화 시킨다."[336]라고 설명하는 것 같다. 만약 그렇다면 종교에서 불안을 일으키는 메시지를 선포할 수 있지만, 그 선포되는 장소가 안전하기 때문에 불안감이 공포증으로 발전하지 않는다고 유추할 수 있다. 다시 말해서 종교적인 메시지에 의해서 사회공포증과 같은 불안을 느끼게 될 수 있지만, 개인적으로 혼자서 메시지를 듣지 않고 청중의 일부로서 메시지를 듣기 때문에 부정적인 평가나 당혹감에 굴복되지 않는다. 종교적 메시지는 여럿이 함께 듣기 때문에 그때에 경험하는 불안은 스스로를 위로하는 독특한 효과를 가져 온다. 바로 이런 특징이 사회공포증이 일으키는 불안과 구분된다.

Knight[1967]는 "갑작스러운 교회공포증을 경험한 여성의 사례를 통하여 교회가 불안을 안전하게 느끼는 장소"라는 다소 독특한 관점을 설명한다. 37세의 어떤 여성이 어느 주일날 '의심'이라는 주제의 설교를 듣고 있었다. 설교 중에 의심을 품고 하나님의 증거를 원하는 사람들이 있다는 대목을 듣다가, 갑자기 그 여성의 마음에 하나님에 대하여 '만약 당신이 존재한다면, 나를 죽도록 때려서 그 사실을 증명하시오.'라는 생각이 들었다. 그리고 그 다음 주일에 교회에서 현기증을 느껴서 졸도할 뻔했다. 증세가 심해서 예배도 드리지 못하였고 그 후부터 약 3년간 예배에 참석하지 못하였다. 때때로 교회에 들어가려고 했지만 아무리 노력해도 현관 안쪽까지 들어가지 못했고, 밖에 서 있다가 예배가 끝나기 전에 돌아가곤 하였다. 그녀는 심장이 마구 뛰었고 땀을 엄청 흘렸으며, 현기증을 느끼고 기절할 것 같았다.

치료의 현장에서 그녀는 하나님이 자신의 무모한 요청대로 존재하심을 증명할까 봐 두려워서 이런 증세를 경험하게 되었다고 말하였다. 그래서 그 증세를 처음 경험하게 되었던 방식예배당 안에서 예배드림과 다르게 밖에 서서 예배를 드리면, 하나님이 무모한 방식으로 존재하심을 증명하시지 않을 것이라고 믿게 되었다고 털어놓았다. 특이한 것은 그녀가 예배를 드리지 않을 때에는 교회의 구석구석을 돌아다녀도 전혀 아프지 않았다는 사실이었다. 예배를 드릴 때에만 교회에 들어가지 못하는 이상한 경험의 원인에 대하여 그녀는 "저는 예배 도중에 하나님의 존재하심을 증명해 달라고 요청했습니다. 그래서 만약 하나님이 저의 도전을 받아들이셨다면, 예배를 드리는 도중에 존재하심을 증명하실 것이라고 느끼게 되었습니다."라고 생각하게 되었다.

이 사례에서 예배를 드리는 장소가 안전한 곳에서 갑자기 생명을 위협하는 장소로 바뀌고 난 후에 공포증이 발전되기 시작하였음을 주목하는 것이 중요하다. 이 임상사례는 공포증뿐만 아니라 종교도 공포를 일으킬 수 있지만, 종교 때문에 발생한 공포는 통상적으로 사회적, 그리고 인지적으로 안전하고 위협적이지 않을 수 있다고 믿게 만든다는 관점을 뒷받침한다. 그렇다고 목회자가 공포증을 경험하는 사람들에게 공포증에 대처하도록 돕겠다는 핑계로 일부러 공포를 일으키는 메시지를 전할 필요는 없다. Ragsdale와 Durham는 다음과 같이 공포를 일으키게 하는 메시지의 사용에 대하여 윤리적인 문제를 상소한다. "최종분석에서 설교에서 공포를 일으키는 메시지는 성도들에게 상당한 영향력을 끼치기 때문에 목회자 및 사역자들이 이런 메시지를 사용할 때에 윤리적으로 적절한지 진지하게 고민해야 한다. 한 마디로, 공포감을 조성하는 말을 전하기는 쉽지만 그런 말을 듣는 성도들이 보일 반응을 진지하게 고려해야 할 필요가 있다."[48]

공포를 일으키게 하는 메시지는 특히 어린이들에게 공포증을 발달시킬 수 있을 가능성이 높다. 앞에서 Öst의 연구[1987]에서 설명되었듯이 직접 눈으로 보지도 않고, 부모의 경고만으로 특정 공포증을 갖게 된 어린이들이 있었다. 내가 아는 한, 어린이들과 청소년들이 종교적 메시지[설교와 주일학교의 공과공부]가 직접적인 원인이 되어서 사회공포증을 발전시키게 되었음을 확증시키는 연구 결과는 없다. 그러나 어떤 어린이가 눈으로 뱀을 본 적이 없는 데에도 뱀 공포증을 갖게 되었다면, 그 어린이는 어른들의 말만 듣고서도 눈에 보이지 않는 초자연적인 존재별주는 하나님, 사탄, 또는 지옥에 대하여 무서운 공포를 경험할 가능성을 갖고 있다. 이 책의 마지막 장에서 종교, 공포 그리고 공포증적 불안에 대하여 다시 논의할 것이다.

부모의 역할

부모의 부정적인 역할이 어린이들에게 사회 공포증을 경험하도록 만드는 잠재적인 요소가 될 가능성이 있다. 학자들은 공포증을 경험하지 않은 사람들보다 공포증을 경험한 사람들이 자신의 양육 받은 방식을 더 부정적으로 본다고 말한다. Bruch와 Cheek는 통제라는 주제와 관련된 연구[1995]에서 사회공포증을 경험하는 사람들이 부모가 더욱 통제적이고 애정을 덜 보여준다고 생각하였으며, 광장공포증을 경험할 때에도 어머니가 애정을 덜 보여주었다고 생각하는 경향이 있었다고 말한다.[170-171] 특히 일반화된 사회공포증을 겪는 사람들은 다른 공포증을 겪는 사람들보다 아동기 때에 더 큰 개인적인 소외감과 애정결핍을 겪었다. Arrindell의 연구팀[1989]에 따르면 부모의 양육 태도에서 일관성이 더욱 떨어졌고 더욱 보호적인 양상을 보였으며, 감정적인 따뜻함을 제공하지 못하였다. 부모와의 관계에서 감정적인 따뜻함의 경험이 부족한 어린이들은 어른들을 경계하게 되며, 스스로의 힘만으로 외부의 위험을 극복해야 한다는 신념을 형성하게 된다. 결국 이런 태도는 관계에 기초하는 사회적 상황을 낯설게 여겨서 적응하기 어렵게 만든다. 한 마디로 부모의 감정적인 따뜻함의 결여와 통제적인 양육 특성이 결합되어 자녀에게 사회공포증을 경험하게 만든다. Bruch와 Heimberg의 연구[1994]에 따르면 일반화된 사회공포증을 겪는 사람들은 부모 중 한 명이 수치심을 안겨주었으며, 그들과 감정적으로 차단되었다고 느끼며 성장하는 경향이 있다. 이런 연구 결과는 "부모의 부적절한 양육방식이 자녀에게 타인의 부정적인 평가에 상처 받을 것을 두려워하게 만드는 가장 흔한 요소라는 것을 말해준다. 아동은 타인에 대한 부모의 비판에 의미를 부여하면서 성장한다."1980, 165라는 Buss의 주장을 뒷받침한다. 또한 Buss는 사회공포증을 경험하는 사람들은 아동기 때에 부적절한 행위에 대하여 소외 경험예를 들어 부모의 꾸지람을 듣고 자신의 침대로 가기과 수치심다른 어른들 앞에서 부모님을 실망시켰거나 당황하게 했다는 말을 듣거나, 스스로를 창피하게 여기도록을 일으키는 훈육을 받았을 가능성이 높다는 사실을 발견하였다.

Arkin의 연구1986에 따르면 부모님의 높은 기대 수준이 수치심을 발전시키는 요인이며, 이 수치심이 마침내 사회공포증으로 발전된다. 부모님의 기준에 미치지 못하는 행동을 할 때에 처벌만 받고 위로받지 못한 어린이는 실패에 대하여 사라지지 않는 두려움을 겪게 될 수 있다. 또한 아동기 때에 부모에게 의존하고 싶지만, 줄곧 거절 받을 것이라고 예상하며 성장하면 사회적 관계에서 불안을 느끼기 쉽다. 그리고 자신의 의견에 대하여 찬성보다는 거절 받을지도 모른다는 걱정 때문에 과도하게 상대방의 마음에 들도록 행동하게 된다. 다시 말해서 보호적인 자기표현을 하게 되며, 성취를 향하여 나아가기보다 현재 가지고 있는 것을 잃어버리지 않으려고 급급하게 된다. 이런 보호적인 태도는 사회적 활동에서 불안감을 낮추기 위하여 자신을 비하하고 소극적으로 뒤로 물러나며, 복종적인 태도를 취하도록 이끈다.Arrindell 연구팀. 1989, 526-527

양쪽 부모 또는 한쪽의 행동을 닮으려는 태도에서도 사회공포증이 야기될 수 있다. Rosenbaum의 연구팀1991은 자녀는 부모가 두려움을 느낄 때에 취하는 반응을 보고 그 반응을 답습하게 된다고 말한다. 사회공포증을 겪는 사람들은 부모와의 관계에서 겪었던 경험을 회상해보라는 요청을 받게 되면 어머니가 사회적 상호작용에서 두려움을 느끼고 회피했던 행동 패턴을 회상해낼 가능성이 높다는 선행연구 결과Bruch 연구팀, 1989를 인용한다. 그들은 이 선행연구가 사회공포증세를 보이는 부모를 둔 아동들은 부모의 행동패턴을 관찰하고, 그 행동패턴을 스스로 익혀서 사회공포증세를 보이게 될 가능성이 높다는 사실을 암시한다고 말한다.

한편 연구자들은 부모 학대와 사회공포증 사이의 분명한 인과관계에 대하여 의문을 제기한다. 여성을 대상으로, 아동기의 근친상간과 심리장애의 관계에 대하여 연구한 Pribor와 Dinwiddie[1992]는 다른 시기보다 아동기의 근친상간 경험이 사회공포증을 포함한 모든 불안 장애를 겪을 비율을 더 높이며, 평균적으로 정신질환에 대하여 7번 진단을 받게 만든다고 설명한다. 연구에 의하면, 아동기에 근친상간을 경험한 52건의 사례 가운데에서 24건[46%]이 사회공포증으로 진단되었다. 한편 실제적으로 근친상간의 피해자들에게서 우울증, 심리성적 역기능 그리고 일반화된 불안 장애가 더 많이 나타나서, 근친상간의 피해를 경험한 아동들이 사회공포증을 경험할 위험성이 높다는 연구 결과를 입증한다. David와 그 동료들은 발달적 외상과 사회공포증의 관계를 탐색한 후에, 위의 연구 결과[1995]를 지지하였다. 그들은 가족 구성원, 친척 그리고 낯선 사람들에 의한 신체적 및 성적 남용과 부모와 형제자매와의 장기간의 이별이나 사별이라는 두 종류의 발달적 외상에 초점을 두었다. 그들은 모든 종류의 사회공포증을 경험하는 사람들에게서 신체 및 성적 남용을 경험한 비율이 두 배 더 높다는 사실을 발견하였다. 그러나 아동기 때에 양쪽 부모 또는 한쪽과 이별하거나, 또는 사별하는 경험과 관련해서 사회공포증을 경험한 사람들과 그렇지 않은 집단 사이의 차이를 발견하지 못하였다. 또한 자녀가 지나치게 수줍어하거나 불안한 태도를 보이면 한쪽 부모가 자녀의 행동을 통제하기 쉬우며, 통제 욕구가 지나치게 강해지면 부모의 학대로 발전될 가능성이 높아진다고 설명한다.116 다만 사회공포증과 부모와의 사별 또는 장기간의 이별 사이의 뚜렷한 관계가 없다는 연구 결과는 신체 및 성적 학대와 사회공포증 사이의 연관성을 더욱 의미 있게 만든다.

학자들은 개인의 과거경험의 회상을 통하여 사회공포증과 부모의 부정적인 양육관계를 뒷받침하는 많은 증거들을 제시하지만, 이 증거들을 조심스럽게 사용할 것을 권한다. Rosenbaum과 그 연구팀1991이 지적하듯이, "사회공포증의 인과관계에 대하여 부모와 자녀의 상호작용을 설명하는 이론들은 회고적인 자기 보고에 의존하는데, 이 보고는 현재 부모와의 관계에 의하여 영향을 받기 때문에 과거의 관계를 정확하게 설명하지 못할 가능성이 있다."11 사회공포증에 대하여 과거의 기억을 회상할 때에, 말하는 사람의 관점이 내용에 영향을 줄 수 있다. 다시 말해서 현재 자신이 경험하는 공포증에 대하여 다양한 가족 관계에서 원인을 찾기보다 가족 중 한 사람에게 그 책임을 전가할 수 있고, 그만큼 다른 가족들과의 관계에 대한 기억은 보고되지 못할 가능성이 높아진다. 예를 들어, 엄마와 아동의 관계에만 초점을 두면 아버지와 아동의 관계 또는 형제자매의 관계 등의 다른 가족 관계의 역동을 간과할 수 있다.

Rapee의 심리 병리학적 설명에 따르면 사회공포증을 겪는 사람의 회고적인 자기 보고를 주의 깊게 들을 필요가 있다. 그는 사회공포증을 경험하는 사람은 "상대방의 모호한 반응"을 부정적으로 판단하기 쉽다고 강조한다.52 다시 말해서, 그들은 성장기에 부모의 '중립적인' 태도에 대하여 부정적으로 해석하는 경향이 있다. 그리고 자신이 타인들에 의하여 부정적으로 판단을 받는지의 여부에 매우 민감하며, 현재 타인들과의 관계에서 부정적인 판단을 받는다고 생각되면 성장기의 부모의 태도도 부정적이었다고 회상할 가능성이 높다. 지금까지의 살펴본 내용이 신체적 및 성적학대에 대한 폭넓은 논의라고 말하기는 어렵다. 그러나 감정적으로 냉담하거나 친근한 인상을 주지 않는 부모는 스스로 타인의 시선을 많이 의식하기 때문에, 자녀가 수치심을 경험하도록 양육시킬 가능성이 높다는 결론을 뒷받침한다. 동일한 부모 슬하에서 성장했을 때, 다른 형제나 자매들은 부모가 적극적으로 애정을 표시하지는 않았어도 냉담한 태도를 보이지 않았다고 말하지만, 사회공포증을 겪는 사람은 유독 '부모가 냉담한 감정으로 대하였다'고 회상할 수 있다. 이러한 차이의 원인이 단순히 공포증의 경험에 의해서인지 유전적 성향에 의한 것인지의 여부가 검토될 필요는 있다.

결론

제2장에서 사회공포증의 진단에 사용되는 범주와 사회공포증으로 이끄는 다양한 요인들을 살펴보았다. 여러 요인들 중에서 특히 수치심이 문헌에서 가장 많이 언급되었다. 그러나 사회공포증은 사람에 따라서 매우 다양하게 경험되는 불안장애이기 때문에 다른 요인들의 영향력도 간과할 수 없다. 비 생물학적인 요인들도 사회공포증의 다양한 경험들의 원인이 된다. 앞으로 살펴볼 제7장의 문화적 요인들과 제8장의 종교적 요인들도 사회공포증의 원인이 되며, 그것들에 대해 자세히 살펴볼 것이다. 다만 여기에서 문화에 따라 사회공포증이 경험되고 해석되는 방식이 차이가 나며, 종교가 한편으로는 공포 증세를 강화시키고, 다른 한편으로 공포 증세를 낮추는 방식으로 복잡하게 영향력을 끼친다는 사실을 살펴보았다. 그러나 문화와 종교가 사회공포증에 영향력을 미친다는 사실에 대하여서는 증세를 겪는 사람들의 회고에 의존하였기 때문에 그 신뢰성이 떨어져서, 매우 표면적인 수준의 연구 결과를 보일 수 있음도 설명하였다. 제3장은 사회공포증의 유형과 증세의 심각성을 살펴보고, 제4장부터 제6장에서는 치료방법에 대하여 논의할 것이다.

Chapter 3
사회공포증의 유형과 증세

지금까지 사회공포증을 진단할 때 사용되는 범주들에 대해서 논의하였고, 사회공포증을 일으키는 가장 중요한 몇 가지 요인들을 살펴보았다. 제3장에서는 사회공포증을 겪는 사람들이 가장 두려워하는 상황 유형들과 그에 결부된 불안의 증세를 자세히 설명하려고 한다.

사회공포증을 경험하는 사람들이 어떤 상황들을 가장 두려워하고 피하려는 하는가? 인질과 달리, 사회공포증을 겪는 사람들은 지속적으로 고조된 불안 속에서 살지 않는다. 오히려 불안을 경험할 상황을 예견하며, 그런 상황에 참여해야 한다는 생각 자체를 두려워한다. 지난 수 십 년 동안, 학자들과 임상가들은 사회공포증을 겪는 사람들이 두려워하고 피하려는 상황들을 구체화시키려고 시도하였다.

Rapee의 연구팀[1988]은 생활에서 경험하게 되는 160개의 상황에서, 특히 사회공포증을 겪는 사람들이 두려워하는 9가지 상황 목록을 작성하였다. 그리고 각각의 상황에서 경험하게 되는 두려움의 정도와 그 상황들을 피하기 위하여 어느 정도의 노력을 기울이는지 알기를 원하였다. 연구대상의 성비율은 남성이 63%, 여성이 37%였으며, 평균 나이는 33살이었고 사회공포증을 겪게 된 평균 나이는 21세였다. 다음은 연구결과에 대한 표이다.

표1. 다양한 사회적 상황에서 사회공포증을 겪는 사람들의 두려움과 회피의 반응 보이는 비율

사회적 상황	약간의 두려움	보통의 두려움	약간의 회피	보통의 회피
대중 연설	97%	91%	91%	77%
모임 참석	91%	68%	68%	38%
파티	89%	67%	71%	59%
권위적 관계의 대상과 대화하기	83%	69%	77%	50%
자기 주장하기	71%	40%	68%	38%
데이트	57%	48%	48%	39%
공공장소에서 글쓰기	38%	15%	19%	13%
공중화장실 이용	31%	23%	27%	18%
공공장소에서의 식사	26%	14%	24%	15%

표1에 따르면, 가장 큰 두려움을 느껴서 피하고 싶은 상황은 '대중 연설'이다. '모임 참석'은 두 번째로 두려운 상황이다. '파티', '데이트', 그리고 '권위적 관계의 대상과 대화하기' 등은 비교적 선택적으로 참여할 가능성이 있는 상황들이다. 또한 초기 연구 문헌에서 강조된 사회공포증의 유형 공공장소에서의 식사, 글쓰기 그리고 공공화장실 이용들은 '권위적 관계의 대상과 대화하기'와 '자기 주장하기'보다는 두려운 상황에 해당되지 않는다. 위의 연구 결과는 사회공포증을 겪는 사람들은 대개 사회적 맥락에서 지배와 순종의 체계에 부정적으로 반응한다는 것을 보여준다.

위의 상황들에 대해서 '약간'과 '보통'의 표현은 사회공포증을 겪을 때에 강한 정도는 아니어도 일상에서 두려움을 피하기 어렵다는 사실을 암시한다. 표1은 사회공포증을 경험하는 사람들이 두려움을 느끼거나, 피하게 되는 상황이 평균적으로 각각 5개와 4개임을 보여준다. 또한 사회공포증을 겪는 사람들은 다른 공포증을 겪는 사람들보다 두려워하거나 피하려는 상황들이 훨씬 많다. 예를 들어서, 사회공포증을 겪는 사람들 중에서 91%

가 '대중 연설'에서 보통의 두려움을 느끼지만, 광장공포증을 겪는 사람들과 특정 공포증을 겪는 사람은 이 중에서, 각각 56%와 50%만이 이에 해당한다. '모임 참석'에서 사회공포증을 겪는 사람들 중에서 68%가 보통의 두려움을 느꼈지만, 광장공포증을 경험하는 사람들은 23%만이 보통의 두려움을 느꼈다. '권위관계의 대상과 대화하기'에서 특정 공포증을 겪는 사람들이 겪는 두려움이나 회피요구의 비율은 사회공포증을 겪는 사람들이 동일한 상황에 대하여 두려움이나 회피를 느끼는 비율과 매우 미묘한 차이를 보인다. 그러나 광장공포증을 경험하는 사람들은 '공공장소에서의 식사'라는 사회공포증의 측정 범주에서 더 큰 공포나 회피욕구를 느끼며, '공공장소에서 글쓰기'에 대해서는 사회공포증과 거의 동일한 두려움이나 회피 반응의 비율을 보인다.

이 연구는 사회공포증을 보이는 사람들이 '권위적인 대상과 대화하기', '모임 참석' 등 대중 앞에서 말해야 하는 상황들을 두려워하고 피하려는 경향이 있음을 보여준다. 그 중심에는 상대방을 대면하고 언어를 사용해서 대화를 주고받아야 하는 심리적 부담이라는 과제가 있다. 다시 말해서, 수줍어하거나 위축된 행동을 보이는 아동들은 그렇지 않은 아동들에 비해 말할 때에 목소리도 작아지며, 심지어 제대로 말을 하지 못하는 성향을 갖게 된다고 설명한다. 그리고 사회공포증을 경험하는 사람들은 자기주장 하기를 피하고, 대부분의 사회적 상황에서 모호하거나 복종적인 역할을 맡게 된다고 설명한다. 따라서 두려워하고 회피하는 사회적 상황들에 대한 순위 목록은 사회공포증을 겪는 사람들이 보호적인 자기주장을 하고, 사회적 상호작용에서 모호하거나 순응적인 태도를 보이며, 사회적 불안감을 다스리려고 움츠러드는 성향을 보이는 것을 잘 설명한다.

사회공포증을 경험하는 상황에 대한 비슷한 또 다른 연구Holt연구팀, 1992에서 공포증을 느끼는 영역을 탐구하기 위하여 '상황영역situational domains'이라는 개념을 개발하였다. 이 개념에는 '①형식을 갖춘 연설과 상호작용, ② 형식에 구애를 받지 않는 연설과 상호작용, ③타인에 의한 관찰, ④확신'이라는 네 가지 진단범주가 있다. 그리고 다양한 상황들을 이 네 가지의 중의 한 범주에 포함시킨다. 예를 들어 모임에서 '대중에게 연설하기' 및 '보고하기'는 위의 범주 중에서 ①형식을 갖춘 상호작용에 해당된다고 설명한다. 그들은 이 연구결과를 불안과 공포의 발생과 연결해서 설명하며, Rapee 연구팀의 회피 반응에 대한 이전의 연구와 연결시키지 않았다.

다음의 표2에서 '상황의 영역'과 '불안/공포'의 순위로 위의 네 가지 범주를 설명하였다. 연구 대상은 91명이었으며, '불안/공포'의 정도는 '약함', '보통', 그리고 '심함'의 3가지 등급으로 표시 하였다.

연구 결과는 형식을 갖춘 연설과 상호작용의 진단범주에서 불안/공포의 발생 비율이 가장 높음을 보여준다.

표2. 사회적 상황 영역과 불안/공포에 대한 약함, 보통, 심함의 구분의 예

상황영역과 사회공포증의 진단범주	불안의 정도	약함(%)	보통(%)	심함(%)
형식을 갖춘 연설과 상호작용	대중 앞에서 행동, 연기, 대화하기	93	86	71
	집단에 보고서 나누어주기	91	81	59
	모임에서 연설하기	92	76	51
	소그룹에 참여하기	84	56	26
형식을 갖추지 않은 연설과 상호작용	말 걸기	85	73	43
	파티에 가기	85	63	30
	파티열기	82	58	34
	낯선 사람 만나기	74	47	15
	친하지 않은 사람에게 전화걸기	67	39	12

자기 주장적인 상호작용	권위적인 관계의 대상과 대화하기	85	61	23
	잘 모르는 사람들에게 반대의 의견을 표시하기	80	55	19
	가게에 가서 물건을 주고 환불하기	58	33	6
	강압적인 판매원에게 거절하기	48	23	10
행동 관찰	사람들이 지켜보는 장소에서 작업하기	79	56	30
	사람들이 지켜보는 장소에서 글쓰기	53	36	14
	공공장소에서 식사하기	43	25	11
	공공장소에서 음료 마시기	41	13	11

표2는 네 가지 상황영역 가운데에서 적어도 한 가지 이상의 하위영역이 비교적 높은 '불안/공포'를 만들어냄을 보여준다. 예를 들어, '형식을 갖추지 않은 연설과 상호작용'의 상황 영역 중에서, 누군가에게 '말을 걸기'나 '파티에 가기'의 하위영역에 대하여 적어도 85%가 약한 불안을 경험하였다. '자기 주장적인 상호작용'의 상황 영역 중에서 '권위적인 관계의 대상과 대화하기'라는 하위영역에서 동일한 비율의 약한 불안이 경험된다. '행동관찰'의 상황 영역에서 특히 '사람들이 지켜보는 장소에서 작업하기'가 높은 '불안/공포'를 일으켰다. 또한 이 연구에 '심한' '불안/공포'가 포함되기 때문에, 사람들이 이런 상황들을 경험할 때에 극심한 위협을 느낀다는 Rapee의 연구팀의 주장을 뒷받침한다. 50% 이상이 '대중 앞에서 행동, 연기, 대화하기', '집단에 보고서 나누어주기', 또는 '모임에서 연설하기' 등의 하위영역에서 '불안/공포'를 경험하였다.

연구팀은 참여 대상들 중에서, 각각 '형식을 갖춘 연설과 상호작용'에 대하여 90%, '형식을 갖추지 않은 연설과 상호작용'에 대하여 69%, '자기 주장적인 상호작용'에 대하여 60%, '행동 관찰'에 대하여 40%가 응답하였음을 발견하였다. 그리고 증세가 약할 때를 제외하고 위의 네 영역에 대하여 '보통'의 정도는 각각 70%, 46%, 31%, 22%가 응답하였고, '심함'의 정도에 대해서 각각 51%, 11%, 4%, 10%가 응답하였다. 연구팀은 사회공포증은 "상황적 영역에서 심각하게 고통 받는 상황들에 대하여 걱정하는 증세"라는 결론을 내렸다. 또한 '보통' 정도의 불안에 대한 기준을 제시해서, 연구 대상 중 80%가 적어도 한 개의 영역으로 분류될 수 있었다. 만약 '보통' 정도의 불안에 대하여 덜 엄격한 기준이 사용되면 너무 많은 대상들이 여러 영역에서 '보통' 정도의 불안에 해당하는 결과를 얻을 가능성이 있어서, 상황 영역의 개념으로 나누어 진단하는 의미가 축소될 것이다. 따라서 연구팀은, 임상가들에게 사회공포증에 대하여 도움을 청하는 사람들이 겪는 증세들을 주요한 상황적 영역들 중의 하나에 해당하도록 분류할 것을 권유한다.

이 연구 결과는 '대중 앞에서 행동하기, 연기, 대화하기'의 하위 영역이 가장 큰 불안을 일으키는 반면이런 결론은 Rapee의 연구팀의 발견과 일치한다, '공공장소에서 음료 마시기'는 가장 적은 불안을 일으키는 영역에 속한다고 설명한다.

자기 보호적인 사회공포증의 유형

사회공포증의 연구에서 중요한 주제는 공포증의 무능감에 대처하는 방법을 배울 수 있는지의 여부이다. 사회공포증을 경험하는 사람들은 자신이 소외된 삶을 살게 된다고 생각되면, 친밀한 사람들에게조차 쉽게 자신의 고민을 드러내지 않는다. 더 나아가서, 사회공포증을 겪는 대부분의 사람들은 치료를 받으려고 하지 않고 다른 문제 때문에 전문가를 찾아왔다가 사회공포증이라고 진단을 받게 될 때가 많다. 이런 사실은 사회공포증세를 겪고 살아가는 많은 사람들이 생존하고자 나름대로 특정 사회적 상황들에서 경험하게 되는 불안에 대처하는 방법을 어느 정도 터득하게 되며, 그 방법에 의지하여 살아간다는 추론을 가능하게 만든다.

불안에 대한 가장 쉬운 대처방법은 공포증을 일으키는 상황자체를 피하는 것이다. 전형적으로 사회공포증이 청소년기에 시작되기 때문에 대부분의 사람들은 견딜 수 없는 불안을 겪게 되는 직업을 피함으로써 공포증을 겪는 상황들을 미연에 방지한다고 추론할 수 있다. 또, 파티나 데이트와 같이 위협적인 사회적 상황을 피하기 위하여 매우 합리적인 이유나 변명을 만들어서 초대를 거절할 때도 있다. 그들은 다양한 사회적 모임에 참석하지 못하는 그럴듯한 이유를 능숙하게 꾸며낸다. 사회공포증을 겪는 내 친척은 자주 일가 친족이 사망하였다는 등의 그럴듯한 이유를 말하고, 누군가에게 장모가 돌아가셨다는 레퍼토리를 반복해서 사용했다는 사실이 들통 날지 모른다고 걱정하기도 한다. 또한 핑계의 주인공과 관계가 별로 친근하지 않을 때에는 강한 동정과 애도의 표현을 하기 어려워서 기억 속에서 돌아가셨다는 분과 무언가 친근했다고 주장할 만한 근거를 찾아야하는 고생을 감수해야 할 수도 있다.

그러나 학자들과 임상가들은 사회공포증을 겪는 사람들이 두려워하는 사회적 상황을 견뎌내도록 돕는 전략에 가장 큰 흥미를 보인다. 사회공포증을 경험하는 사람들이 피할 수 없는 상황 속에서 살아남으려고 사용하는 전략은 무엇인가? 특히 임상가들은 두려운 사회적 상황을 맞이하기 이전에 알코올 또는 명상 등의 방법과, 오랜 기간 동안 습관처럼 굳어져버려서 의식하지 못하면서 사용하는 행위에도 관심을 갖는다.

사회공포증을 대처하는 방법 중에, 그들은 보호적인 자기표현 스타일을 개발하는 경향이 있어서 자기 이미지와 사회 이미지에 대하여 공포를 느낄 가능성을 최소화시킨다는 이론이 있다. 앞에서 설명한 대로 보호적인 자기표현 스타일은 사회적 상호작용에 대한 회피 반응으로 나타날 수 있지만, 사회적 상황에서 중립적이거나 순응하는 태도, 또는 주의의 초점을 받는 것을 피하기 위하여 신중하게 자기 자신에게서 원인을 찾는 겸손한 모습으로 나타난다. Arrindell의 연구팀

사회공포증을 겪는 사람들이 안전을 추구하는 행위에 대한 최근의 연구Wells의 연구팀, 1995는 피할 수 없는 사회적 상황에서 그들이 취하는 중립적이거나 순응적인 태도를 좀 더 자세히 설명한다. 연구팀은 그들이 단순히 불안을 조성하는 사회적 상황에 노출되었다고 해서 뚜렷한 축소를 경험하지 않는다는 다소 혼란스러운 사실을 발표하였다. 특정 공포증과 광장공포증과 대조적으로 사회공포증을 치료하려고 두려운 상황에 노출되는 기법의 사용이 미세한 호전을 가져왔다고 말한다.[153]

연구팀은 불안을 다루는 데에 노출기법이 중요한 역할을 했던 한 사례Salkoviskis를 인용한다. Wells의 연구팀에 의한 또 다른 연구Stopa& Clark, 1993 결과는 몇몇 두려운 상황들속에서 사회공포증을 겪는 개인들은 그렇지 않은 사람들보다 격식을 갖추는 행동을 한다고 말한다. 그러면서 동시에 그들은 사람들에게 친근함을 보여주지 못해서 부정적인 평가를 받을 것이라고 믿는 경향을 보인다.

인지-행동 치료 프로그램은 흔히 사회공포증을 경험하는 사람들에게 사회적 행위를 향상시키도록 대화 기술과 대처 전략들을 가르치는 과정을 포함한다. 이런 프로그램들은 사회 공포증을 경험하는 사람이 자신의 격식을 갖춘 행동을 부정적으로 인지하지 않도록 돕는다.[159] 연구팀은 사회공포증을 경험하는 사람들은 격식을 갖춘 태도를 취해서 관계의 불안을 덜 느끼고 안전감을 경험하기 때문에, 그런 자기 보호적인 태도 자체를 부정적으로 보지 않도록 주의하면서 치료계획을 추진할 필요가 있다고 말한다.

사회공포증을 겪는 사람들의 자기 보호적인 표현 스타일에 대한 또 다른 연구(Leary and Kowalski, 1995)는 그들의 대화 기술을 향상시키려는 치료적 노력이 비생산적일 수 있다는 견해를 밝힌다. 연구팀은 사회적 불안이 낮은 사람들은 타인들에게 좋은 이미지를 전달하려고 시도하는 반면에 사회적 불안을 겪는 사람들은 타인들에게 자신들이 좋은 이미지로 보일 것이라는 기대가 낮아서 사회적 손실을 최소화하고자 자기 보호적 표현 스타일을 선택한다고 강조한다. 그들은 자신들이 원하는 인상을 주고 있는지 의심을 받고 있다고 느낄 때에 나름대로 사회적 이미지가 더욱 손상되는 것을 피하려고 관심이 없다는 듯이 조용히 있거나, 그 상황을 피해서 관계를 끊는 방법을 택하기 쉽다.[106] 만약 관계를 끊을 수 없어서 계속 만나야 한다면 가능한 한 만남을 최소한으로 축소시켜서 사회적 이미지를 부정적으로 보이지 않게 하려는 데에 급급하게 된다.[106] 예를 들어서, 사회적으로 불안을 느끼는 사람들은 불쾌감을 감추고 대화에 주의를 기울이는 듯이 보이려고 자주 웃고 고개를 끄덕이면서 동의를 표시하는 행동("음"등의 소리를 내며)을 보인다. 실제로는 흥미를 느끼지 못하지만 친근한 듯이 보이기 위하여 질문을 더 많이 하기도 한다. 그러나 자신의 의견은 가능한 말하지 않아서 비판을 받을 소지를 예방한다. 이런 행위들은 자신의 이미지를 손상시키는 위험을 감수하지 않으면서도 상호작용을 유지하는 데에 유용하다.[106]

또한 Leary와 Kowalski는 사회적 불안을 겪는 사람들의 기질에서도 자기 보호적 표현이 관찰된다고 설명한다. 불안증을 겪고 있지만 사회적이지 않은 특징을 가졌다면 실패에 대한 책임을 회피하면서 자신에게 유리한 관점을 이용해서 성공을 지향한다. 그러나 사회적으로 불안을 느끼는 사람은 자신이 타인의 주목을 받게 되면, 조롱당하고, 비판받고, 거절당할지 모른다는 걱정 때문에, 타인에게 자신이 부정적으로 보이도록 행동하는 경향이 있다. 어떤 학자들은 이런 자기 보호적인 행위들이 사회적 기술의 부족을 반영한다고 주장하지만, 상당한 상호작용의 능력이 있다고 보는 것이 옳다는 견해도 있다. 따라서 Tower와 Gilbert[1989]가 주장하였듯이 그들은 타인이 자신을 부정적으로 평가한다고 인식하면 불안을 느껴서 복종적인 행동을 하게 된다. 다시 말해서 사회적 기술의 부족을 반영하기보다는 의도적으로 타인의 부정적인 평가를 회피하려는 행동을 한다고 말하는 것이 더 타당하다.[107] 이런 관점은 사회공포증을 경험하는 사람들이 사회적 상호작용 속에서 특별히 지배와 복종의 역동에 예민하다는 Öhman의 관점을 자세히 설명한다. 그들은 어떤 사회적 상황속에서도 지배적인 집단에 의한 부정적인 평가로부터 매우 능숙하게 자신을 보호한다.

그렇다면 왜 사회공포증을 겪는 사람들은 사회적 상황 속에서 자신이 지배적인 역할을 맡게 되었을 때, 좋은 인상을 줄 수 있다고 믿지 못하는가? 자기 보호적이거나 복종적인 행동을 포기하지 못하는가? 연구에 따르면 그들은 사회적 상황 속에서 더 지배적인 지위를 차지하는 사람들보다 본질적으로 열등하지 않다는 사실이 증명되었다. 예를 들어서, 사회공포증을 경험하는 사람들은 전반적인 학업성취도에서 그렇지 않은 사람들과 차이를 보이지 않는다. 단지 수업이나 세미나의 토론에 적극적으로 참여하지 않을 뿐이다.[Rapee, 1995, 48] 다시 말해서 사회적 상황에서 사회 공포증을 경험하는 사람들은 그렇지 않은 사람들만큼 활발한 활동을 하지 않지만, 방법을 모르기 때문이라기보다 불안 때문에 그 방법을 실천할 수 없기 때문이다.

사회적 상황에서 사회공포증을 경험하는 사람들은 원만한 대인관계를 맺는 능력에 대하여 높은 판단 기준을 가지고 있다는 사실이 밝혀졌다. 그러나 자신이 그 기준에 도달하지 못하기 때문에 성공적인 관계를 맺을 수 없다고 믿는다는 사실도 밝혀졌다.[Leary와 Kowalski, 1995, 107] 바로 이런 사실이 사회공포증을 경험하는 사람들이 자신의 태도에 대하여 부정적인 평가를 내리고 있음을 암시한다.Rapee & Lim 1992; Rapee, 1995, 52-53 한 마디로 그들은 자신의 사회적 행동을 평가할 기술을 가지고 있다. 그러나 그 관점이 지나치게 비판적이며, 한두 가지 부족한 점에 지나치게 연연할 수 있다. Hope의 연구팀1990은 사회공포증을 겪는 사람은 5분간 유창하게 연설한 기억보다, 연설 도중의 한두 번의 실수가 마음에 더욱 또렷이 기억된다고 강조한다. 실수의 기억이 스스로에 대한 부정적 평가를 더욱 강화시켜서 사람들이 다시 연설을 부탁할 때에 결국 거절하도록 만든다. 다시 말해서 보통의 사람들은 유창하게 연설을 해서 좋은 인상을 주려고 노력하는 반면에, 사회공포증을 경험하는 사람은 연설을 못하는 인상을 주려고 애쓰기 쉽다. 결과적으로, 사회공포증을 경험하는 사람은 매우 빈약한 사회적 역할을 수행한다. 그 이면에는 빈약한 사회역할에 상응하는 부정적인 자기 개념이 숨어 있다.[185] 학자들은 사회공포증을 겪는 사람들이 실제로 자신들이 사회적 역할을 잘 감당하지 못한다는 신념을 가지고 있어서 타인의 부정적 판단을 받을 것이라고 염려하는데, 그 이면에는 스스로에 대한 부정적 인지가 작용함을 밝혀냈다.

그러나 동시에 사회공포증을 경험하는 사람들이 가지고 있는 유난히 높은 기준들의 의미를 파악하는 것도 중요하다. 앞에서 살펴본 대로 그들은 대개 아동기 시절에 그들의 부모님들이 비판적이었다고 기억한다. 그들은 부모님의 비판적인 잣대에 의하여 수 없이 수치심을 느끼고, 비난받는 행위들을 개선하려고 부단히 노력하며 힘겨운 어린 시절을 보냈을 가능성이 높다. 이런 관점에서 사회적 역할 수행에 대한 유난히 높은 기준은 부모님의 비판이 내재화되었다는 증거로 해석될 수 있다. 예를 들어서, 대중 연설을 꺼리는 사람은 타인이 자신을 부정적으로 평가하기 이전에 스스로 자신에 대하여 부정적인 평가를 내려서 이미 연설을 잘하지 못할 것이라고 예상하고 그 기회를 거절한다. 스스로에게 내리는 평가는 회피할 수 없지만,

실제 사회적 역할의 수행을 회피하면 타인의 부정적인 평가를 받지 않는다고 생각하기 때문이다. 이런 독특한 심리적 경향은 타인의 기대에 부응하지 못하면 죄책감을 느끼지만 스스로 정한 기대 수준을 실현하지 못하게 될 때에 수치심을 경험하게 된다는 최근의 연구 결과와 일치한다.Kaufmann 1985;Morrison

위의 내용에서 사회공포증을 겪는 사람들은 자신을 부정적으로 평가한다. 그 평가는 무의식적으로 일어나기 때문에 인식하지 못할 가능성이 높아서, 마치 타인이 자신을 부정적으로 평가한다고 오해하는 경향이 높다. 그래서 자신이 하는 일에 대하여 타인에게 부정적 평가를 받을까 봐 지나치게 예민하게 되어 마침내 수행자체를 회피하게 된다. 사회공포증을 가진 사람들의 이런 경향은 언뜻 듣기에는 이해하기 어렵지만, 그들이 "자신에게 과도한 의식 집중self-focused attention"을 하게 된다는 일관적인 연구 결과들은 이런 관점을 지지한다.Clark & Wells 1995,82 타인이 자신이 하는 일에 관심을 가지고 지켜볼 것이라고 생각해서 부담스러워하고 걱정하는 사람들은 다른 사람과의 관계에서 발견되는 모든 단서들이 자신에 대하여 무언가를 설명한다고 해석할 정도로 지나치게 자신에게 초점을 두기 쉽다.

그러나 그들이 타인들에 대하여 부정적으로서 관찰하듯이 자신도 부정적으로 평가하고 있음을 깨닫게 되면 그들의 태도가 그리 이상하게 보이지 않게 된다. "사회공포증을 겪는 사람들의 인지의 구성에는 대중 앞에서 당황하게 되는 심리와 특정 상황의 요구에 부응하지 못한다는 개인적인 수치심이 포함되며, 자신에 대한 부정적인 평가가 인성 전체에 영향을 준다."라는 Lindeman의 관찰은 위의 견해를 지지한다.1994, 166 여기에서 '개인적인 수치심'과 부정적인 평가가 '인성 전체'에 영향을 준다는 언급은 사회공포증을 겪는 사람들이 전체 자기total self의 차원에서 수치심을 경험한다는 의미이다. Lynd는 "수치심은 전체 자기total self에 영향을 주고받는 심리적 경험이다"라고 말한다. 그는 사회공포증을 가진 사람들은 외적으로 가장 사소해 보이는 행동을 포함해서 개별적이고 은밀한 사건까지도 자신과 관련이 있다고 의식하게 되어서 수치심을 느끼게 된다. 수치심은 자신의 존재 자체와 관련된 심리적 경험이기 때문에 근본적인 삶의 태도를 결정하게 만든다고 말한다. 한 마디로 수치심은 나라는 존재 자체가 완전히 부끄럽게 외부에 노출되는 것처럼 느껴지는 경험이다.1958, 49-50

한편 사회공포증의 수치심은 사회적 배경에서 발생하기 때문에 사적인 행위예를 들어서, 자폐증, 폭식증와 관련해서 경험되는 수치심과 구분된다. 다시 말해서, 사회공포증은 타인이 자신을 어떻게 인식할지에 대하여 매우 예민하게 만들며, 실제로 긍정적으로 평가를 받을 때에도 조금이라도 자신이 부정적으로 보이게 될 소지를 차단하려고 과도하게 안전을 추구하게 만든다. 그들은 사회적 상호작용에서 자신이 긍정적인 인상을 얻을 수 있다고 믿지 않으며, 간혹 타인이 자신에 대하여 긍정적인 인상을 갖고 있음을 알게 될 때에도 그 이유는 사회적 상호작용이 아니라 다른 개인적인 업적예를 들어 학생이 우수한 리포트를 작성해서때문이라고 믿는 경향이 있다. 그래서 그들은 사회적인 기술을 사용해서 긍정적인 자기 이미지를 만들거나 유지하기를 피한다. 만약 어쩔 수 없이 피할 수 없는 사회적인 상황을 직면하게 되면 남다른 성과를 보일 때에 비로소 긍정적 사회적 이미지를 유지할 수 있다고 믿는다. 그들에게 '체면을 잃는 것'은 매우 중요한 문제이다. 하지만 그들은 사회적 상황에서 역할을 잘 감당해서 '체면을 세우는' 가능성은 거의 없고 뛰어난 능력 발휘해야 겨우 '체면을 유지'할 수 있다고 믿기 쉽다.

학자들과 임상가들은 사회공포증을 겪는 사람들이 사회적 상황들에 대하여 너무 경직된 기대를 가지고 있다고 생각한다. 그들은 좀처럼 자신이 참여하는 사회적 상황에서 긍정적인 경험을 할 수 있다고 믿지 않는다. 따라서 긍정적인 평가예를 들어 학급 전체 앞에서 칭찬받기 등를 받을 때에도 그 이유는 자신들의 업적 때문이지 사회적 관계를 잘 맺었기 때문이라고 생각하지 않는다.

이런 왜곡된 신념에서 벗어나려면 다음과 같은 태도의 변화가 필요하다. 첫째, 과도하게 자기 보호적으로 안전을 추구하는 행위에서 벗어나야 한다. 둘째, 사회적 상황들을 더욱 유연하게 받아들여야 한다. 셋째, 사회적 관계의 과정에서 긍정적 결과를 얻을 수 있다는 객관적 근거를 수용해야 한다. 만약 이런 과정을 통하여 사회공포증을 경험하는 사람이 '관계성이 주는 유익에 눈을 감아버리는 태도'를 포기하고 긍정적 관계성의 영향력을 그대로 받아들이는 태도를 표현한다면, 더욱 자주 타인들의 우호적 반응을 경험하게 된다. 그리고 우호적 반응을 인식하게 될수록 그만큼 사회적 만남을 긍정적으로 수용하게 되어 이전에 경험하던 불안에서 서서히 벗어나게 된다.

따라서 학자들과 임상가들은 사회공포증을 경험하는 사람들이 고집스러울 정도로 안전 추구에 집착하는 원인을, 사회적 관계에서 부정적 평가를 받을 것을 지나치게 두려워하기 때문이라고 본다. 그리고 사회공포증을 겪는 사람들이 공포증에서 벗어나려면 두려움을 주는 상황에 노출되는 것만으로 충분하지 않고, 지나치게 안정을 추구하는 행위들을 하나씩 버리면서 각 상황을 편안하게 받아들이는 습관을 익혀야 한다고 생각한다. 한 마디로, 이전에 불안과 불신을 가지고 마주치기 쉬었던 상황들이 안전하다고 확신하게 되는 과정이 필요하다. 그 핵심에 지배와 복종의 역동의 관점에서 어떤 상황에서 불안을 느끼게 되는 원인을 파악할 필요가 있다.

사회공포증을 겪는 사람들의 사회적 상황에 대한 불신

Holt의 연구팀[1992]의 상황적 영역에 대한 연구에 따르면, 사회공포증의 불안을 경험하게 되는 4개의 사회적 상황은 '확신적인 상호작용', '권위적인 관계의 사람과 대화하기', '잘 모르는 사람들에게 반대 의사를 표현하기' 그리고 '물건 환불하기 및 강압적인 판매원 거절하기' 등이다. 첫 번째 '확신적인 상호작용'은 사회질서에서 지배적인 위치의 사람들과 직접적인 대화를 포함하는 상황적 영역에서 발생한다. 두 번째의 '권위적인 관계의 사람과 대화하기'는 습관적으로 복종하던 태도를 버리고 지배적인 역할을 담당해야 하는 상황적 영역에서 발생한다. 나머지 두 개의 범주들은 지배와 복종의 체계의 상황적 영역에서 발생하는 태도이다. 예를 들어서 사회공포증을 경험하는 사람은 가게에 물건을 환불하러 갈 때에 당당하게 환불 받으려는 이유를 말하지 못하고, 눈치를 보며 애걸하는 태도를 보여서 판매원이 굴림하는 위치에 서게 만들 가능성이 높다. 방금 설명한 이 두 개의 범주가 사회질서내의 지배와 복종의 체계를 경험하게 만들며, 사회공포증을 겪는 사람에게 가장 불편함을 느끼게 만드는 상황들이다. 그만큼 사회공포증을 겪는 사람들은 복종적인 태도를 취해야 할 것처럼 느껴지거나 더 심한 상황에서는 복종적인 태도를 강요받게 되어서, 언제 지배와 복종의 관계로 변화될지 모르는 상황을 두려워한다. 만약 이때에 공포증의 두려움에도 불구하고 자기주장의 행동을 취하게 되면 지배와 복종의 체계로 인식되는 상황을 전환시킬 수 있다. 새로운 전환 국면으로의 시도 가능성은 이전에 비슷한 상황에서 겪었던 예기불안의 정도와 그 예기불안을 다루었던 경험의 활용여부에 달려있다. 예기불안을 다루었던 경험이 빈약하거나 예기불안을 다루었던 경험을 긍정적으로 활용하지 못하게 되면, 오히려 현재의 지배와 복종의 체계가 과거보다 더욱 불안을 증폭시킬 위험을 내포한다. 불안을 감소시키지 못하면 지배와 복종의 체계에서 벗어나기 위한 줄거리예를 들어, 판매원에게 물건을 가지고 가라고 힘주어 말해서 강압적인 태도를 중단시키기를 잘 만들어낼 수 없다.

Mineka와 Zinbarg[1995]는 사회적 패배 행동에 초점을 둔 동물의 연구 결과를 인용하면서, 다음과 같이 세 가지 요점을 주장하였다. 첫 번째로, Öhman의 사회공포증에 관한 지배와 복종의 역동에 대한 이론이 복잡하다고 평가하였다. 한 가지 예로써, 다양한 동물들의 반복된 패배 경험은 점차로 복종적인 행위를 하게 만들며 위계 내에서 점점 하위로 쳐지게 만드는 반면에, 반복된 승리 경험은 점점 공격적인 태도를 취하게 만들어서 위계 내에서 지배적인 위치로 올라가는 결과를 낳는다고 설명하였다. 그만큼 반복되는 패배는 점점 더 자신을 능동적으로 방어하지 못하게 만든다. 연구자들은 동물들이 공격을 받을 때에 반격하기를 꺼리게 되는 태도와 사회공포증을 겪는 사람들의 자기 확신이 부족한 태도가 "거의 비슷하다."고 설명한다.[150] 이런 견해에 따르면 사회공포증을 경험하는 사람이 사회적 상황이 비합리적이거나 그 상황을 견디기 힘들다고 믿게 될 때에는 그 이면에 과거 사회적 패배의 경험이 있을 가능성이 높다. 안전을 추구하는 행위들은 미래에 경험하게 될지도 모르는 사회적 패배의 가능성을 최소한으로 줄이려는 시도로 이해된다. 사회공포증을 경험하는 사람들은 어떤 상태가 일정 기간 지속되면 그 상황에서 지배와 복종의 체계에 적응하게 되어서 그 체제가 그대로 유지되기를 원하며, 만약 그 상황이 변화되면 사회적 패배를 다시 한 번 경험하게 될지도 모른다는 두려움을 갖고 있다.

두 번째로 패배를 경험한 동물들은 과거에 패배를 안겨주었던 종류의 동물들뿐만 아니라 공격성을 보이는 다른 종류의 동물들에도 복종적인 반응을 보인다고 설명한다.[150-151] 예를 들어서 어떤 동물이 공격적인 외모를 가지고 있다면 그 동물이 직접 위협을 가하지 않아도 공격할 것이라고 예상하고 긴장 하게 된다. 마찬가지로 사회공포증을 겪을 때, 두려움을 느끼는 대상은 특정인뿐만 아니라 낯선 사람, 권위적인 관계의 사람 및 다양한 계층의 사람들까지 확대된다. 그들은 특정한 지배와 복종을 요구하는 분위기의 사회적 상황에서 다양한 계층의 사람들이 자신을 위협한다고 믿기 때문에 실제로 사람들을 두려워할 필요가 없다고 생각하기 어렵다. 한 마디로 권위적인 관계에 있는 사람들 전체를 불신한다. 예를 들어서, 회사에서 부서장에게만 불만을 갖는 것이 아니라 경영진 전체를 싫어한다. 회사 밖에서는 부서장이나 경영진과 편하게 말하지만, 일단 회사로 오면 위축감을 느낀다. 이처럼 사회공포증을 겪는 사람들은 자신이 속한 집단, 또는 사회 전체를 권위적인 관점에서 보고 두려움을 느끼는 경향이 있다.

세 번째로, 사회공포증을 겪는 사람들이 적절한 지배와 복종의 상황을 경험하면 그 증세가 호전될 수 있다고 말한다. 동물은 자신에게 스트레스를 주는 상황들을 통제할 수 있다고 인식하면 불안이 낮아지는 현상이 관찰되었다.[151] 다시 말해서 동물이 스트레스를 주는 상황에서 벗어날 수 있다면 생리적으로 부정적인 증세가 상당히 감소한다는 연구 결과를 얻은 것이다. 이 연구 결과는 사회공포증을 겪는 사람들이 스트레스를 주는 상황을 통제하고, 그 상황에서 "탈출하는 법 배우기escape learning"와 연결시키기에 적절하다.[153-154] 이 기법은 자기주장하기와 반대되는 특성을 보이지만 사회공포증을 겪는 사람에게는 복종적인 위치를 떠맡게 될 것이라고 예상되는 상황에서 통제력을 발휘하는 한 방편이 된다. 한 가지 방법은 구체적으로 견디기 힘든 상황 자체를 떠나버림으로써 예를 들어서 말없이 강압적인 판매원에게서 멀리 가버리기 등 지배적인 집단의 손아귀에서 패배를 경험할 위험을 벗어나는 것이다.

나는 사회공포증을 경험하는 사람들이 지배와 복종 체계를 인식하는 방식에 초점을 두고 설명하였지만 그렇다고 그들의 견해가 옳다고 옹호하지 않는다. 그들의 '과도하고 비합리적인'DSM-Ⅳ에서 설명하듯이 공포에 대하여 찬성하기보다는 전형적으로 과거 특정한 상황에서 사회적 패배를 경험했던 한 가지 이상의 경험에 초점을 둔다. 그리고 특정 상황에 대한 부정적인 신념은 실제 경험에서 비롯되지만, 부정적인 신념 때문에 자기주장을 하지 못하는 태도도 분명히 교정이 필요하다고 강조한다. 또한 현재 수줍음 때문에 사회적 활동이 위축되어있는 그들이 미래에도 사회에서 지배적인 위치에 결코 서지 못할 것이라고 믿는 태도도 반드시 옳지 않다고 주장한다.

한편 그들은 사회적 상황에서 단순히 자기주장을 더욱 많이 하도록 격려 받는 것만으로는 중요한 변화가 일어날 것 같지 않다. 그것보다는 그들이 현재 경험하는 지배와 복종의 체계를 깨뜨리지 않는 범위 내에서 자기주장을 하도록 돕는 것이 더욱 바람직할 수 있다. Arrindell과 그 연구팀 1989은 사회공포증을 겪는 사람들이 어떤 유형의 자기 확신의 태도가 부족한지 검증하는 기준을 제시한다. 첫 번째는 부정적인 감정을 표시하는 방법이다. 예를 들어서 성가시게 구는 타인의 행위에 변화를 요구하기, 공공의 상황에서 권리 주장하기, 사회적 문제를 해결하도록 선제권 취하기예를 들어 레스토랑에서 식탁 바꿔달라고 요구하기 등 그리고 타인의 요청을 거절하기 등이 가능하다. 두 번째는 개인적 한계를 표현하는 방법이다. 이에 해당하는 행동은 집중하기 힘든 토론의 주제에 적절하게 무관심하기, 타인에 대한 비평의 태도 취하기, 도움과 주의를 요구하기 등이다. 세 번째는 자기주장 시도하기이다. 구체적으로 특별히 토론의 주제에 대하여 자신의 의견 표현하기를 들 수 있다. 네 번째는 타인을 칭찬하는 능력을 기르고, 타인의 사회적 성과를 긍정적인 감정으로 표현하기 및 자기 비하 없이 타인을 칭찬하도록 시도하기이다.

위의 네 가지 범주는 사회공포증을 겪는 사람이 어떤 유형의 자기주장과 관련해서 불안예를 들어서, 현재의 지배와 복종의 체계에 대하여 조금이라도 위협을 느끼는 상태을 경험하는지 확인하고, 그 유형에 대하여 자기주장을 강화하도록 격려한다. 나는 계속해서 4장부터 6장까지, 사회공포증의 치료에 사용된 다양한 기법을 설명할 것이다.

결론

제3장에서 사회공포증이 발생하는 상황의 유형과 증세의 심각성에 대하여 살펴보았다. 그리고 드러나지 않게 감추어져서 공포를 일으키는 상황보다는 공개적으로 드러나서 유형을 구분할 수 있는 상황 영역을 대상으로 설명하였다. 1966년에 Marks와 Gelder가 사회공포증을 세 가지 전형적인 공포증의 하나라고 소개한 이후에, 점차로 사회공포증을 특정 공포증예를 들어서, 한 가지 사물이나 상황에 대하여 두려움을 느끼는과 다른 관점으로 바라보게 되었음을 설명하였다. 좀 더 구체적으로, 사회공포증을 특정 상황적 영역 안에서 바라보는 관점이 발전하고 있어서 다양한 사회적 상황들 중에서 어떤 상황에서 불안을 경험하며, 어떤 상황들에서 그렇지 않은지 원인을 밝히는 데에 초점이 두고 있다고 설명하였다.

다음으로 사회공포증의 자기 보호적 표현 방식protective self-representational style을 설명하고, 불안을 발생시키는 상황들 속에서 타인에게 자신을 표현하는 전형적인 방법들을 살펴보았다. 사회공포증을 경험하는 사람이 두려움을 경험하는 상황에서 자신을 표현하는 방식들과, 그렇지 않은 상황에서 자신을 표현하는 방식은 비교가 가능하다. 이러한 비교는 사회공포증을 겪는 개인이 경험하는 고난의 범위와 정도를 측정하는 데에 유익하다. 또한 이 주제의 토론 과정에서, 지배와 복종의 체계에 대한 인식의 중요성을 다시 강조하면서, 사회공포증을 경험하는 사람들은 기질적으로 수줍어하고 위축된 행동을 보이며 많은 사회적 상황에서 복종적인 태도를 보이기 쉽다는 것을 이야기하였다. 이러한 행동의 이면에는 지배와 복종의 개념을 병리적으로 이해하는지, 또는 적응할 수 있다고 이해하는지의 여부를 구분하려는 질문이 필요하다고 설명하였다. 특히 지배와 복종의 개념은 제4장부터 6장에 걸쳐서 치료적 중요성 및 제7장에서 토론되는 문화의 이슈와 직접적인 관계가 있다.

Chapter 4

전통적인 치료법

    나는 제4장에서 Marks와 Gelder가 1966년에 사회공포증을 공포증의 한 종류로 분류한 때부터, 20년 동안에 특별히 두각을 나타내었던 치료법을 설명하려고 한다. 이들 치료법 중, 초기에 개발되었던 치료법들이 현재에 폐기되어야 할 필요는 없다. 그 방법들은 여전히 사용되고 있으며, 새로운 치료 프로그램들에 흡수되어 새로운 면모를 갖추기도 한다.

    초기에 개발된 치료법들을 설명하기에 앞서서, 서두에서 이야기했던 사회공포증을 경험하는 사람들이 실제로 전문 치료를 받으려고 하지 않으려는 현실에 대해서 간단하게 언급하려고 한다. 미국 전체 인구를 대상으로 한 표본 연구Pollard의 연구팀, 1989에서, 142명이 광장공포증, 사회공포증 또는 반복 강박 장애로 진단되었다. 그들을 대상으로 어디서 전문가의 치료를 받는지, 그 치료법이 무엇인지 조사해보았다. 응답자 중 40%는 광장공포증, 28%는 반복 강박 장애로 전문가의 도움을 받았으며, 8%가 사회공포증을 겪고 있었는데 그들 중에서 절반 정도만이 전문가의 도움을 받았다. 다른 공포증에 비해서 사회공포증을 경험하는 사람이 전문가의 치료를 받은 비율이 유난히 낮은 이유는 다른 사람들의 도움을 꺼리도록 만드는 증세 자체의 특성 때문이다.

    일단 사회공포증을 겪는 사람들은 다른 공포증을 겪는 사람들보다 전문적인 치료 과정에서 더 큰 공포를 경험할 가능성이 높다. 치료를 받는다는 것은 자발적으로 낯선 사람과 대화를 나누는 사회적 상황에 참여하는 것을 뜻하기 때문에 쉽게 전문가를 찾지 않는다. 치료적 상황에서 치료자는 '전문가'가 되고 치료를 받으러오는 사람은 '환자' 또는 '내담자'가 되기 때문에 사회적 상호작용에서 지배와 복종의 역동과 관련된 불안을 겪게 될 가능성이 높다. 한 마디로 치료의 현장에서도 권위적인 관계의 사람들과 대화할 때에 느끼는 불안이 재현될 수 있다.

이 주제와 관련해서, 사회적 공포를 경험하는 많은 사람들이 타인과 전화상의 대화 자체도 꺼린다는 사실은 매우 흥미를 끌만한 연구 결과이다. Janet 연구팀[1994]은 사회공포증을 겪으면 전화를 걸거나 받는 행위도 사회적 상호작용의 한 유형이기 때문에 전화로 대화를 하는 것에도 불안을 느끼게 된다고 말한다. 전화가 사회적 도구이므로 통화 시도를 하기 전에 이미 예기불안을 느낀다. 그러나 전화를 걸거나 받기를 두려워하는 것은 특정 공포증에 해당되지 않는다고 본다.

어떤 독자가 1995년 4월호 『미국 정신의학회 저널』American Journal of Psychiatry에 편지를 써서 3월호에 실린 사회공포증의 치료방법론에 대한 내용 연구자들이 전화 인터뷰를 통하여 사회 불안의 수준을 조사하였음을 비판하였다. 그는 사회공포증을 겪는 사람들이 사회적 만남의 상황을 피하려고 전화를 사용하였다는 이전의 연구 사례들을 인용하면서 "엠파이어스테이트 빌딩 위에서 고소공포증의 증세를 정확하게 측정하기 어려운 것처럼 사회공포증을 겪는 개인마다 사회적 상황을 회피하려는 정도가 다르겠지만, 그들이 전화 통화를 꺼리기 때문에 전화 통화를 통하여 조사된 내용이 사회공포증에 대하여 타당한 연구 결과의 근거가 되기 어려울 수 있다."라는 결론을 내렸다.Kesseler 1995, 653

이에 대하여 연구팀Stein과 동료들. 1995은 "사회공포증을 겪는 사람이 전화를 받기 꺼린다는 경향을 인정하지만, 반드시 그렇다고 확정지을 수 없다. 우리의 임상결과에 의하면, 사회공포증을 겪는 사람들 중에서 약 50%가 전화를 걸거나 받기를 꺼리지만, 일반인들 가운데에도 약 3분의 1정도의 비율도 동일한 태도를 보인다."[53]라는 답변의 글을 썼다. 그러나 한 번 더 생각해 보면, 이 답변은 전화응답을 통하여 사회공포증을 겪는 사람들에 대하여 연구하기가 쉽지 않다는 주장이 옳다는 것을 지지한다. 그 이유는 일반인들 가운데에도 약 삼분의 일이라는 결코 무시할 수 없는 비율의 사람들이 전화 응답을 꺼린다면, 논리상 사회공포증을 겪는 이들을 대상으로 동일한 비율로 조사가 이루어질 수 없기 때문이다. 또한 사회공포증을 겪는 사람들 중에 약 절반정도가 전화 통화를 회피한다면, 최소한 동일한 비율만큼 치료를 회피한다는 현실을 암시한다.

한 마디로 친밀함을 원하면서도 관계를 거부하는 사회공포증을 겪는 사람들의 모순된 태도가, 치료가 필요하지만 도움을 거부하게 되는 증세의 특성을 잘 설명한다. Akillas와 Efan[1995]은 처음에는 치료에 관심을 보였던 학생들 중에서 약 절반 정도가 실제로 치료를 받지 않는다고 말한다. "치료를 위하여 사회적으로 불안감을 겪는 사람들을 모으려고 해도, 숨어버리려는 증세의 특성이 모임을 방해한다. 처음에는 참여하겠다고 관심을 보이는듯하지만 일정에 쫓긴다는 등의 다양한 이유를 대며 참석을 미룬다. Temple 대학의 사회 불안 극복 프로젝트Social Anxiety Project는 많은 학생들이 실제로 치료 모임에 참여해야 할 만큼의 심각한 갈등을 겪으면서도 모임을 회피할 때가 상당히 많다는 사실을 잘 설명한다."[266] 그들이 프로젝트에 참여하지 않으려고 둘러대는 이유들은 겉으로 보기에 그럴싸하지만, 핑계들이 문제의 본질을 회피하기 때문에 말하는 사람이나 듣는 사람이 모두 무언가 개운하지 않다고 느낀다.

그러나 사회공포증을 겪는 사람들 중에 치료를 받으러 오는 사람도 어느 정도 있으며, 다른 문제로 도움을 구하러 왔다가 사회공포증으로 진단 받기도 한다. 최근에는 사회공포증의 치료에 사용되었던 임상적 자료와 다양한 방법을 통하여 성공을 거둔 연구 결과물이 조금씩 증가하는 추세이다. 나는 제5장과 제6장에 걸쳐서 비교적 널리 사용되는 방법에 초점을 맞추어 설명할 것이다. 그러나 사회적 불안을 겪는 환자들을 위한 약물 치료법예를 들어, beta blocker, monoamine oxibase inhibitors, benzodiaphrines 등에 대하여서는 언급하지 않을 것이다. 약물에 관심이 있는 분들은 Potts와 Davidson[1995]의 광범위한 연구와 그 효과에 대한 결과를 참조하기를 부탁드리며, 나는 심리치료에 초점을 두어 설명하려고 한다. 그러나 다양한 치료방법들이 있기 때문에 선택이 필요하다는 사실을 강조한다. Heimberg와 Barlow[1988]는 체계적 둔감화systematic desensitization, 사회적 기술 훈련social skills training, 상상의 홍수imaginal flooding, 응용 이완 과정 훈련applied progressive relaxation training, 점진적 노출gradual exposure, 불안관리 훈련anxiety management training 그리고 다양한 인지적 재구조화 과정들a variety of cognitive restructuring procedures, 자기 지시적 훈련self-instructional training, 합리적 정서적 치료rational-emotive therapy, 그리고 인지 행동 집단 치료cognitive-behavioral group therapy와 같은 심리 치료법들을 설명한다.

이 모든 방법들을 깊이 있게 설명할 수 없지만, 여기에서 현재 사회공포증의 치유에 사용되는 대표적인 방법으로, 점진적 노출gradual exposure, 사회적 기술 훈련social skills training 그리고 자기 효능 치료self-efficacy treatment를 설명하려고 한다. 이 방법들은 모두 Heimberg와 Barlow의 분류에 들어맞지 않지만 지난 20년간 임상적으로 사용된 치료방법들이다. 이 중에는 약간 수정되어서 사용되거나 새로운 방법에 기본적인 통찰을 제공하는 방식으로 사용되기도 한다.

노출 기법 The Exposure Method of Treatment

　노출 기법은 모든 종류의 공포증에 대하여 비교적 초기부터 개발된 치료법중 하나이다. 그 방법은 다음과 같다. 먼저 내담자를 정상적으로 업무수행을 할 수 없을 정도의 불안을 느끼는 상황에 잠깐 노출시킨다. 다음으로 불안을 견딜 정도까지 노출을 되풀이 한다. 점차 이전보다 덜 불안을 경험하게 되면 노출시키는 시간을 연장한다. 이 과정이 되풀이 되면서, 내담자는 서서히 불안을 느끼던 상황에서 정상적으로 업무수행이 가능하게 된다. 노출 기법이 효과를 얻으려면 불안 증세를 적절하게 자극해야 한다. 만약 노출의 효과가 중단되면 효과가 발휘되지 않은 단계로 다시 돌아가서 그 단계에서부터 노출을 되풀이하게 된다. 노출은 내담자를 단순히 두려움을 느끼는 상황에 두는 것만을 의미하지 않는다. 불안을 경험할 때에 연상되는 공포를 극복하려면 불안이 발생되어야 하고, 시간이 지나면서 불안을 경험하는 상황에 점점 더 오랫동안 노출되어서 점차 그 불안에 적응되어야 한다. 요약하면 반복된 노출을 통하여 불안을 경험하던 상황을 점점 평안하게 받아들일 수 있게 되면서 치료가 이루어진다.

　Mark와 Gelder[1966]는 특정 공포증과 광장공포증 그리고 사회공포증을 구분할 때부터 노출 기법이 사회공포증에 효과적인지 연구하였다. Butler[1985]는 노출기법이 특정 공포증과 광장공포증의 치료에 매우 효과적이지만 사회공포증에 대해서는 별 효과가 없다고 주장한다. 우리의 관심은 특정 공포증이나 광장공포증에 있지 않기 때문에, 그의 주장에 대하여 자세히 설명하지 않겠다. 여러 연구 결과들을 살펴보면, 뱀, 쥐 그리고 작은 동물과 관련된 특정 공포증 Shorkey&Himle 1974; Öst 1978; Wieselberg 연구팀 1979; Linden 1981과 광장공포증 Hales & Barlow 1977; Ghosh & Marks 1987에 노출 기법이 효과가 있음을 알 수 있다. 한편 노출 기법이 사회공포증의 치료에 사용될 때에 다음과 같은 문제가 발생할 수 있다.

1. 사회적 상황들이 다양하고 예상할 수 없기 때문에 언제나 그 과정이 사전에 분명하게 설명되거나, 반복되면서 점진적인 노출로 전개되기 힘들다.

2. 방에 들어가기, 아침 인사하기, 음료수 구입하기 등 많은 사회적 상황들이 수시로 변하기 때문에 노출로 인한 불안이 발생하기 전에 상황이 종료되기도 한다.

3. 사회공포증을 경험하는 사람들마다 회피하는 몇 가지 상황들이 있지만, 현실에서는 그 상황들 속에서 불안을 느끼면서도 수시로 변화하는 조건 속에서 근무하고, 사람들을 만나고, 주어진 작업을 해내야 한다. 그러나 치료 과정에서 노출되는 상황들은 실제 상황이 아니기 때문에 현장성이 떨어질 수 있다.

4. 지속적인 사회공포증에 대해서 생각과 태도가 중요한 역할을 한다. 일반적으로 사회공포증을 경험하는 사람들은 타인이 자신을 어떻게 볼지에 대하여 지나치게 예민하며, 누군가를 만나기 전부터 그가 자신을 싫어할 것이라고 결론 내린다. 그러나 노출 기법은 노출되는 사람을 사전 평가할 어떤 정보도 제공하지 않기 때문에 증세가 나타나지 않을 수 있다. 이와 대조적으로 광장공포증을 동반하는 생각들, 예를 들어서 기절, 이성을 잃음, 통제력 상실 등에 대한 두려움은 노출 기법을 사용하는 동안에 서서히 줄어든다. 노출은 광장공포증 증세가 재발하지 않을 것이라고 인식시키기 때문에 부정적인 생각을 교정하는 경향이 있다. 노출의 과정에서 광장공포증에 대한 예기가 잘못되었다고 깨닫게 된다. 그러나 노출 기법을 통하여 실제 상황과 같은 정도의 불안을 경험하지 못하기 때문에 사회공포증세가 불합리하다고 깨달을 가능성이 희박하다.

그러나 Butler와 그 동료들은 사회공포증을 겪는 사람들이 적절한 노출로 불안 경험을 수정하였다고 주장한다. 노출 경험 자체만으로도 효과를 가져왔다는 것이다. 이들은 내담자들에게 사전에 임무를 자세하게 설명하고, 반복적이고 점진적인 노출을 경험하게 하는 순서를 택하지 않는다. 먼저 개인이 불안을 경험하는 상황들(특히 Holt가 "상황적 영역"이라고 부름, 1992)을 식별한다. 그 후에 내담자를 불안을 극복하여야 할 다양한 상황들에 노출시킨다. 그들은 사회공포증을 겪는 사람들 가운데에 한 가지 이상의 상황에서 불안을 경험할 때가 많고, 다양한 상황들에서 불안을 경험하는 이면에는 공통된 부정적 인식이 있다고 보았다. 따라서 한 가지 상황에서 불안을 견디면 그만큼 부정적 인식이 수정되기 때문에 점차 다른 다양한 상황들에서도 불안을 견딜 수 있다는 관점에서 노출 기법을 실시하게 되었다. Butler와 그 동료들은 동일한 상황에서 노출 시간을 점진적으로 늘리는 기존의 방식에서 탈피해서, 내담자들이 더 쉽게 견딜 수 있는 상황부터 점차로 견디기 어려워하는 상황까지 노출되도록 하여 다양한 상황에서 겪는 불안의 극복을 도왔다.

또한 동일한 사회적 상황에 노출되는 시간이 지나치게 길지 않도록 조정하여서 내담자들이 반복된 노출을 잘 견딜 수 있도록 이끌었다. Butler와 그 동료들은 적절한 정도의 단 시간 노출이 효과를 가져 온다고 보았다. 그들은 비교적 짧은 노출을 통해서도 회피(예를 들어서, 프런트 직원이나 판매원하고 싶은 상황들에서 경험한 불안을 충분히 느끼고, 불안과 관련된 부정적 인지를 깨달아 수정할 기회를 얻을 수 있다고 주장한다. 그러나 광장공포증은 공황에 대한 예견을 인식하기까지 좀 더 긴 시간의 노출이 필요하다고 생각한다.

Butler에 따르면 사회공포증을 겪는 사람에게는 긴 노출 시간보다 노출되는 상황이 실제 상황처럼 느끼는지의 여부가 더욱 중요하다. 그는 연구

대상자 중에서 약 75%가 처음에 불안 증세를 일으킨다고 예상되는 여러 상황에 참여했다가 나오는 행동을 반복하면서, 특별한 것을 느끼지 못하였다고 보고한다. 그러나 노출될 때에 불안을 경험하였는지에 대하여 질문을 받으면, 노출되는 상황이 현실이라는 생각이 덜 들었다고 보고하였다. Butler는 그들이 그 상황에 있지 '않은 척'하는, 일종의 '내적 회피' 기법을 사용하게 되었다고 설명한다. 그리고 이 회피 기법을 사용하게 되면, 지금 참여하고 있는 외부 상황이 현실로 느껴지지 않게 되기 때문에 노출의 효과가 없다고 주장한다. 그는 노출 기법의 본질은 참여자들이 그 상황을 현실로 느껴서 전적으로 빠져들게 만드는 데에 있다고 설명한다. 그리고 '① 청취와 말하기와 같은 사회적 기술의 습득, ②상황 속에서 수동적인 태도보다 능동적으로 행동하도록 지도받기, ③불안 증세를 인식하도록 지도받기' 등이 도움을 준다고 말한다.

Butler에 따르면, 참여자들이 평가를 예고 받을 때 보다 예고 받지 않고 참여할 때에 자신에 대한 부정적 평가가 감소한다고 보고한다. 이 보고 결과는 사회공포증을 겪는 사람은 스스로 느끼는 불안(목소리 떨림, 손 떨림 등)증세 때문에 타인으로부터 부정적인 평가를 받을 것이라는 왜곡된 신념을 가지고 있음을 암시한다. 한 마디로 노출을 통한 불안 관리 기법이 실시될 때에 '다른 사람들이 나의 불안 증세를 부정적으로 평가할 것'이라는 주요 인지가 활성화된다.

Butler는 사회공포증을 겪는 사람이 수정된 노출 기법으로 치료를 받을 때에, 다양한 상호 요소들이 효과적^{또는 비효과적}으로 영향을 미친다고 결론 내린다. 그러나 대부분의 다른 요소들은 노출 기법에 의해서 효과성 여부가 분명하게 눈에 띄지 않는다. 따라서 이 기법은 처음에 노출이 효과적인 이유에 대하여 점진적인 노출이 불안을 활성화해서 결국 불안의 소멸로 이끈다는 간단한 논리에 기초하였다고 설명한다. Butler는 노출기법이 '능동적이고, 행위적이고, 자조적인 방향'을 보이기 때문에 긍정적이라고 평가하지만, 인지적 요소가 직접적으로 사회적 상황의 불안수준에 영향을 미친다는 사실도 진지하게 받아들인다. 이 기법은 스스로 타인의 행위를 해석하였고 새로운 사회적 기술과 인지적 훈련의 발전을 통하여 성장하도록 돕기 때문에 자조의 특징을 보인다. 따라서 노출 기법은 수없이 자동적으로 예견하였던 것처럼 본인이 불안을 느끼며 취하는 행동에 대하여 반드시 타인이 부정적으로 평가하지 않는다는 통찰을 얻도록 돕는다. 불안을 일으키는 상황에 노출되는 당사자의 전적이고 능동적인 참여여부에 불안이 감소되는 정도가 달려 있지만, '내적 회피'의 욕구를 의식하면서도 능동적으로 참여하는 가운데에 상당한 불안 감소의 효과를 경험한다.

요컨대 수정된 노출 기법은 사회공포증을 겪는 사람들이 단순히 불안을 느끼는 일들을 되풀이 하면 저절로 편안해 질 것이라는 관점이 반드시 효과적이지 않음을 암시한다. 보통 사회공포증을 겪는 사람들의 친척이나 친구들은 그들에게 불안을 느껴도 '일단 시도 해봐'라고 강권한다. 그 이면에는 단순히 반복된 노출을 통하여 불안이 점차적으로 사라져 마침내 완전히 소멸될 것이라는 믿음이 있다. 그러나 수정된 노출 기법은 단순 반복의 시도가 특정 공포증에는 효과를 가져 오지만, 사회공포증에는 반드시 그렇지 않다고 가르친다. 노출 기법을 통하여 자신에게 타인의 부정적인 평가를 예상하는 왜곡된 인지가 내재되어 있음을 깨달아도 왜곡된 인지를 수정하려는 시도를 하지 않으면, 마치 물속에 몸을 담그고 가만히 있기만 하면 저절로 수영을 잘하게 될 것이라고 믿는 것과 다르지 않다.

사회 관계 기술 습득을 통한 치료

초기 사회공포증의 치료는 내담자의 불안이 주로 적절한 언어적 내용과 비언어적 사회관계 기법예를 들어서 눈 맞추기, 자세, 그리고 제스추어 등의 부족과 관련되었다는 근거 하에 시도되었다. 사회관계 기술 훈련을 주장하는 이론가들은 행위적 기술을 증가시켜서 불안의 원인을 제거하고 사회적 관계의 향상과 성공 가능성을 증가시킬 수 있다고 믿었다.Heimberg과 Juster, 1995 그리고 사회공포증의 극복을 위하여 "변화의 주요 메커니즘으로서의 불안 감소"와 "기술이 부족한 사람들에게 기술 습득이 필수적이다."라는 관점을 가지고 있다.Wlazlo연구팀, 1990, 182 다시 말해서 사회적 상황에서 불안을 느끼지 않으려면 필요한 관계 기술을 습득할 필요가 있다는 견해를 보인다. 이런 관점은 사회공포증을 겪는 사람들이 교육적으로나 사회경제적으로 가장 취약하다는 최근의 연구Schneier 연구팀에 의하여 지지를 받고 있다. 그러나 사회공포증과 경제적 수준과의 밀접한 관련성을 부인하는 증거Rapee 1995가 제기되기도 한다. 예를 들어, Chapman의 연구팀1995은 사회공포증과 사회경제적 지위의 관계가 단순하지 않다고 말한다. 그들은 원래 사회경제적으로 가난한 사람들 중에 사회공포증을 겪게 될 때가 많지만, 한편으로 사회공포증을 경험하게 되면서 원만한 사회생활을 하지 못하게 되어 경제적으로 취약하게 되기도 한다고 주장한다.[32]

위의 내용은 청소년기에 나타난 사회공포증 때문에 인간관계를 잘 맺지 못하면 사회적 상황에서 쉽게 불안을 경험한다는 악순환을 설명한다. 사회공포증을 겪는 십대들은 자주 공식적인 대화기술이 필요한 상황에서 높은 수준의 불안을 경험하고, 불안은 다시 사회적 기술의 부족으로 이어지기 쉽다. 사회적 기술 훈련SST은 모델링, 반대 행위 시도하기, 교정적 피드백, 사회적 강화 그리고 효율적인 사회적 행위를 가르치기 위하여 부여된 과제를 포함한다.Heimberg &Juster 1995, 262 이 과제들은 청소년들에게 적합하고 효율적이다.

그러나 최근에 사회공포증을 겪는 사람들을 위한 사회관계 기술 훈련은 상당한 재평가를 거쳤다. Leary와 Kowalshi[1995]가 지적하듯이 사회관계 기술의 부족이 사회적 불안에 대한 특별한 원인을 밝혀주지만 사회적 만남에서 신경이 예민해지는 이유에 답을 제시하지 않으며, 불안을 겪는 사람들이 주어진 사회적 상황에서 무엇이 적절한 관계를 위한 행위인지 알고 있다고 설명하지 않는다.[94] 결국 사회공포증을 겪는 사람은 사회적 관계 기술이 '부족'하지만, 그 이유는 타인에게 좋은 인상을 주는 방법을 모르기 때문이 아니라 불안 때문에 그 방법을 실천할 수 없기 때문이다. 또한 Butler와 Wells[1995]가 말하였듯이 전형적인 사회관계 기술 훈련은 불안을 느끼는 상황에 노출되어 불안이 감소되고 사회관계가 향상되면서 인지적 재평가가 이루어지는 과정으로 충분하다. 반드시 새로운 기술을 익혀야만 성공적으로 치료가 되었다고 평가하지 않는다. 또한 사회관계 기술 훈련은 사회적 상호작용이 요구되는 상황에서 좀 더 융통성 있게 행동을 돕는 간접적 효과를 거두어도 성공적이라고 볼 수 있다. 포괄적으로 내담자의 사회 기술을 향상시키기 위하여 다양한 구체적 연습을 통한 사회적 어려움을 극복하는 방법을 찾도록 도울 때에, 더 세분화된 사회적 기능의 수행관찰하기, 듣기, 비언어적 기술 등이 가능해진다. 구체적 연습은 내담자의 의식적 집중을 내면으로부터 외부로 향하게 하고, 내담자를 불안의 괴로움에서 서서히 벗어나게 해서 인지적 재평가가 일어나도록 돕는다. 그러나 사회적으로 적절한 행위는 예전의 사회 기술 훈련의 적용을 통하여 한 걸음씩 익혀지지 않는다. 또한 사회적으로 적절한 행위를 익힌다고 해서 곧바로 사회적 성공이나 평안을 얻게 되는 것도 아니다.[316]

사회관계 기술 훈련 모델에 대한 비판의 결과로 현재 상담치료사들은 사회관계 기술의 사용을 방해하는 불안의 역할을 더욱 강조한다. 그들은 '한 걸음씩 나아가는' 사회관계 훈련을 덜 개발하였다. 내담자들이 실제로 사회관계 기술을 사용할 수 없는 주요 이유가 불안이라는 사실을 깨달으면서, 사회관계 기술에 대한 많은 이론가들은 사회적 관계와 행위에 대해 잘못된 인지 때문에 내담자들이 관계 향상을 위한 기술을 사용하지 못한다고 믿는다.

최근에 Gambrill[1995]은 수줍음, 사회적 불안 그리고 성인의 외로움 치료와 관련해서, 불안이 사회관계 기술의 사용을 방해할 수 있다고 강조한다. 불안에 휩싸이면 자기 관리의 기회를 적절하게 활용하기 어렵고, 자신의 사회관계 행위를 신뢰하지 못하기 때문에 보유하고 있는 능력을 십분 발휘하지 못하게 된다. 여기에서 발휘해야 하는 능력의 범위는 인지적 어려움 때문에 발휘하지 못하는 효과적인 자기 관리와 적절한 노출, 사회관계 유지 등이 포함된다. Gambrill은 초창기의 사회관계 기술 훈련이 '복합적 사회 행위 모델'끄덕이기, 바라보기, 인사하기 등등이었던 반면에, '사회 행위의 절차 모델'은 비교적 최근에 도입되었으며, 그 내용은 '①사회적 단서의 정확한 인식과 번역, ②타인의 역할을 취하는 능력, ③비언어적인 의사소통과 감정 표현, ④분명한 강화와 보상의 제공, ⑤목표계획에 따라 요구되는 행위의 변경, ⑥역할, 지위 그리고 사회적 정체성을 정확하게 표현하는 사회적 신호보내기, ⑦상황을 분석하는 기술과 효과적인 행위 선택의 규칙, ⑧사회적 변화의 순서에 맞는 언어적 행위'라고 말한다.

한편, 이 모델의 중요성은 개개의 사회관계 기술이 더 큰 사회적 과정으로 통합되도록 이끈다는 데에 있다. 그리고 개개의 행위가 더 큰 사회관계 기능의 혼합으로 이동될 때에 주요한 특징은 '목표설정'의 중요성의 인식이다. 목표설정의 중요성을 인식하게 되면, 사전 계획된 목표를 가지고 사회적 상황에 들어가서 이 목표들을 성취하거나, 사회적 상호 작용 속에서 더욱 창조적으로 이 목표들을 변화시켜 다른 목표의 수행을 돕게 된다. Gambrill은 보통 내담자들은 더 선호하는 인상을 만들어내려는 목표보다 더 빈약한 인상을 만들지 않으려는 회피적인 목표설정에 초점을 두기 쉽다고 강조한다. 이럴 때에 과정지향적인 사회관계 기술 접근방법은 원하지 않는 결과들을 회피하도록 지도하기보다, 원하는 결과들을 얻기 위하여 노력하도록 격려한다. 따라서 내담자가 자신에게 선택권이 있음을 깨달을 수 있게 돕는 것이 매우 중요하다.

다른 한편으로 사회관계 기술을 사용하는 전문치료사들은 전체 사회적 과정을 더욱 진지하게 사용하지만, 그렇다고 초창기의 특정 사회관계 기술의 강조를 소홀히 하지 않는다.

Donahue의 연구팀1994은 사회관계 기술에 대한 일반적인 심리치료 기법은 역할 시행role-playing이라고 말한다. 먼저, 역할 시행의 사회관계 시나리오는 직접 관찰하거나 비디오테이프로 녹화된다. 다음으로, 테이프를 보면서 그 기법들을 다양한 언어적 또는 비언어적 구성요소를 기준으로 등급을 분류하면서 사회관계 기술의 연구가 개인 상호간에 미치는 효과를 식별한다. 이때에 언어적 구성요소는 연설시간, 목소리의 톤 등이 포함되며, 비언어적 구성요소는 제스추어, 시선 맞추기, 미소 등이 포함된다. 사회공포증을 겪는 사람들에 대한 역할 시행의 예는 새로운 친구 만나기, 집단 앞에서 연설하기, 타인과 대화를 유지하기 등이 포함된다. Gambrill은 내담자가 처한 상황을 다음과 같이 세분화 하였다. 과묵하고 대화 기술이 부족해서 타인과의 만남을 지속하지 못할 때, 대화를 시작하는 적절한 기술을 가지고 있지만 적절한 사용 시기를 포착하지 못할 때, 대화를 지속하는데 필요한 다양한 기술을 알고 있지만 그 외에도 무언가 더 배울 것이 필요할 때이다. 치료자는 내담자가 자신이 처한 상황을 파악하도록 도와야 한다. 한편 대화를 시작하는 데에 중요한 비언어적 기술들은 시선 맞추기, 호의적인 얼굴 표정이나 몸동작이 포함된다. 큰 소리나 과감한 태도, 그리고 말더듬기 등도 대화의 성공여부에 영향을 미칠 수 있다. 따라서 연설의 효과를 높이려면 목소리 연습이 필요할 수도 있다. 불평을 하거나 받아들이기, 원하지 않는 요청을 거부하기, 짜증나게 하는 행위를 변경하도록 요청하기, 침묵 다루기, 대화의 참여도 말수를 늘리거나 줄여서 변경하기, 그리고 감정나누기 등의 다른 기술도 훈련 프로그램에 포함된다.

    Gambrill은 내담자는 치료사가 소개하는 개개의 사회적 기술이 자신의 구체화된 계획의 성취에 적합하다고 인식할 필요가 있다고 강조한다. 내담자가 더욱 숙련된 대화 수행을 원하면, 치료사는 역할시행을 통하여 내담자가 자신의 대화에서 약점을 파악하도록 도울 수 있다. 예를 들어서, 어떤 내담자는 처음에 한 가지 방식만으로 대화를 시작했지만 점차 다양한 언어 표현 방식을 습득해서, 결과적으로 능숙한 대화를 구사하게 될 수 있다. 또 다른 내담자는 자신이 관계를 시작하는 데에 필요한 사회관계 기술을 가지고 있다고 생각하였지만, 훈련을 통하여 더 깊은 수준으로 이끄는 방법은 몰랐음을 깨달을 수 있다. 치료사는 그 내담자에게 되풀이되는 자기 노출 기법의 연습을 통하여 더 깊은 수준의 관계로 나아가도록 도울 수 있다. 그러나 Gambrill은 수줍음 때문에 사회관계가 단절된 사람들은 사회관계 기술의 개선을 위한 프로그램에 참여하지 못하기 때문에 적절한 사회관계 기술의 훈련을 받지 못하여, 실제 삶에서 성공을 경험하기 어렵다고 말한다.

    사회적 기술의 평가와 습득의 또 하나의 주제는 자기 관리 기술이다. Gambrill은 자기 관리 기술을 자신의 행동과 행위를 검토하여, 자신의 행동을 기준으로 타인의 행동이 끼치는 영향력을 평가하고, 사회적 상호작용의 상황이 제공하는 기회를 극대화시키기 위하여 판단과 결정을 내리는 능력이라고 설명한다. 수줍어하고, 외로움을 느끼고, 사회적 불안을 경험하는 많은 사람들은 정확한 사회관계 기술에 대한 지식을 가지고 있으나, 자기 관리 기술이 빈약하다면 그 기술들을 사용하고 싶어 하지만 그렇게 하지 못한다. 그들은 두려워하는 상황에 노출되었을 때 이 기술들을 사용하기 위한 기회를 준비하지 못하고, 사회적 불안을 극복하거나 감소시키지 못한다. 자기 관리 기술이 부족한 사람들은 '①세부적인 장기·단기 목표, 또는 그 중간 단계들을 선택하기 ②분명하고, 성취할 수 있고, 적절한 과제의 선택 ③스스로에게 동기부여하기 ④발전 과정의 검토 ⑤이미 성취한 발전을 근거로 성공적 교정 단계 시작하기' 등을 실천하는 방법을 모른다. 따라서 기술에 근거를 둔 사회적 편안함의 개념화와 성공의 부족은 자신의 자기 관리 기술이 사회적 목표를 성취하는 데에 적절하다는 인식을 갖지 못하게 한다.

또한 자기 관리 기술은 사회적 정황에서 바람직한 관계를 맺으려면 반드시 필요하다. 그 이유는 뛰어난 사회적 기술을 가졌어도 그 기술을 사용할 기회를 찾지 못하는 내담자들은 가치 있는 사회적 목표를 성취하지 못하기 때문이다. 예를 들어서, 어떤 남자가 어떤 여성을 좋아하지만 데이트를 하고 싶다는 생각을 하지 못하면, 데이트를 신청할 가능성이 2% 정도밖에 되지 못한다는 연구가 있다. 여기에서 데이트를 신청할 생각을 하지 못하는 이유는 자기 관리에 문제가 있다는 뜻이다. 자기 관리는 인지와도 관련이 있다. 여성을 좋아해도 짝사랑으로 끝날 것이라는 인지적 오류를 가지고 여성에게 다가가게 되면 실제로 그 관계가 실패로 끝날 가능성이 높아지는 것도 자기 관리의 문제로 본다. 한 마디로 부정적인 인지 과정은 부적절한 자기 관리 기술을 만들어낸다. Grill은 대부분의 내담자들이 자신들의 사회적 삶의 질이 부분적으로 기술에 근거하고 있다는 사실을 생각하지 않는다고 이야기한다. 또한 "대개의 내담자들은 사회적 행위에 대하여 다양한 오해를 가지고 있는데, 대부분의 오해가 긍정적인 변화를 이끌지 못하고 잘못된 방향으로 이끈다."라고 주장해서, 사회관계 기술 훈련의 성공 여부는 부분적으로 치료사에게도 달려있다고 결론 내린다.[269]

Heimberg와 Juster[1995]는 노출 기법의 세팅에서 지도, 리허설 그리고 역할수행의 훈련을 통하여 내담자가 실제 삶에서 사회관계 기술을 사용할 수 있다고 주장한다. 그러나 노출시키는 시간을 늘리는 것 자체로 불안이 감소하지 않는다는 사실도 감안해야 한다고 말한다. Butler와 Wells[1995]는 새롭게 습득된 사회적 기술 자체가 어떤 상황에서 견디는 능력을 증가시킨 다고 확신하지 않는다. 오히려 개개의 사회적 기술보다, 전체적인 훈련과정을 통하여 자연스럽게 사회적 상호작용의 변화의 요구에 더욱 유연하게 반응하게 될 수 있다고 본다.

Wlalzo의 연구팀[1990]도 이 관점을 지지한다. 이 연구팀은 노출 기법과 사회적 접근방법을 혼합 사용해서 특정 사회적 상황에 대한 고정된 대처 전략을 가르치기보다, 여러 가지 적용 가능한 사회적 전략을 사용하도록 가르치는 것이 훨씬 효과적임을 발견하였다. 그들은 내담자들을 전통적인 접근방식으로 지도하는 방식을 더 강조하면서 사회적 상황과 상황별 차별의 인식을 강조한다. 또한 상대방에게 적절하게 요청하기와 요청을 거부하는 태도를 익히는 데에 사회관계 훈련의 초점을 두었고, 집단 노출을 통하여 최고의 훈련 성과를 얻을 수 있다는 사실을 발견하였다. "개인 노출 기법에 비해서, 집단 노출 기법은 집단 응집력과 모델이 효율성을 높인다는 이점을 가지고 있다. 더 나아가서, 적절한 노출 양식에 적응하면서, 사회적 상황에 대한 대처 능력이 향상된다."[191]

요컨대, Wlalzo의 연구팀은 집단 노출의 참여를 통해서 적절한 '대처 능력'을 배우는 것이 개개인의 약점을 극복하려고 고안된 특정 사회적 기술만을 배우는 것보다 더욱 효과적이라고 믿는다. 그리고 집단 노출의 경험 후에 더 능숙한 사회적 상황의 대처가 가능해지면, 사회관계 기술이 향상되었다는 증거라고 본다.

비임상가는 사회공포증을 겪는 사람들의 치료를 위하여 사회관계 기술을 실시한 후에 사회적 공포를 가장 강하게 느끼는 사람들이 이미 어떤 방법이 사회적 대화와 상호작용에 유익한지를 그들 스스로 알고 있다는 사실을 깨닫게 된다. 그리고 그들이 불안 경험 때문에 알고 있는 방법을 행동으로 옮기지 못하였을 뿐이라는 것을 알게 된다. 이때 그들은 사회적 수행이 필요하다는 판단을 내리고, 그 판단에 따라서 적절한 사회적 모임에 참여노출 경험할 것을 결단한다. 그 후 어느 정도 불안을 느끼면서도 모임에 참석해서 사람들과 대화를 나누고 반응대처 능력을 발휘하면서, 사회관계 기술이 향상되는 과정을 경험하게 된다. 그러나 사회적 모임에 참여할 때에, 사회공포증 때문에 상대방에게 잘 반응하기 위하여 노력하면서 지나치게 자의식자신의 행동을 의식하는 것이 증가된다면 불안이 가중되어 시도를 포기하게 될 위험성이 있다. 이 위험성을 극복하게 되면 만남이라는 노출의 상황이 사회관계 기술 훈련을 향상시켜서 자의식의 극복에 도움을 준다. 그러나 이 때, 사회적 공포증을 겪는 사람은 스스로 매우 높은 기준을 세울 가능성이 높아서 그 기준에 도달하지 못할 것이라는 왜곡된 믿음에 빠져들지 않도록 주의해야 한다. 한 마디로 반복된 사회적 상황의 노출을 통하여 점진적으로 사회관계 훈련을 반복하고 대처능력을 향상시킬 수 있느냐의 여부는 사회공포증이 동반하는 완벽주의의 덫에 빠져들려는 왜곡된 성향을 어떻게 조절하는지의 여부에 달려있다.

행위 치료 방법

사회공포증의 치료에서 중요한 전제는 사회공포증이 다음에서 설명하는 두 가지 중에서 하나의 방식으로 학습되는 행위라는 사실이다. 첫 번째는, 한 가지 이상의 사회적 상황에서 불안을 경험한 후, 동일한 상황을 두려워하게 되는 '자동 조건화'이다. 자동 조건화의 치료방법은 체계적 둔감화와 통제된 노출이다. 이 방법은 내담자의 학습된 불안의 '소거'를 돕고,

불안과 사회적 상황의 연관성이 더 이상 존재하지 않게 하는 데에 치료의 목적이 있다.

두 번째는, 모델링과 타인의 지도적이거나 비형식적인 행위에 의해서 사회공포증이 학습되어질 때이다.^{Öst,1985} 예를 들어서, 어린이가 주어진 사회적 상황에서 부모가 불안해하는 것을 관찰하게 되면 동일한 불안을 겪게 된다. 또는 부모가 특정 사회적 상황이 위험하다는 경고를 하면 그 상황에 대하여 불안 반응을 발전시킬 수 있다. 이 두 가지의 학습화의 과정은 간접적이라는 데에 그 공통점이 있다.

직접적인 공포 상황의 경험이 모델링 또는 지도적이고 비형식적인 때보다 더욱 강력한 '조건화'가 될 수 있지만, 반드시 그렇지는 않다. 많은 어린이와 성인은 직접 경험하지 않은 대상이나 상황예를 들어서, 유령, 지옥 등에 대하여 심각한 불안을 경험하기도 한다. 그러나 Öst^{1985}의 연구에서, 사회공포증을 겪는 사람들 중에서 상당히 많은 비율이 간접적인 경험보다는 직업적인 경험을 통해서 공포증을 얻는다는 사실을 발견하였다. 비율을 보면 직접적인 조건화는 56%, 모델링은 16%, 지도 및 정보전달의 행위를 통하여 공포증이 발전될 때는 3%이다. 또한 25%는 공포증을 발전시킨 환경에 대한 기억이 없다.

사회공포증을 겪는 사람들에 대한 행위 치료는 정확한 임상적 평가를 강조한다. 행위 치료자들은 구조화된 임상 면접을 사용해서 평가를 하고 치료계획을 세운다. 면접은 자신뿐만 아니라 타인의 보고에도 초점을 둔다. 타인에는 가족과 친구들 및 내담자들이 진료실에 들어올 때에 관찰하고 질문하는 사람들도 포함된다. Donahue연구팀^{1994}이 지적하였듯이, 사회공포증의 행위 평가는 행위에 대한 면접, 구조화된 전략, 자기 점검 그리고 계획 분석 등의 다양한 자기 보고 전략이 포함될 수 있다. 행위에 대한 면접은 내담자의 개인사에 대한 세부적인 분석과 현재 기능 수준에 대한 묘사를 얻기 위하여 사용되며, 사회적 상황에서 경험되는 문제들의 빈도와 규모가 철저히 검토된다. 또한 동성 대 이성과의 상호작용, 대중 연설, 자유롭고 더욱 친밀한 관계, 상호작용을 하는 사람의 수, 친밀한 관계의 유지 등이 포함될 수 있다. 이 보고서를 검토한 후에 내담자의 사회관계 기술의 수정 가능성의 수준이 결정된다.

치료 과정이 계속되면 다양한 검사를 사용해서 진척 상황을 점검하고, 자가 보고를 근거로 평가가 이루어진다. 현재, 사회공포증에 대하여 3가지 종류의 자가 보고 검사가 있다. 첫 번째는, 사회 상호작용 자가 진술 검사 SISST:Social Interaction Self-Statement Test이다. 이것은 불안을 일으키는 상황을 설명하는 문항들, 즉, 긍정적인 생각을 묘사하는 15문항과 부정적인 생각을 묘사하는 15문항예들 들어서, "나는 사람들이 나에 대하여 어떻게 생각하는지 걱정된다."으로 구성되어 있다. 그리고 각 문항에 대하여 1점에서 5점까지 점수대가 분포 되어있다. 또한 자가 검정 방식으로 불안을 일으키는 사회적 상황에서 성취하고 싶은 목표 행위들을 기록한다. 이 과정을 통하여 얻은 정보는 불안이 발생하는 상황에서 불안을 낮추기 위한 개입의 효과가 있는 기술들을 시도해서 불안을 낮추기 위한 계획을 세우는데 사용된다. 그리고 계획의 분석에는 그 내용과 주제에 대하여 내담자들이 적은 자가 진술의 범주화도 포함된다. 예를 들어서 "나는 어리석은 말을 할 것이다"라는 자가 진술은 "말하는 도중에 어리석은 언급을 하게 될 것에 대한 두려움"이라는 내용의 영역으로 분류된다. 내담자들은 불안을 일으키는 상황을 경험하면서 그런 생각들의 빈도를 기록하도록 요청받는다. 진척에 대한 평가는 치료의 다양한 국면에서 이 빈도의 비교를 통하여 이루어진다.

사회적 상황에서 명백한 행위의 평가를 위해 행위 치료사들은 역할 수행 기법을 사용한다. 역할 수행 과정에서 사용된 사회적 극본들은 직접 관찰되거나 비디오테이프로 녹화되며, 사회관계 기술 훈련에 사용된 것과 유사하게 언어적, 그리고 비언어적 구성요소예를 들어서, 연설 시간, 목소리 톤, 표현적 제스추어, 시선 맞추기, 미소 등에 등급을 매긴다. 사회공포증의 극복과 관련된 역할 수행의 주제로는 새로운 친구들 만나기, 집단 앞에서 연설하기, 타인과 계속 대화하기가 포함되며, 흔히 생리학적 검사 장치와 병행해서 사용된다. 예를 들어서, 사회공포증을 경험하는 사람들은 통제와 관련된 주제와 사회적 공포증의 하위 주제에 대하여 공포증을 경험하는 정도를 심박동 비율로 판정하는데, 그 결과가 신뢰할 만하다.McNeil 연구팀, 1995 안면홍조증도 생리학적 반응사진판독기photoplethysomograph를 사용해서 측정할 수 있다.

역할 수행의 상호 작용에 대한 두 가지 평가 기준은 사회적 기술과 불안이다. 내담자는 이 두 가지 척도를 순위 매기도록 요청받으며, 훈련받은 이후에 다른 관찰자가 녹화한 자신의 실행 비디오테이프를 보고 순위를 매긴다. 이 두 가지 순위 매김을 통하여, 사회공포증을 겪는 사람들은 관찰자보다 오히려 자신이 스스로를 더욱 부정적으로 평가하는 경향이 있음이 확인된다.

역할 수행의 평가를 하려고 더 나은 행위적 도구를 개발하려는 노력은 계속되고 있다. 상당히 복잡한 검사 방법도 있다. 예를 들어서, 사회적 상호 작용 검사the Social Interaction Test, SIT는 언어적, 비언어적, 그리고 다른 사회적 행위들의 범주로 구성된 29개의 평가항목이 있다. 이 항목들은 내담자의 역할 수행을 결정하고자 개발되었으며, 타인들에 의하여 판단된다. 개개인에게 맞춤식으로 표준화된 두 종류의 행위 평가 검사BATS도 있다. 동성의 낯선 사람, 이성의 낯선 사람 그리고 소규모의 집단과 즉석에서 대화하기의 역할 수행을 평가하기 위하여 표준화된 검사도 있다. 개개인에게 맞춤화된 검사들은 집단 대화에서 상호작용하거나 데이트를 요청하고 싶은 개인과 대화 시작하기의 역할 수행을 포함한다. 이 검사에서는 연설 주제에 대하여 참여자들이 어느 정도의 준비를 갖추었는지의 여부와 같이,

상호작용에 대한 역할 수행에서 상황에 대한 지도적인 통제력의 크고 작음이 중요한 변수들이다.McNeil 연구팀, 1995 또 다른 중요한 변수는 거부상황에 참여하지 않기와 회피상황에 참여하지만 즉시 빠져나옴에 대한 측정이다. 예전의 검사들은 거부와 회피를 허락하지 않았지만, 최근에는 검사의 설계에 따라 다양한 형태를 구체화하였다. 어떤 검사들은 내담자들에게 한 단계를 종료하도록 허락하려고 자동적 반응예를 들어서, '정지신호'를 드시오을 요구한다. 예를 들어서, 연설중의 모호한 거부와 회피적 행위들은 '얼어붙기', '위장의 태도'예들 들어서, 사회적 모임에서 '벽의 꽃'이 되어 숨기, 그리고 '복종'예를 들어서, 사회적 환심 사기 등으로 평가된다.

이런 행위적 접근법이 사용되면서, 치료 전·후의 평가에 대하여 상당한 강조가 이루어졌다. 후속 평가도 진행된다. 행위 치료사들은 치료적 성과를 얻으려고 평가에 의존하는 반면에, 사회관계 기술의 훈련, 이완 훈련, 그리고 역할 수행의 상황과 반대 되는 실제 생활을 가장한 노출 기법을 포함한 직접 치료과정에 관여하기도 한다. 지난 몇 년 동안에, 특히 그들은 사회공포증의 거부·회피 행위, 그리고 기타의 문제에 빠지게 만드는 불안을 증가시키는 원인이 부정적인 사고의 영향력이라는 인지적 차원에 더욱 초점을 두었다. 이제 사회공포증의 행위 치료에서 인지적 재구성이 전형적인 특징이 되었다.Donahue 연구팀 1994

행위 치료의 효과는 대부분 특정한 개입의 효과적 사용에 의존한다. 다양한 방법사회적 기술 훈련, 이완 훈련, 인도된 노출 기법, 인지적 재구성 등들이 자주 사용되기 때문에 내담자들의 향상을 위하여 어떤 방법을 사용할 것인지 선택할 폭이 다양하다. 행위적 방향성에 고려해볼 때에, 행위 치료들은 사회적 공포증에 대한 임상가들의 연구에 대부분 그 방향성이 맞추어져 있다. 그러나 다양한 치료적 방법론 중에서 어느 방법이 가장 효과적인지의 여부는 연구자의 관점에 따라서 달라진다. 일반적으로 행위 치료사들은 치료의 결과가 '인지적 재구조화'의 구성요소들을 포함하고 있다고 판단되면 효과가 있다고 본다. 앞에서 살펴본 대로, Heimberg와 Barlow[1988; 또한 Heimberg와 Juster,1995]는 '인지적 행동' 치료법을 언급하면서, 임상가들이 점점 '행동적' 방법만을 사용하기를 꺼리고 있다고 말한다.

사회공포증세는 내담자의 주의를 내적 불안에서 외부 행위로 옮기기 때문에 비임상가들은 내담자를 내적 과정에서 자유롭게 하면서 외부 과정에 집중시킴으로써 점점 불안을 인식하지 않게 하고 불안을 감소시킬 수 있다는 임상적 통찰을 갖는 것이 중요하다. 사회공포증은 학습되기 때문에 학습에 의하여 소거될 수 있다는 전제[적어도 이론상]는 여러 의문의 여지를 남겨 둔다. 앞에서 설명 된 아동의 금지 행동에 대한 논의에서, 의심의 여지없이 생물학적이거나 유전적 요소의 작용이 있었다. 그런 요소의 힘은 축소될 수 없다. 만약 축소된다면 가정, 친구 그리고 사회공포증을 겪는 자신에 대하여 잘못된 희망이나 기대를 갖게 된다. 특별히, 사회공포증을 겪는 사람의 실패는 자신에 관한 것이던지 친척과 친구들에 관한 것이던지 간에 손해가 될 수 있다.

유능감의 인식 효과에 의한 치료 방법

초기에 확립된 또 다른 방법은 '인식 효과'이다. 이 방법은 개인의 인식이 심리사회적 기능을 향상시킨다는 Bandura[Bandura 연구팀 1980]의 이론에 근거한다. 이 이론은 두려운 사회적 상황에 불안을 일으키는 특징에 초점을 두지 않아서 단순히 불안이 발생하지 않게 하는 것을 목표로 하지 않고, 내담자로 하여금 자신에게 특정 위협을 대처하는 능력이 있다는 인식을 갖게 하는 데에 중점을 둔다. 다시 말해서 자신이 할 수 있다는 믿음을 강조하고, 대처 능력 또는 인식 효과['나는 이것을 할 수 있어']의 관점에서 향상을 도

모한다. Williams의 연구팀[1985]은 시간의 경과보다 실행의 성공이 인식 효과의 중요한 치료적 요소라고 강조한다. 이때에 상담자는 내담자가 성취할 성공에 대하여 세세하게 미리 규정하지 않도록 주의해야 한다. 그 이유는 내담자 스스로 성취할 내용에 대하여 인식해야 치료의 효과가 나타나기 때문이다. 내담자의 능동적인 노력이 새로운 활동을 시작하게 돕고, 활발한 감각으로 자신의 역량을 창조적으로 발휘해서 임무 실행 능력을 향상시킨다.

인식 효과를 이용하는 치료법은 처음에 특정 공포증과 광장공포증을 치료하려고 개발되었다.[Williams연구팀, 1985; William와 Kleifeild 1985] 예를 들어서, 고소공포증을 겪는 내담자들은 자신감이 강할수록 더 높은 층까지 오를 수 있다고 판단되어, 8층 높이의 주차장으로 인도되었다. 자신감의 점수를 10점에서 100점에 이르는 범위 내에서 정한 후에, 얼마나 올라갈 수 있는지 질문을 받았다. 이때에 인식 효과에 의한 치료는 자신이 올라갈 수 있다고 확신하는 정도를 기준으로 자신감에 대한 점수를 매긴다. 이 기준에서 10점은 내담자가 한 층도 더 올라갈 수 없다고 인식함을 뜻한다. 만약 내담자가 더 높이 올라갈 수 있다고 자신할수록, 그만큼 더 어려운 임무에 도전하는 데에 적합한 정보를 제공받는다. 만약 한층 더 어려운 임무를 완수하지 못하게 되면, 더 적합한 수준의 임무 수행 방법과 행동지침을 제공받는다. 예를 들어서, 다른 일을 하는 데 특별히 지장을 겪지 않지만 기차선로 옆에 서서 아래를 내려다볼 때에 현기증을 느끼는 내담자들은 땅을 쳐다보고 걸으면서 선로에 다가갔다가 멀어지는 연습을 반복하고, 다음 단계로 선로에 등을 돌리고 서서 아래를 내려다보도록 지도 받았다. 그리고 두 단계에서 모두 아무 부담 없이 걷게 되면 성공하였다는 피드백을 받았고, 순수한 성취감을 경험하게 된다.

Williams의 연구팀은 이 방법에 두 가지 중요한 구성요소가 있다고 요약하였다. 첫째는 내담자들이 더 나은 단계로 나아가는 데에 어려움을 느낄 때에 치료자는 효과적인 대처를 도우려고 부가적인 방법을 제시한다. 둘째는 부가적인 방법이 효과를 발휘하면 내담자 스스로 효과의 경험을 마음에 인식하도록 돕는다. 만약 주어진 임무의 완수가 어려우면, 치료자는 그 임무와 유사하거나 성취가 조금 수월한 수행 목표들을 먼저 제시한다. 그 이유는 수행이 어려운 임무는 내담자로 하여금 부적절감을 느끼게 해서 유능감의 인식 효과를 훼손시키기 때문이다.

이 방법을 지지하는 사람들은 "자신이 할 만큼 수행하고, 성취를 느끼면 그만큼 유능감을 얻게 된다."고 평가한다. Williams 1992, 155 이 관점에서 보면, 해낼 수 없는 일에 도전해서 실패하기보다, 현재 할 수 있는 일을 시도해서 성취감을 맛보게 되면 스스로에 대하여 유능감의 인식 효과가 올라간다. 따라서 내담자가 스스로의 능력을 정직하게 보고 그 능력에 맞는 임무를 시도하는 것이 이 방법의 가장 중요한 요소이다. 유능감의 인식 효과 치료법에서도 노출기법이 사용되지만, 노출 자체가 인식을 올리지 않는다. 만약 치료자가 적절하게 수행의 완성을 지향하는 모델링을 하여서 내담자의 유능감 인식 효과에 대한 감각을 향상시킨다면, 단순히 불안을 느끼는 상황에 노출되는 것보다 더욱 성공적인 결과를 얻게 된다. Williama, 1987, 1988

앞에서 살펴 본 바와 같이, 유능감 인식 효과 치료법은 특정 공포증과 광장공포증에 초점을 두었던 경향이 있다. 그러나 사회관계 기술SEQSS에 대하여 이 치료법의 질문표가 개발되었다. Elting과 Hope 1995, 235를 보라 이 질문표에서 내담자들은 12가지의 상황을 접하고, 기대되는 사회적 행동에 대하여 점수를 매기도록 요청받는다. 이 질문표는 아직 임상의 현장에서 널리 사용되지 않아서, 전형적으로 경험된 사회적 상황에서 내담자가 사회공포증의 경험만큼 고통을 느끼는지, 그렇지 않은지의 여부에 대하여 확실한 결과를 알 수 없다. 사회공포증과 관련되어 이 치료방법을 적용할 때에 분명하게 드러나는 문제는 사회적 상황의 노출을 통한 숙련 과정을 구체화하기 어렵다는 것이다. 그 이유는 치료자가 등장하는 것 자체만으로도 자연스러운 노출로 경험되기 어렵기 때문이다. 치료자가 어느 정도의 안내와 지지를 제시하느냐의 여부도 상황에 중요한 영향을 끼칠 수 있다. 또한 치료자가 좋은 대화 기술의 모델링을 제시할 수 있지만, 내담자는 치료자가 시범을 보인 후에 곧바로 이 기술들을 연습하지 못할 수 있다. 다른 사람들이 내담자 자신이 치료자를 흉내 내거나 따라하는 것을 볼 수 있기 때문에 연습을 꺼려할 수 있다. 한 마디로 사회공포증을 겪는 내담자가 노출되는 상황에 자연스럽게 몰입하여 수행할 임무를 시도함으로써 유능감을 인식하고, 그 경험을 토대로 더욱 어려운 임무를 시도하도록 돕는 데에 이 치료 방법의 성공여부가 달려있다.

그리고 주어진 상황에 대하여 대처할 능력이 있다는 믿음이 공포를 느끼는 상황의 극복에 심오한 영향력을 끼친다는 이론적 관점은 매우 중요하다. 따라서 치료사가 내담자로 하여금 공포를 느끼는 상황에 들어가도록 지도하거나 격려하기 전에, 그녀에게 자기 유능감의 인식이 주는 효과를 믿도록 확신시킬 필요가 있다. 이런 사전작업 없이 내담자를 상황에 노출시키게 되면 이 치료방법이 실패로 끝나서 공포증이 더욱 심해지는 역효과를 낳을 수도 있다. Williams[1987]는 이 치료방법이 "노출이 공포증을 일으키는 상황에 대하여 효과적으로 대처할 수 있다는 확신을 심어준다. 공포증을 겪는 많은 사람들이 안타까울 정도로 단순히 공포를 느끼는 상황에 노출되는 방법만으로 더 나은 혜택을 받지 못하고 있다. 자신의 숨은 능력에 대하여 인식하고, 그 능력을 활용할 수 있다는 인식에 기초를 둔 치료법은 분명히 필요하다."[173]고 말한다.

자기 유능감 인식 효과 치료 모델을 사용하는 비임상가들은 사회공포증을 겪는 사람들에게 스스로의 능력을 정확하게 인식하도록 해서 어떤 임무가 가능하고 가능하지 않은지를 깨닫게 하는 것이 가장 중요하다. 사회공포증이 불안장애이고 그 주요 특징이 예기불안이나 두려움이라 할지라도, 사회공포증을 겪는 사람이 자신의 대처 능력을 신뢰하는 만큼 불안과 두려움을 감당할 수 있게 된다. 그 이유는 사회적 공포증을 겪는 사람은 예기불안을 경험하는 것보다, 자신이 어느 정도 그 불안에 대처할 수 있는지 파악하지 못할 때에 더욱 공포를 느끼기 때문이다. 나는 사회공포증을 겪는 사람들이 자녀들의 결혼 또는 가족의 장례식과 같은 사회적 상황들을 완전히 피하지 않는 것을 자주 본다. 그러나 확실히 축배를 제안하거나 축하 연설을 하기를 부담스러워한다. 이런 현상들은 사회 공포증을 겪는 사람은 덜 의무적인 사회적 모임에 참석하기를 원하며, 다른 사람들로부터 연설하기를 요구 받을 때에 긴장하면서 앞에 나서기를 회피하는 특성이 있음을 설명한다. 물론, 그렇다고 사회공포증을 겪는 사람이 공포증을 구실로 썩 내키지 않는 모임이나 회의에 참석하지 않아도 괜찮다고 말하는 것은 아니다. 다만 그들은 천성적으로 게으름이나 마지못해서 준비하는 사람보다 모임에 덜 참석하게 되고, 사회적 행동을 덜 수행하기 쉽다는 것을 설명한다.

결론

지금까지 1966년에 공식적으로 사회공포증을 공포증의 하나로 규정한 이후에 20년 동안 개발된 몇몇 치료 방법들을 살펴보았다. 특히 노출 기법과 행동 치료는 사회 공포증이 다른 종류의 공포증과 중요한 유사성을 갖는다는 신념을 반영한다. 따라서 위의 방법들은 근본적으로 특정 공포증과 광장공포증에 사용되는 방법과 차이가 없다. 이 방법들은 두려운 상황에 노출시키고 이완과 둔감화 기법을 통해서, 생리학적 불안 발생을 제거한다.

한편 사회공포증만을 위하여 분명하게 설계된 치료방법은 사회관계 기술 훈련이다. 이 방법은 특정 공포증과 관련해서 거의 가치가 없으며, 광장공포증에 대해서는 불필요하다. 시간이 지나면서 사회공포증에 대한 이 방법의 효과는 의문시되고 있으며, 의문이 발생함에 따라 수정된 방법이 소개되고 있다.

자기 유능감 인식 효과 모델은 특별히 흥미롭다. 이 방법은 특정 공포증과 광장공포증과 관련되어 사용되지만, 그 중심 전제_{내담자가 자신의 대처능력에 대하여 신뢰하게 되는 변화가 치료의 중요한 요소이다}는 다음 제5장에서 논의될 인지 행동 치료 기법과 연결된다. 그 이유는 인지 행동 치료가 불안을 느끼는 상황에 대한 내담자 자신의 인지, 전제, 신념 그리고 대처 능력에 초점을 두기 때문이다. 한 마디로 노출 기법이나 행동 전략처럼 사회공포증에 광범위하게 사용되지 않지만, 다음 장에서 살펴 볼 치료 방법을 연결시키는 다리의 역할을 한다.

Chapter 5
인지 행동 치료

제5장은 사회공포증의 인지 행동 치료 접근법에 초점을 둘 것이다. 다른 많은 장애의 치료에서와 같이, 인지 행동 치료가 사회공포증의 치료에도 어느 정도 사용되었기 때문에 연구자들과 임상가들은 그 효과를 평가하기에 충분하다. 이 방법은 행동 치료에 뿌리를 둔다. 행동 치료는 사회공포증의 불안을 심리 생리학적인 반응으로만 보지만, 인지 행동 방법은 사회적 상황과 그 상황을 대처하는 개인의 능력이 있다는 전제와 그 능력에 대한 신뢰에 초점을 둔다. 앞에서 살펴본 대로, 자기 유능감 인식 효과 모델도 공포를 느끼는 특성 상황에 대처하는 자신의 능력에 대한 신뢰를 강조한다. 그러나 사회공포증의 부정적인 인지와 긍정적인 인지의 중요성을 모두 인지하는 것은 다양한 심리학적 장애에 대한 Beck과 동료들의 영향력을 반영한다. Beck의 연구팀 1985

사회공포증의 치료를 위한 인지 행동적 접근법의 한 예는 Clark와 Wells에 의하여 개발된 모델이다. 1995 이 모델은 특별히 선호하는 자신에 대한 인상을 타인에게 전하려는 강력한 소망과 그 소망을 실현하는 능력의 실행 이면에 숨겨진 불안을 인식하도록 돕는다. 사회공포증을 겪는 사람들은 내면화된 행동 성향과 상호작용하는 이전의 경험들 때문에 자신을 위험에 빠지게 만든다고 믿는 한 가지 이상의 사회적 상황에 대하여 일련의 전제를 발전시킨다. 그들은 자신이 어떤 상황에 들어갔을 때에 부적절하고 수용할 수 없는 행동에 빠지고, 그런 행동이 지위, 가치, 거절 그리고 상실이라는 처참한 결과를 가져올 것이라고 믿는다. 일단 사회공포증을 겪는 사람이 이런 방식으로 특정 사회적 상황을 인식하면, 그 상황에 대해서 자동적이고 반사적으로 '불안 프로그램'이 작동한다.

Clark와 Wells는 불안 프로그램의 정체를 위험한 원시적 환경에서 자신을 보호하려고 만들었던 인간의 인지적, 심인성적, 애정적 그리고 행동적 변화의 복합체라고 설명한다. 그러나 그 위험이 실제보다 상상에 의한 것이라면 불안 반응은 더 이상 쓸모 있는 기능이 아니라, 비현실적인 위험의 원천이 된다. 사회공포증을 겪는 사람들은 상상에 의하여 만들어낸 과도한 사회적 불안을 유지하거나, 더욱 악화시키는 사이클을 만들어낸다. 또한 심인성의 반응, 부정적인 사회적 평가에 대한 염려에 사로잡혀서 관계를 진행시키는 능력을 떨어뜨리며, 사회적 위협과 실패에 대한 증거를 얻게 된다.

Clark와 Wells의 인지적 모델에 따르면, 사회공포증은 사회적 상황을 위협이라고 왜곡해서 인식하는 역기능적 신념에 근거하여 행동 방식을 선택하는 특성을 보인다. 역기능적 신념은 사회적 수행에 대해서 과도하게 높은 기준, 사회적 평가에 대한 조건적 믿음 그리고 자기에 대한 무조건적 신념이라는 세 자기 범주로 구분된다.

사회적 수행에 대한 과도하게 높은 기준의 예들은, '모든 사람들의 동의를 얻어야만 해', '어떤 약점을 보여서는 안 돼', '걱정하는 모습을 보이면 안 돼', 그리고 '똑똑하고 재치 있어 보여야 해' 등이다. 높은 기준은 성취하기 어렵기 때문에 불안을 일으킨다. 결과적으로, 사회적 공포를 경험하는 사람들은 자신이 선호하는 인상을 전해주지 못하게 될까 봐 끊임없이 걱정한다.

표3. 사회적 공포 계층의 인지 행동적 모델

두려워하는 상황	부정적 자기 평가	타인에 대한 부정적 생각	타인의 반응을 추론할 때 사용되는 정보	안전 행동	전제와 자기 도식
교회에서 성찬식 베풀기	상황을 통제하지 못하고 손을 떨거야/손이 마비될 거야/언제나 일을 망칠거야/이 바보 같은 여자야, 왜 언제나 일을 엉망으로 만들지?	사람들은 내가 떠는 것을 볼 거야/나를 비난할 거야/내가 해낼 수 없다고 생각할 거야.	손 떨기/통제력을 상실하는 자기 이미지/여 성직자에 대한 몇몇 교구민의 부정적 감정	베타 수용체 차단약1 복용/숨 고르기/성찬기를 꼭 쥐기/손에 집중하기/성찬기의 내용물 흘리지 않기.	모든 일을 제대로 하거나, 그렇게 할 수 없다고 생각되면 완전히 거절하기(s)/누가 나를 싫어하면, 나는 실패자가 된다(c)/나를 수용해주지 않으면, 나는 쓸모없게 된다(u)/나는 실패자 이다(u)
공적인모임 참석하기	상황을 통제하지 못할 거야/나는 실망해서 울 거야/공포가 나를 엄습할거야	나를 무시할 거야/나를 싫어 할 거야/나를 가엾다고 여길 거야	울고 싶음/얼굴 붉어짐/얼굴이 붉어질 것 같아 목이 메임/ 불안한 상황에서의 자기 이미지	상황 피하기/말을 줄이기/시선 접촉 피하기	나를 나쁘다고 생각하면, 나는 나쁜 사람이다(c)/나는 악하다(u)
대표로 읽기/새로운 사회적 상황	내 얼굴이 빨개질 거야/방귀를 뀌게 될 거야/나는 어리석어 보일 거야/한 마디도 말을 못할 거야/부들부들 떨 거야	나를 거부할 거야/나를 싫어 할 거야	상황이 발생하기 이전에 사람들이 어떻게 반응할지 상상하기/감각에 집중하기	천천히 숨쉬기/기분전환 하기/천천히 말하고, 읽기/자신감 있게 보이기/자신에게 긍정적인 말하기	모든 사람의 승인을 받아야한다(s)/내가 손 떠는 것을 보면, 내가 열등하다고 생각하기 때문이다(c)/내 감정을 느낀다면, 내가 남과 다르다고 생각하기 때문이다(c)/ 남과 다르다는 것은 외톨이가 되고, 거절 받고, 소외된다는 뜻이다(u)/나는 남과 다르다(u)

상황					
일대일 사회적 만남	엉뚱한 말을 할 거야/말을 하지 못할 거야/온 몸이 마비될 거야/얼어붙을 거야/목이 막힐 거야/요점 없이 말할 거야	나를 비난할 거야/나를 지루하게 생각할거야/나를 알고 싶어 하지 않을 거야	일이 잘못되는 상황 상상하기/상황을 경험한 후에 평가하기	자기에 대해 생각하지 않기/스스로의 생각을 점검하기/말을 줄이기	나는 위트 있고 지적이고 재미있는 말을 해야만 하고, 그렇지 않으면 나를 싫어할 것이다(s)/내가 말 없이 있으면 나를 지루하다고 생각할 것이다(c)/나는 부적절하다(u)
집단과 대화하기/ 음료수 접대하기	나 스스로를 바보처럼 보이게 만들 거야/상황을 통제하지 못할 거야/말을 꺼내지 못할 거야	내가 어리석다고 생각할 거야/나를 뚫어지게 쳐다볼 거야/나를 믿지 못할 거야.	손 떨기/사적으로 말하기 어려움/통제력을 잃어가는 자기 이미지	기분전환하기/머그컵 사용하기/상황을 피하기/말을 줄이기/머릿속에서 할 말을 연습하기/시선접촉 피하기/자신에 대하여 말하지 않기	나는 상처를 잘 받는다(u)

사회적 평가에 대한 조건적 믿음의 예들은 "내가 감정을 표현하거나 실수를 하면, 나를 거부할 거야." "다른 사람들이 나의 참 모습을 알게 되면, 나를 싫어하게 될 거야." 그리고 "내가 반대하면, 날 어리석다고 생각할거야." 등이 있다.

자기에 대한 전형적인 무조건적 믿음은 "나는 특별해." "나는 달라." "나는 수용할 수 없어." "나는 어리석어." "나는 매력이 없어." "나는 상처받기 쉬어." 그리고 "나는 모자라"이다. 자신에 대한 이러한 무조건인 믿음은 사회적 공포를 겪는 사람의 기본적 '자기 도식self-schemata'이다. 우울증 환자도 이와 비슷한 자기 도식을 가지고 있지만, 사회공포증환자의 자기 도식은 불안정하다. 사회적 상황에서 그들은 더욱 부정적이고 자신에 대하여 확신이 떨어지는 반면에, 혼자 있거나 덜 위협적인 사회적 상황에서는 자신에 대하여 자주 긍정적인 관점을 갖는다. 그들은 자신이 남과 다르고 기묘하고 모자라다고 느끼며, 그들을 평가한다고 생각되는 사람들과 함께 있으면 강요받는 것처럼 느낀다. 대부분의 사회공포증을 겪는 사람들은 아동기 때에 반복해서 경험한 수줍음이나 행동 금지 명령이 내면화되어 무조건적 신념으로 발전된다.

사회적 평가에 대한 과도하게 높은 기준과 조건적 믿음은 보상이나 보호적 전략의 일부로서 나중에 출현한다. 이 때, 자기 도식은 '자아 동조성' ego-syntonic, 즉 '바로 나야It's me'라고 느끼게 만든다. 그리고 또 다른 형태의 사회공포증은 대중적 모임에서 수행을 잘하지 못한다는 사회적 평가에 대하여 스스로 조건적 믿음을 발전시킨 것이다. 그 결과로서 생기는 부정적 자기 도식은 '자아 이질성'ego-dystonic, 즉 '나는 아니야It's not me'로 경험된다. 예를 들어서, 남과 다른 독특한 경력을 가지고 국가 최고의 유망 신인으로 표창을 받은 젊은 신문 편집자가 수락 연설을 하기 전에 술을 너무 많이 마셨다. 연설을 시작할 때에 말이 생각나지 않아서 땀을 흘리고, 다른 사람들이 자신의 실수를 알아차릴 것이라는 확신이 들자마자 대중 연설 공포증이 발생되었다. 그에게 이런 경험을 통하여 발전된 자기 도식은 자아 이질적이다.

Clark와 Wells가 주장한 모델의 또 다른 국면은 '안전행동Safety-Behavior'이다. 이 행위는 사회공포증을 겪는 사람들이 자신에 대하여 내리는 부정적인 평가를 축소시키기 위하여 개발한 수단으로서의 기법, 책략, 그리고 전략이다. 이 행위들은 사회공포증을 겪는 사람이 모호한 비현실적인 신념을 확인할 수 있는지의 여부와 관련된다. 때때로 이 행위들은 두려워하는 행동들이 일어나도록 부추긴다. 예를 들어서, 어떤 여성은 자신이 와인 잔을 세게 움켜지는 이러한 태도가 손을 더욱 떨리게 한다는 사실을 깨닫게 되었다.

　Clark와 Wells는 다양한 임상 사례에서 얻은 결과를 설명하는 표를 제시하고, 5개의 사례로 내용을 요약하였다.[표3] 앞부분의 3개는 여성에 대한 사례이고, 4번째와 5번째는 남성에 대한 사례이다. 표의 맨 위에 각각의 사례 두려워하는 상황, 부정적 자기 평가, 타인에 대한 부정적 사고, 타인의 반응을 추론하기 위하여 사용된 정보, 안전 행동 그리고 자기 도식의 전제에 대한 설명이 제시되어있다.

　첫 번째는, 성찬식에서 성배를 나눌 때에 극심한 불안을 느끼는 여성 성직자의 사례이다. 그 상황에서 그녀의 부정적인 자기 평가는 포도주를 흘리게 되면, 자신은 '언제나' 일을 망치고, 엉망으로 만들 것이라는 타인의 믿음을 굳히게 될 것이라고 두려워한다. 타인에 대한 그녀의 부정적인 생각은 사람들이 자신을 비난하고, 성직 수행 능력에 의문을 가질 것이라는 내용을 담고 있다. 타인의 예상 반응에 대한 관점을 지지하기 위하여 상황에 대한 통제력을 잃게 될 때에 느끼는 자기 이미지와 몇몇 교구민들이 보여준 여성 성직자에 대한 부정적인 감정적 반응이라는 정보를 사용한다. 그녀가 사용하는 안전 행동은 약리학적 치료와 다양한 자기 통제력 실행 방법이 포함된다. 그녀의 사회적 수행에 대한 과도하게 높은 기준은 만약 모든 일을 잘하지 않으면 사람들에게 거절당할 것이라는 신념을 반영한다. 그녀의 사회적 평가에 대한 조건적인 신념은 사람들이 자신을 싫어하거나 받아들이지 않으면 자신은 실패자가 되고 쓸모없는 사람이 될 것이라는 사고를 포함한다. 요컨대, 그녀는 자신이 실제로 쓸모없고 무기력하고, 실패자라는 무조건적인 신념을 가지고 있다. 이 무조건적인 신념자기 도식은 특별히 성직자로 사역을 하는 상황들과 관련이 있다. 그녀는 혼자 있거나 사역을 하지 않는 상황에서는 강요받는다고 느끼지 않기 때문에 비합리적인 신념을 경험하지 않는다.

　한편, Clark와 Wells는 사회공포증 치료의 인지 모델의 설명에 치료의 주제를 포함시키지 않았다. 그러나 Butler와 Wells[1995]는 모델의 구체적 임상적 적용을 설명한다. 이 모델은 치료자가 사회공포증의 치료 과정을 방해할 수 있다는 인식에 민감할 필요가 있다는 사실을 강조하면서 인지 치료를 시작한다. 그 과정은 다음과 같다. 먼저, 치료의 현장에서 내담자들은 평가에 대한 불안이 일으키는 사회적 어색함을 다시 경험하게 된다. 이때에 내담자들의 자기 인식self-aware이 증가한다. 다음으로 자기 인식이 당황감과 연결되어 왜곡된 사고를 하게 되고, 현실감각은 방향을 잃게 된다. 결국 현재 하고 있는 말이나 치료과정 자체에 집중하지 못하게 된다. 인지 치료에서 치료자들은 일련의 과정 중 필요하다고 생각되는 상황에서 즉시 내담자에게 피드백을 주어서 왜곡된 사고를 깨닫도록 돕는다.

인지 치료 과정에는 내담자가 새로운 관점과 방식으로 자신을 바라볼 수 있도록 의도된 많은 질문들이 포함된다. 그러나 때때로 이 질문들은 치료를 촉진시키고 폭로하기보다, 불안에 따른 행동을 적절하게 억제할 수 있을 정도의 불안을 자극하는 데에 그 사용 목적이 있다. 또한 내담자가 말을 덜 할수록 치료자가 더 많이 질문하고, 회기가 끝난 후에도 불안을 사라지지 않게 하는 악순환의 고리가 회기 내에 영향을 미치게 되는 현상을 경험하도록 이끈다. 내담자가 악순환의 고리를 경험할 때에, 치료자는 내담자가 융통성을 발휘해서 다른 행동을 선택 할 수 있도록 힘을 키워주어야 한다. 만약 내담자가 악순환의 고리에서 대안을 선택하기 어려운 단계라면 좀 더 반영의 태도를 보여주어야 한다. 예를 들어서 "틀림없이 그 일은 당신이 감당하기 힘들었을 겁니다." "그것에 대하여 더 많이 알고 싶어요." "…인지 궁금하군요." "스스로 자신을 바보 취급하고 있다고 생각했군요." 등의 표현을 사용한다.

치료자는 내담자가 융통성을 발휘하도록 돕기 위하여 내담자가 가진 사회적 관계에서 편안함을 느낄 수 있는 원천이 다양하며, 치료의 현장에서 적절한 하나의 방법을 사용할 수 있음을 깨닫게 만들 필요가 있다. 예를 들어서, 좁은 공간에서의 만남에 불안을 경험하는 사람은 중요한 만남의 장소를 비교적 넓은 곳으로 정하도록 조언 받는다. 갑자기 원하는 것을 말하도록 요청 받으면 얼굴이 붉어지고 불안이 증가하는 사람은 이때 시간적 여유를 달라고 말할 수 있음을 알 수 있게 된다. 침묵의 분위기에서 어색함과 긴장을 느끼는 사람은 능숙한 치료자의 말없이 따뜻한 제스추어와 시선 맞추기의 태도에서 편안함을 느끼며, 차츰 침묵의 분위기에서도 긴장이 낮아질 수 있음을 경험한다. 인지치료가 융통성 있고 분별력 있게 사용되면 치료 과정을 촉진시킬 수 있다. 반대로, 그렇게 되지 못하면 예전에 경험한 것과 동일한 사회적 어색함을 겪게 될 수 있고, 불안을 탐색하고 왜곡된 신념에 도전하는 중요한 기회를 박탈당할 수 있기 때문에 치료자는 치료과정이 안전하도록 유지해야 한다.

인지 치료의 주요 목표는 인지적 변화를 성취하는 것이다. 조금 더 자세히 설명하면, 앞에서 제시한 세 가지 영역에서 과도하게 높은 기준의 사회적 업무 수행, 그리고 자신과 관련된 신념의 전제에 도전하고 그 전제를 현실적으로 대체시키는 과정이 포함된다. Buter와 Wells[1995]는 개인 인지의 정확한 형태와 그 안의 특이한 내용의 식별이 중요하다고 강조한다. 만약 인지 치료가 개별화된 생각과 신념의 본성에 충분히 주의를 기울이지 못하게 되면 내담자는 사회적 상호작용과 자신의 내면에서 인식하는 위험과 위협을 대처할 잠재력을 깨닫지 못하며, 결과적으로 새롭게 생각하는 방법을 개발하지 못한다. 그들은 인지 치료의 이론이 비교적 명확하지만 매우 섬세하고 정교한 적용이 필요하기 때문에, 치료자들이 그 과정에서 오류에 빠질 수 있음을 강조한다. 예를 들어서 치료자는 내담자의 인지가 불합리하다고 판단할 때에 가장 흔하게 오류를 범할 수 있다. 이때에 치료자는 내담자의 왜곡된 인지에 근거한 생각들에 대하여 '이름붙이기' 기법을 사용할 수 있다. 그런데, 이 기법을 자연스럽게 사용하지 않으면 내담자가 스스로 특정한 이름을 붙이게 되고, 이는 그 이름을 붙이도록 영향을 준 인지를 발견하도록 돕지 못하게 된다. 반대로, 치료자가 일방적으로 특정한 이름을 붙이고 내담자에게 치료자가 그 특정한 이름을 붙이게 된 인지를 받아들이도록 강요할 수 있다. 인지 치료자들은 내담자에게 자신의 인지가 왜곡되어서 수정될 필요가 있다는 인상을 주는 단계를 넘어서서, 왜곡된 인지를 갖게 된 원인을 스스로 탐색하도록 돕는 단계까지 이르도록 도와야 한다.

또한 인지 치료에서 치료자들은 인지적 과정과 노출 경험이 완전히 통합되도록 계획을 세워야 할 필요가 있다. 따라서 인지 치료자들은 '순수한' 행동 치료자들과 사회관계 기법 치료자들보다 다른 전제에서 작업할 필요가 있다. 인지 접근에서 노출방법은 내담자의 문제 저변에 깔려있는 부정적 신념을 수정할 때에 효과적이다. 이때의 노출은 단순히 노출되는 시간이나 빈도에 초점을 두지 않는다. 내담자에게 불안을 느끼도록 영향을 미치는 신념에 무기력하게 굴복하지 않고, 거부해보는 경험을 하도록 초점을 누어야 한다. 다시 말해서 짧은 노출에서도 왜곡된 인지와 관련된 불안을 느낄 수 있으면 효과적이다. 반대로 장기간의 빈번한 노출에도 불구하고 왜곡된 인지와 관련된 불안을 느끼지 못한다면 노출 기법이 부적절하다고 볼 수 있다. 그리고 효과적인 노출이 일어나면, 그 다음에는 왜곡된 신념에 순응하지 않도록 치료적 조치가 뒤따라야 한다.

Heinberg연구팀[1985]은 왜곡된 신념을 가졌을 때에, 사후 노출을 통한 인지재구조화가 작동되는 과정을 설명한다. 먼저 노출을 통해서 내담자는 그의 기억을 되살리도록 요청받는다. 보고된 인지 내용에는 다른 사람들이 자신의 불안을 알아차리고 부정적으로 평가해서 당혹감과 두려움, 모욕감을 느낀 것과 주어진 역할 수행을 잘해내지 못해서 스스로를 부정적으로 평가할 염려가 포함된다. 앞의 예에서, 여 성직자에게 인지적 재구성의 과정을 적용한다면 "…라면 그것은 무엇을 의미할까?" "…에 대하여 좋게 느끼려면 어떤 일을 해야만 할까?" 그리고 "…를 위한 증거는 무엇인가?" 등의 질문을 제시하는 과정이 포함될 수 있다. 여기에서 각 질문의 의미를 다음과 같이 설명할 수 있다. 먼저, "…라면 그것은 무엇을 의미할까?"는 내담자가 기본적인 두려움을 드러내도록 돕는다. 예를 들어서, 누군가가 자신의 예민함을 알아차릴 것을 염려해서 거리를 두고 살아가면서, 한편으로는 소외될 것을 두려워하고 있음을 깨닫게 된다. 두려움을 가지고 있다는 사실이 밝혀지면 치료자의 도움을 통하여 그러한 두려움을 갖게 된 논리의 비현실성이 검토된다. 다음으로 "…에 대하여 좋게 느끼려면 어떤 일을 해야만 할까?"라는 질문은 내담자가 자신의 행동과 그 행동에 대하여 성취할 수 없는 기준을 가지고 있기 때문에 실패하게 되며, 그 실패에 대하여 부정적인 평가를 하게 되는 일련의 과정을 식별하게 돕는다. 또한 "…를 위한 증거는 무엇인가?"라는 질문은 내담자의 신념을 증명할 행동을 찾도록 유도한다. 그러면 전형적으로 내담자가 사실이라고 믿는 신념은 대부분 가설로 둔갑해 버린다.

사회적 공포증을 겪는 사람이 사회적 불안을 조금도 견딜 수 없어서 나름대로 어떤 안전 행동에 의지할 때에는 노출 기법을 권하지 않는 편이 바람직하다. 행동 치료와 마찬가지로, 인지 치료도 내담자가 공포를 느끼는 상황에 노출될 때에 최소한의 안전을 보장하여야 한다. 내담자에게 노출 기법을 시행할 때에 부정적인 인지의 발생을 견딜 수 있는지 아닌지의 여부를 파악하여 부정적인 인지에 압도되지 않도록 상당한 주의를 기울여야 한다. 예를 들어서, 치료자는 내담자가 연설 중에 사전에 염려하였던 실수를 저지르거나 바닥에 물건을 떨어뜨리거나, 누군가의 이름을 잊어버리도록 지도할 수 있다. 이런 활동들은 내담자가 두려워하는 부정적 반응을 피하도록 돕기 때문에, 이 활동들을 통하여 실제 행동들의 결과를 경험하고 인지하도록 만든다. 대개 결과가 두려워할 정도가 아니라면 의도된 실험은 부정적인 신념에 압도되지 않을 수 있음을 깨닫는 소중한 기회를 제공한다.

Mersch연구팀[1992]은 노출의 상황에서 몸을 떨도록 지도받은 사회공포증을 겪는 여성의 사례에 대하여 보고한다. 그녀는 연습하기 전에 극도의 불안을 경험하였지만 연습을 통하여 점차 불안이 감소되어, 종료할 때에는 불안이 거의 사라졌다. 한 마디로 계획된 몇 차례의 떨림을 경험한 후에, 환영회와 파티에서 점점 알코올에 덜 의존하게 되면서 자신 있게 타인에게 의견을 표현하고 질문할 수 있게 되었다. 인지 치료자는 집에서 실시할 후속 과제를 내어주었다. 이 과제는 내담자가 자신을 향한 타인의 생각을 다른 방법으로 해석하도록 돕는 데에 초점을 두었다. 표4[Butler와 Wells, 1995]는 어떤 내담자의 쓰기 과제를 보여준다. 이 표에서, 그녀는 자신이 예상하는 타인의 평가를 적어보고, 이 평가를 다르게 생각해 본다.

표4. 내담자의 쓰기 과제의 예

사건	예상하는 타인의 평가	다르게 생각해보기
남동생을 공항까지 태워다주고 사람들이 보는 데에서 울기	낯선 사람들이 내 행동을 보고, 내가 심약하다고 판단할 수 있다.	공항에서 이별하는 사람들이 보이는 자연스러운 반응이다.
원두커피 판매기에 가서 동전 넣기	매우 신경질적이다. 겨드랑이에 땀이 베여있다.	아마도 나에 대해서 판단하지 않고 지켜 볼 뿐이다.
버스 운전사와 시선 맞추기	그는 내가 괴짜라고 생각하고, 인사한 것을 후회한다.	아마도 그는 다른 사람에게도 마찬가지의 행동을 보인다.

| 술집에서 말없이 친구들과 먹고 마시기 | 3년 동안 알고 지냈으면서도, 왜 우리와 함께 있으면서 불편해하지? | 그들은 나의 개성을 알고서도 나를 좋아한다. |

사회공포증에 대해서 다양한 인지적이고 선택적인 접근법이 사용되었다. 하지만, Butler와 Wells의 연구팀은 모델의 세부사항을 개발하고 이행하는 자체로 어느 정도 치료의 효과가 나타나지만, 더 근본적인 치료를 위해서 문제가 지속되는 원인과 그 원인을 제거하기 위한 효과적인 개입 전략에 대한 가설들을 추론하고 시험할 수 있다고 결론을 내렸다. 결국 이 제안은 사회공포증을 가진 사람들이 자신의 신념이 현실적으로 타당한지 의문을 제기하도록 돕는다.

그러나 개인마다 독특한 사정이 있기 때문에 그 독특성을 분별할 필요가 있다. 예를 들어서, 치료자들은 내담자가 겪는 두려움은 잘못된 전제에 기초한다고 알려주는 것으로 치료를 종결시킬 위험성이 있다. 그러나 공포증은 비현실적인 전제와 신념에 근거하지만, 그런 전제를 진실하다고 믿게 된 나름대로의 이유가 있다. 따라서 단순히 내담자들에게 그들의 신념이 잘못되었다고 말하는 것만으로 신념의 변화를 이끌지 못한다. 특히 사회공포증을 겪는 사람은 지배와 복종의 관점에서 세상을 바라보기 때문에 치료자가 일방적으로 어떤 신념이 불합리하기 때문에 고쳐야 된다고 말하면 그 말을 고분고분하게 받아들이지 않는다. 이때에 내담자는 '역시 치료자는 정신적으로 건강하고, 사회에 잘 적응하는 사람이기 때문에 나를 잘 이해하기 어려워'라고 생각하기 쉽다.

또한 치료자는 자신이 내담자에게 위협적이지 않은 태도를 보인다고 생각하기 쉽지만, 무의식적으로 사회 공포증을 겪는 내담자의 전제가 잘못되었다고 반박할 수도 있다. 그러나 반드시 치료자가 정신적으로 건강하고 사회에 잘 적응한다는 내담자의 전제가 옳지 않을 수 있다. Ross[1980]는 때때로 치료자도 공포증을 겪고 있을 수 있으며, 그럼에도 불구하고 다른 사람이 공포증을 성공적으로 극복하도록 도울 수 있다고 강조한다.

인지 행동 치료의 사례

Heim과 Juster[1994]는 상당히 효과적인 인지적 재구성 과정가상 노출 기법과 관련된을 사용한 치료 프로그램에 대한 흥미로운 사례를 제시한다. 이 접근법은 내담자가 Beck과 동료들[1979]이 주장한 '자동적 사고automatic thoughts'를 식별하도록 돕는다. Jack이라는 내담자는 박사 학위를 소유한 47세의 중견 엔지니어링으로, 연구 제작 업체에서 8년간 근무했을 때에 치료를 받으러 왔다. 그때는 이미 결혼한 지 25년이 지났으며, 아내와 각각 21살과 18세 된 자녀들을 두고 있었다. 외견상으로 안정된 생활을 하며 사회생활에 잘 적응하는 듯이 보였다. 그러나 그는 직업상 연설을 많이 해야 하는데 모순적이게도 오랫동안 대중 연설에 대한 두려움을 안고 살아왔다고 고백하면서 치료받으러 왔다. 면담이 진행되면서 사람들을 대면하거나 대면할 것으로 예상되는 상황에서 신경질적으로 보일까 봐 두려워하고 있음이 드러났다. 계속된 면담을 통하여 그가 사람들을 대면해야 하는 다양한 상황들이 분별되었고 그 상황들에서 논쟁이 발생하기도 하였으며, 갈등이 예상되면 강한 불안을 경험하고 적절한 자기주장을 하지 못하였음이 밝혀졌다. 그는 이런 태도에 대하여 아내나 슈퍼바이저에게 건설적인 비평을 받기를 원하였다.

분석적 진단에 따르면 그의 증세는 DSM-Ⅳ의 사회공포증 범주를 충족시켰고, 그의 불안은 정신을 혼란하게 만들고, 무능력하게 만드는 특징을 보였다. 그가 대결적이지 않은 분위기의 사회적 상황에서 전혀 어려움을 겪지 않는다고 보고하였기 때문에 대부분의 사회적 상황에 대하여 두려움을 느끼는 일반화된 사회공포증세에 해당되지 않았다. 결과적으로 그의 공포증은 본질적으로 '상황적 영역situational domain' 중에서, 주로 '확신시켜야 하는 상호작용' 영역과 관련되었다. 그는 다른 상황공식적이고 비공식적인영역에서의 어려움도 보고하였다. 그는 대결적 상황과 대중 연설의 상황에서 감당할 정도의 호흡 곤란, 심장박동수의 증가, 얼굴 붉어짐hot flashes, 가슴 답답해짐, 그리고 땀 흘리기 및 이따금씩 손 떨기 증세를 포함하는 심리 생리적 증세의 혼합된 반응을 경험 한다고 보고하였다. 더불어 18세에 사회공포증이 시작되었다고 추정하였고, 그때는 감정이 급변해지는 사건을 경험하였다고 생각하지 않았지만 38살에 심장마비 때문에 수술을 받은 이후에 타인들 앞에서 극심하게 얼굴이 달아오르는 경험이 시작되었다고 말하였다.

첫 회기는 Jack의 사회공포증의 인지 행동 모델의 교육, 인지 재구성 기법들의 훈련, 그리고 배정된 치료 집단의 구성원 앞에서 좀 더 편안하게 대중 연설하기를 목표로 정하였다. 첫 회기에서 내담자는 생리 심리적 증세에 대한 우려 중 특히 얼굴 붉어짐, 목소리 떨림, 그리고 심장박동수의 증가 등의 증세가 경력을 망치게 될까 봐 걱정하였다. 둘째 회기에서는 비교적 수월하게 자동적 사고를 분별하였다. 그의 자동적 사고에는 자신이 통제할 수 없을 만큼 지나치게 예민해지고 불편해져서 연설을 중단하게 될 수 있으며, 타인은 이 과정을 지켜보고 자신에게 문제가 있다고 생각할 것이라는 내용이 담겨 있었다. 심화 질문을 통하여 내담자는 열등감과 함께 마치 자신이 바보가 된 것 같이 느낀다는 사실이 드러났다.

그의 첫 번째의 가상 노출4회기 때은 직장에서 휴식시간에 처음 만나는 동료와 대화하기 과제가 포함되어 있었다. 이 상황이 그의 대중 연설과 대결에 대한 두려움과 직접 연결되지는 않지만, 상황에 대한 평가적 측면과 대중의 본성이 강조되어서, 불안 반응을 이끌어 낼 잠재력을 가지고 있다. 이 시나리오가 제출되었을 때에, Jack은 타인이 파악할 수 있다고 생각하는 몇 가지 자동적 사고를 말하였고, 자동적 사고를 통하여 자신의 자의식이 높고 쉽게 당황하는 성향이 있음을 깨닫게 되었다. 또한 할 말이 생각나지 않거나, 자신이 하는 말의 내용이 별로 흥미를 끌지 못할 것이라는 걱정을 털어놓았다. 결과적으로, 자신이 원하거나 타인이 기대한다고 생각하는 수준에 이르는 수행을 해내지 못하곤 하였다.

노출 이후의 집단 토론을 통해서 그의 자동적 사고 안의 많은 논리적 왜곡이 식별되었다. 예를 들어서, 자신의 대화 능력에 대하여 이분법적 사고에 빠지는 경향이 있었다. 자신의 대화 주제가 매혹적이던가 아니면 관심을 전혀 끌지 못하는 극단적인 두 가지 태도를 보인다고 생각하였다. 이런 사고는 그가 이야기하는 주제에 여러 가지 차원이 있을 수 있으며, 동일한 주제에 대해서 사람마다 다른 반응을 할 수 있다는 다양성을 식별하는 인식을 차단해버렸다. 또한 어떤 주제가 흥미롭다고 평가하는 기준도 상당히 높아서 그 기준을 넘는 주제를 거의 발견하기 어려웠다. 결국 융통성 없이 경직된 태도로 비현실적인 기준을 정하고, 그 기준을 충족시키지 못하는 자신에게 부정적인 꼬리표'나는 무능해'를 붙인 셈이었다.

집단 토론은 Jack이 자신의 비논리를 대면할 수 있도록 도왔다. 그는 피드백을 통하여 자신이 유쾌한 대화를 이끌 수 있으며, 자신의 기준이 비현실적이라는 사실을 인정하게 되었다. 그리고 그 대안으로 "나는 예민해질 수 있지만, 유쾌한 대화를 이끌 수 있다."라는 말을 스스로에게 하기로 선택하였다. 또한 새로 만나는 동료에게 자신의 4가지 특징을 설명하기, 그리고 새 동료의 3가지 특징을 말하기를 목표로 정하였다. 이 목표는 관찰될 수 있고 수정이 가능하고 임무 지향적인 범주를 충족시켰다.

그는 모든 과정을 훌륭하게 수행해냈다. 또한 노출 기법이 종료된 후에 자신에 대하여 몇 가지 관찰한 내용을 보고하였다. 첫째, 타인의 주목을 받으면서도 대화를 중단하지 않는 자신을 관찰하였다. 둘째, 시간이 지나면서 불안의 감소를 주목하였다. 그는 스스로 두려워하는 상황을 통제할 수 있다는 신호를 얻게 되었다고 생각하였다. 실제로 노출 기법을 수행하는 동안에, "나는 예민해질 수 있지만, 유쾌한 대화를 계속 할 수 있어."라는 합리적 반응을 이끄는 표현을 읽으면서, 처음 대화를 시작할 때를 잘 견디면 이제 가능하다는 증거를 얻었다 끝까지 대화를 지속할 수 있게 되었다고 보고하였다. 한 마디로 불안을 느끼면서도 대화를 지속하게 되었다. 다른 집단 구성원들도 매우 긍정적인 피드백을 주었다. 그러나 그는 때때로 '머릿속이 멍해지는' 순간을 경험하였으며, 그 때마다 무의식에 잠재되어 있던 타인의 부정적인 평가에 대한 염려에서 완전히 자유로워지지 않았음을 털어놓았다.

좀 더 구체적으로 설명하면 다음과 같다. 첫 번째 노출 기법을 시도할 때에 수행해야 할 주제를 읽으면서 "내 머릿속은 멍해질 거야." "나는 예민해 보일 거야." "이 일을 해내야 할 텐데." 그리고 "할 말을 생각해야해."와 같은 자동적 사고가 떠올랐다. 또한 "일을 완벽하게 처리하지 않으면 결국 헛방이야!"라는 자동적 사고도 떠올랐다. 이렇게 머릿속에서 일어나는 여러 자동적 사고들에 대하여 "나는 예민해질 수 있어. 그러나 할 말을 생각할 수 있어." 또는 "잠시 말을 하지 않고 있어도 괜찮아"라는 대안적 생각을 발전시켰다. 이 노출 기법에서 그의 목표는 자신과 자신이 하는 일에 대하여 각각 4가지를 설명하는 것이었다. 힘든 내면의 갈등을 통하여 노출 기법을 마친 후에 그의 반응은 "정말 후련해요!"라는 간결한 한 마디였다.

6회기쯤 될 때에, 그는 직장에서 모임을 시작해서 동료들과 점심을 먹으로 가는 과정을 포함하는 행동 과제의 완수에 성공하였다. 두 번째 노출 기법에서 두 명의 새로운 직장동료에게 말을 거는 과제를 요청받았다. 두 번째 노출 기법동안 자신이 매우 망설이고 당황할 것으로 예상하였으나 집단에서 그가 별로 예민해 보이지 않았고 말하는 속도도 적당하였으며, 말을 중단하고 쉬는 시간도 적절하여서 말 하려는 요점을 효과적으로 강조하였다는 피드백을 받았다. 이 피드백을 들으면서 그는 "난 할 수 있어!"라고 소리쳤다.

두 번째 노출 기법의 경험에 대하여 이야기 하면서 그는 사람들에게 말을 걸 때에, 효과적으로 대화를 이끌지 못할 것이라는 염려가 자신에 대하여 화를 느끼게 만든다는 사실을 깨달았다.

8회기 때에, 세 번째로 노출 기법을 통해서 동료들과 공동 과제를 진행해야 하는 상황을 대면하게 되었다. 그는 노출을 통하여 "나는 화가 나도 침착하게 일을 처리할 수 있어" 그리고 "내가 화날 때에 다른 사람들이 알아차려도 괜찮아."와 같은 합리적인 반응들을 발전시켰다. 이 노출의 목표는 다른 사람들과 공동 작업을 할 때에, 잘해낼 수 있다는 확신이 서지 않아서 염려하고 스스로에게 화를 느끼게 되어도 여전히 업무를 해낼 수 있으며, 더 나아가서 불만족스럽다는 것을 다른 사람들이 깨달아도 괜찮다는 인식의 전환이 있었다. 노출 경험은 비교적 성공적이었다. 이어지는 네 번째 노출의 전반부는 논쟁의 분위기 속에서 프레젠테이션을 통하여 자신의 의견을 표현하기를 하였으며, 후반에는 집단에게 자신의 의견에 대하여 끈질기게 변호해보는 시도를 경험하였다. 그 과정에서 "나는 내 의견을 잘 변호하지 못할 거야."와 "하게 되더라도 잘해내지 못할 거야."라는 두 개의 자동적 사고를 식별해 내었다. 토론을 마친 후에 노출을 통한 프레젠테이션에 대하여 "잠시 말을 하지 않고 있어도 괜찮아"와 "완벽하게 해야 할 이유는 없어."라는 두 가지 긍정적인 피드백과 "나의 의견은 그의 의견만큼 유효하다"라는 인식을 발전시키게 되었다. 그의 목표는 6개의 요점을 설명하고, 3번 쉬고, 반대자들이 제시하는 3개의 반론에 반응하는 것이었다. 그는 폭력행동, 여성에 대한 사회적 태도, 그리고 10대의 자살에 대하여 미디어가 끼치는 부정적인 영향력에 대하여 즉흥 연설을 하였다. 그는 목표를 초과 달성하였지만 스스로 만족하지 않았다. 그는 더 많이 말을 중단하고 쉬어야했고, 토론의 열기가 고조되는 동안에 말을 중단하고 싶었지만 불안 때문에 그러지 못했다고 보고하였다.

다섯 번째와 여섯 번째의 노출에서 회사의 야유회에서 자신의 의견에 반대하는 두 사람과 논쟁하는 역할을 맡았다. 역할을 진행하면서 자신이 호감을 받는 것을 매우 꺼려했으며, 대면의 분위기 속에서 자신의 의견을 표현하고 자기주장을 하면 사람들이 싫어하게 될 것이라는 자동적 사고가 있음이 밝혀졌다. 노출을 통하여 논쟁하면서, 그는 "반대해도 괜찮아."라는 합리적인 반응을 발전시켰다. 이 단계의 목표는 주제를 꺼내기, 자신의 처지에 대하여 3가지로 요약하여 말하기, 다른 역할 수행자들에게 반대의 목소리 내기가 포함되었다. 그는 말기 환자들의 안락사라는 시사적이고 논쟁적 주제를 꺼냈다. 그는 기대했던 것보다 더 잘 해냈고, 그 주제에 대하여 이야기할 때에 화가 나고 타인이 자신을 어떻게 볼까에 대하여 걱정하기보다 흥미를 느꼈다고 보고했다. 그는 다시 목표를 초과하였다. 그리고 반복되는 노출을 통하여 서서히 불안이 낮아지고 의욕이 높아진다고 보고하였다.

그는 치료를 종결하면서 가장 어렵다고 생각한 상황들에 특별히 집중해서 학습한 기술들을 계속 연습하도록 권고 받았다. 그는 인지 행동 집단 치료에 참여해서 중요한 성과를 이루었다. 처음부터 기능을 수행할 수 있었지만, 화가 나거나 의견을 표현하고 싶을 때에 평가받는 것이 염려가 되어 치료를 원하였다. 그리고 견디기 힘든 상황 속에서 비현실적이고 완벽주의적인 기준에 대한 결과를 측정하였다. 마침내 치료를 마치면서 불안은 현저하게 감소하였고, 그 후 1년 간에 걸쳐서 꾸준히 나아졌다.

역설적 의도Paradoxical Intention의 사용

　Heimberg와 동료들이 개발한 치료기법은 가상 노출 기법과 인지적 재구성에 근거하며, 이는 Jack의 사례를 통하여 설명되었다. 그러나 그 외에 다른 행동 인지적 방법이 있다. 예를 들어서, Marks[1995]는 Newells와 Shrubb[1994]에 의하여 비교적 최근에 개발된 "역설적 역할극paradoxical role-play"을 소개한다. 이 모델은 치료자는 내담자의 부정적 신념이 실제라고 주장하고, 내담자는 실제가 아니라고 주장하는 논쟁의 과정을 포함한다. Marks는 자신의 머리와 가슴이 지나치게 크고 끔찍하게 못생겼다고 믿는 사회적 공포증을 겪는 내담자의 사례를 설명한다. Marks는 내담자에게 역할극의 과제를 제시하면서, 내담자가 원하는 대로 역할극이 결말을 맞게 될 것이라고 설명하였다. 그는 내담자에게 "당신은 머리와 가슴이 보기 싫을 정도로 크며, 그것이 사실이라고 믿고 있습니다. 그러나 타인은 다르게 볼 수 있습니다. 저와 함께 타인의 관점을 살펴보는 실험을 하시겠습니까?"라고 말하면 사람은 자기 자신에게 크게 말하는 것이나 마음속에서 반복하는 내용에 의하여 특정 생각을 강화시킨다고 설명한다. 마치 피아노와 테니스를 연습해서 실력을 쌓듯이, 신념도 연습에 의해 더욱 뚜렷해진다는 것이다. 치료자와 내담자는 내담자의 신념에 근거한 반복적인 생각과 행동이 삶에서 부정적인 영향력을 준다는 사실을 인정하기 때문에, 이 실험은 내담자가 다른 대안을 말하는 연습을 통해서 지금까지와 다른 감정과 사고를 체험하는 과정을 포함한다. Marks는 내담자에게 상대방의 주장이 사실이라고 받아들이지 말고 자신의 생각이 옳다고 열정적으로 변호하도록 권유한다.

　역할극은 법정에서 재판을 하듯이 첫 주와 둘째 주 동안에 각각 20분씩 지속되었다. 역할극에서 치료자 Marks와 내담자는 다음과 같은 대화를 주고받았다.

치료자 : 당신은 법정 앞에서, 당신이 고개를 돌릴 때에 벽에 머리를 찧는다는 사실을 부정하십니까?

내담자 : 네, 벽에 닿을 정도로 머리가 크지 않습니다.

치료자 : 그러나 검사는 당신 머리가 너무 커서 모자도 쓰지 못할 것이라고 주장합니다.

내담자 : 그건 사실이 아닙니다. 저는 과거에 여러 개의 모자를 써 보았어요. 모자를 쓰고 찍은 사진도 있습니다!

치료자 : 아, 당신의 너무 큰 머리 때문에 치수를 재어서 특수 제작한 것이군요.

내담자 : 아닙니다. 남들처럼 백화점에서 구입한 모자입니다.

이 접근방법은 매우 성공적이어서 치료를 종결할 때에 내담자의 부정적인 자기 신념은 그 강도와 빈도가 상당히 줄어들었고, 18개월 후에는 그러한 신념이 사실상 사라졌다. Marks는 가상 노출 기법을 통해서 역할극의 긍정적 결과를 얻었다. 어떤 역할극에서 내담자는 스스로 짧은 반바지와 티셔츠를 입고 여성들과 이야기를 나누었다. 이 역할극을 통하여 내담자는 티셔츠를 입으면 반드시 양복바지를 입어야 하며, 그렇지 않을 때에 부정적인 사회적 평가를 받는다는 무조건적인 신념을 깨뜨려보는 시도를 하였다. 그의 자기 신념'나는 쬐짜야'이 변하면서, 타인이 자신을 부정적으로 평가할 것이라는 예상도 수정되었다.

Newell과 Shrubb이 설명하였듯이, 역설은 역할극에서 가장 중요한 특징이다. 역설은 치료자가 공포증을 겪는 내담자에게 '동의'하고, 공포증을 겪는 사람은 자신의 잘못된 전제나 신념을 '합리적인 관점에서' 비판하는 역할을 떠맡는다.

Viktor Frankl은 이미 1929년부터 역설 기법을 심리치료의 한 방법으로 사용하였으며, 그 후로 10년 후에 "역설적 의도paradoxical intention"라는 논문을 썼다.[1939] 그는 반복되는 예기 불안이 역설적인 소원과 결합되어 병리적 공포를 낳는다는 전제에 근거해서, 역설적 의도를 사용하였다. 예를 들어서, 남을 속이기 위하여 지나치게 골몰하는 사람에게 아주 완벽한 계책을 생각해내라고 요청하고, 그가 제시하는 모든 계책의 약점을 지적해서 지치게 만들어서 마침내 속이기를 포기하도록 유도하는 방식으로 이 기법을 사용할 수 있다. 그는 역설적 의도가 개인의 얽매인 문제에 대한 대처기제로 사용되고 활용될 수 있다고 주장하며[1975], 그 효과를 발휘하는 원인이 생물학적이라고 암시한다.

Frankl의 치료방법을 훈련받은 치료자 Lukas[1984]는 역설적 기법이 사회공포증에 사용될 수 있는 예[79-81]를 보여준다. 어떤 십대 수련생이 갑자기 사장의 사무실로 불려갔다고 상상해보자. 방이 더워서인지 또는 긴장해서 그런지 그는 사장실에 들어가면서 땀을 흘렸다. 사장은 별 생각 없이 그에게 땀을 흘린다고 말하였다. 그가 다시 사장에게 불려갔을 때에, 다시 땀을 흘리게 될까 봐 두려웠다. 그는 조심스럽게 얼굴을 닦고 사무실에 들어갔는데 땀을 흘릴까 봐 신상이 뇌었고, 오히려 땀구덩으로 송송 땀방울이 맺혔다. 사장의 사무실에서 두 번 땀을 흘린 경험을 하고나서 그는 사장에게 호출되면 반드시 땀을 흘리게 될 것이라고 확신하게 되면서 불안을 느꼈다. 예기불안이 증가하면서 사무실에 가면 어김없이 땀을 흘리게 되었다. 점차로 사장의 사무실 근처에 가지 않았으며 호출 받을 시기가 되면 몸이 아프다고 핑계를 대었고, 진정제를 복용하게 되었다. 이 악순환은 점점 강화되어서 땀을 흘릴 것 같은 불안이 다른 상황으로 확대되었다. 그는 연장자와 말을 하게 될 때에도 땀을 흘릴까 봐 두려웠다. 점차 사회생활을 할 수 없게 되었으며, 외톨이로 지내게 되었다. 부끄러움은 점점 증가해서 거의 사람들을 만날 수 없게 되었고, 진정제에 의지해서 살아가게 되었다. 한편 사장은 견습생이 근무를 제대로 못하자 해고시켰다. 견습생은 일자리를 잃게 되자 더욱 공포에 싸이게 되었다. 이제 모든 삶의 영역에서 공포를 경험하며 자존감은 완전히 무너져버렸다. 땀을 흘리는 것뿐만 아니라 심장도 두근거리고 불면증에 시달리면서 건강도 잃어가자 "내 인생은 끝장났다."라고 결론지었다.

어떻게 이 젊은이를 도와서 절망스러운 운명을 피하게 할 수 있을까? 먼저, 그는 자신이 땀을 흘린다는 사실을 유머러스하게 바라보도록 권면받았다. 그는 사장의 방에 들어갈 때, 엄청 땀을 흘려서 웅덩이를 만들어 사장을 빠뜨리는 상상을 한다. 만약 그렇게 된다면 사장이 다시 그를 부르지 않을 가능성이 높기 때문이다. Lukas는 이 처방이 상상을 현실로 만들기 어렵기 때문에 지나치게 과장된 방법을 제시하는 것처럼 보인다고 설명한다. 그러나 어떻게 보면 젊은이는 현실에서 심각한 결과를 초래할 정도로 땀을 흘리지 않음을 깨닫게 되어서 안심하게 된다. 이 처방의 목적은 내담자가 상상을 통하여 자신의 증세를 지나치게 심각하게 받아들이지 않도록 돕는 데에 있다. 결과적으로, 이 처방은 내담자가 증세와 '타협'하도록 이끈다. 이 처방을 통하여 내담자는 자신의 감정적 불일치^{disorder}를 바라보게 된다. 처방이 더욱 과장되어 유머러스할수록 공포증도 덜 심각한 것처럼 느껴지며, 신경증적인 순환이 깨어져 공포는 힘을 잃고 증세가 약해진다. 악순환의 고리가 사라지면서 내담자의 건강을 위한 선순환의 고리가 서서히 형성된다.

또한 Lukas는 이 사례에서 점차적으로 증세가 감소된다는 사실에 주목한다. 그 견습생은 아무리 노력해도 지나치게 많은 땀을 흘릴 수 없다는 사실을 깨닫게 되면서 공포에서 벗어나고 여유를 찾게 된다. 물론 Lukas는 현존하는 증세의 뿌리 깊은 원인이 치유되지 않기 때문에 역설적 의도가 새로운 증세를 일으킬 수 있는 위험을 가지고 있다는 비판을 부인하지 않는다. 다만 현존하는 증세 자체가 아직 밝혀지지 않은 새로운 증세의 원인이 된다는 생각이 아직 분명하게 증명되지 않았기 때문에 일종의 전제가 될 수 있다고 본다. 어떤 원인 때문에 발생 하였던지 간에 공포증은 낮은 자기 이미지, 회피의 패턴, 활동의 철수, 그리고 실패에 대한 확신을 야기한다. 앞에서 이야기한 여 성직자는 성공적인 성직의 수행이 성배를 들고 포도주를 흘리지 않는 데에 달려 있다고 믿었다.

Lukas에 따르면, 치료자는 현재의 증세를 무시하고 상상이나 의심되는 원인, 또는 새로운 증세를 찾는 데에 소중한 치료시간을 허비할 수 없다. 치료자는 먼저 현재 불행의 결과인 증세가 감소되고 난 후에, 더 깊은 원인을 탐구할 수 있다. 현재 겪는 증세가 감소된 후에, 긍정적인 피드백이 새로운 자신감을 심어주어서 내담자는 더 깊은 원인을 파악하고, 대처할 힘을 얻게 될 수 있다.

그러나 최근에 Akillas와 Efran[1995]은 증세 처방에 대하여 다른 관점을 제기하였다. 사회적 공포증을 겪는 사람들의 한 집단에 실시된 연구에서, 두 종류의 역설적 명령의 결과가 평가되었다. 첫 번째 명령은 사회적 모임에서 몸을 떨도록 지도하는 '증세 처방'이며, 두 번째 명령은 내담자가 증세를 바람직하거나 즐거운 것으로 인식하도록 이끌어서 의미 변화라는 '재구조화'를 이끌어내는 것이다. 재구조화를 선호하는 사람들은 두 번째 처방이 내담자의 증세에 대한 인식을 부정적인 관점에서 긍정적인 관점으로 변형시켜서 은연중에 행동을 '재구조화'하기 때문에 효과적이라고 주장한다.Watzlawick 연구팀, 1974 Akillas와 Efran의 연구는 역설적 명령이 내담자의 증세에 대한 의미를 변화시켜서 효과를 가져 온다고 암시한다. 더 나아가서 문제되는 행동이 생각하는 것만큼 병리적이며 불행하다고 해석되지 않는다면 증세 처방은 치료적이라고 말한다. 다시 말해서, 역설적 설명에 따르면 증세가 인식되는 바로 그 방법으로 증세가 수정 되지 않으면 효과적으로 치료적 변화가 발생하지 않는다는 점을 강조한다. 따라서 재구조화는 역설적 심리치료의 핵심적 요소이다.

역설적 명령은 3주 간의 개인 회기동안 적용된다. 첫 회기는 면담자를 통해 사회적 상황에서 경험하는 어려움과 이전에 시도했던 치료방법에 대하여 살펴본다. 모든 내담자는 평상시에 피하려고 하는 행동을 '교정'하도록 요청받는다. 예를 들어서, 파티에서 말을 하지 못하는 사람은 사회적 모임에서 사람들에게 인사말 외에 지속적인 대화를 피하도록 지도받는다. 따라서 어떤 집단은 재구조화 없이 증세 처방이 수행되지만, 다른 집단에서는 재구조화가 사용된다. 전자의 집단에서 치료자는 "앞으로 두 주 동안, 여러분에게 낯설지만 도움이 되는 일을 하도록 요청할 것입니다."라는 말로 시작해서 증세 처방 기법을 설명하고, 내담자가 피하려고 하는 그 일을 시도하도록 권면한다. 연구자들은 이것을 "재구조화가 없는 증세 처방"이라고 부른다. 내담자가 합리적인 이유를 이해하지 못한 채로 비논리적이라고 생각되는 명령을 따르도록 요청받기 때문이다. 후자의 집단에서 치료자는 내담자에게 그동안 불안을 극복하기 위한 노력은 사회화라는 부담으로 이끌었지만, 사회화는 편안함을 느낄 때에 저절로 이루어진다고 설명한다. 다시 말해서 주어진 상황에서 사회화가 진행 되어야 할 것인지, 또는 그렇지 않아도 될 것인지의 결정은 내담자 자신의 결정에 달려있다고 깨닫게 한다. 스스로 편안하다고 느껴지지 않으면 사회화를 선택하지 않을 권리가 있다. 그리고 편안하다고 느껴지지 않는 과제를 선택하지 않을 수 있다는 사실을 발견하도록 돕는다. 다시 말해서, "치료자는 내담자에게 문제가 되는 행동에 대하여 스스로 합법적인 선택을 통하여, 문제되는 행동 수정이라는 재구조화를 실현하도록 권면 받는다."[268]고 설명할 수 있다.

불안, 회피, 그리고 금지에 대한 질문지와 자기 등급매기기 척도의 근거에 대하여, 연구팀은 재구조화를 병행한 증세 처방이 그렇지 않은 증세 처방보다 더욱 효과적이라고 결론을 내렸다. 특별히 주목할 것은 재구조화를 받아들이는 집단은 다른 집단보다 더욱 쉽고, 지속적으로 금지할 사항이 감소한다고 보고하였다. 이런 결과는 사회공포증을 겪는 사람들이 "처방이 내담자로 하여금 증세를 합법적이고 병리적이지 않은 행동으로 보도록 돕는다면"277 증세 처방이 효과적이라는 연구팀의 주장을 지지한다. '재구조화' 되는 것은 사회화를 피하고 싶었던 대중 연설 등의 주제에서 바람직하지 않았던 관점 또는 자신이 가지고 있었던 공포증이다. 만약 대중에게 연설하기, 권위적인 관계의 사람과 대화하기 등의 주제에 대해서 사회화하지 않기로 결심한다면, 그 결심은 합법적인 선택이다. 다시 말해서, 이 특별한 연구의 저변에는 내담자가 사실상 개인 선택의 문제인 사회적 상황에 대하여 개인적인 선택을 포기하였다는 전제가 깔려있다. 재구조화적인 접근법은 개인이 자신의 독자성과 삶에 대한 통제의 권리 등, 원래 자신에게 속한 것들을 회복도록 격려한다.

결론

인지 행동 치료법은 사회공포증에 대하여 현재 가장 널리 사용되기 때문에 좀 더 자세하게 설명이 될 수 있다. 그러나 지금까지의 비교적 간략한 설명에 따르면, 인지 행동 치료자에게 특정 사회적 상황에 대하여 사회공포증을 겪는 사람의 공포가 정당화될 수 있는지의 여부가 가장 중요하다. DSM-Ⅳ의 정의에 의하면, 사회공포증은 '지나친' 또는 '비논리적인' 공포의 근거를 가지고 있다.좀 더 경멸적인 '비합리적인' 단어는 더 이상 사용되지 않는다 최근에 인지 행동 치료자는 사회공포증세의 이면에 감추어진 주요 인지를 설명함으로써 공포증을 경험하는지의 여부와 그 범위에 대하여 연구를 시작하였다. 그들은 사회공포증을 겪는 사람들의 전제와 신념에 의문을 제기해서 공포를 주는 신념이 비현실적이며, 그 신념의 수정을 통하여 사회적 상황을 다르게 볼 수 있도록 돕는다. Akillas와 Efran의 연구¹⁹⁹⁵는 특정한 순간에 사회공포증을 경험하는 사람의 관점이 정당화될 수 있는지에 대한 질문은 쉽게 대답될 수 없다고 설명한다. 그들은 이 문제를 개인의 선택을 연습할 권리의 관점에서 설명하였다. 따라서 그들은 공포 자체가 정당화될 수 있는 지에 대한 질문을 소개하지 않는다. 그러나 치료의 목표가 언제나 개인이 공포를 느끼던 상황을 더 편안하게 경험하도록 격려하는 것이라는 일반적인 전제에 도전한다. 그들은 재구조화 접근법이 언제나 적절한 치료의 목표가 아니며, 문제에 대하여 내담자가 선택할 수 있으며 공포증을 경험하는 상황을 피하도록 선택할 수 있다면 수치심, 연약함 또는 열등감을 느낄 필요가 없다고 인식하도록 돕는 것이 더 나은 치료의 목표일 수 있다고 주장한다. 따라서 계속해서 특정한 공포를 느끼는 사회적 상황을 피할 때에, 자기 자신에 대한 무조건적이고 부정적인 신념도 감소될 수 있다. 이런 관점에서 부정적인 신념의 수정은 Öhman의 지배와 복종의 관점과 연결된다. 사회공포증을 겪는 개인이 '지배적 계급'의 지배력을 강화시키도록 돕거나, 반대로 지배체계를 강화시키는 상황을 회피할 선택권을 가지고 있음을 깨닫는 인지의 재구조화를 이끈다. 이 재구조화의 관점에서 볼 때에 사회공포증을 겪는 각 개인의 공포는 지나치거나 비논리적이기보다, 자기의 선택권을 포기하고 스스로를 괴롭게 하는 자기 파괴적이고 자기 학대적인 마조키즘의 형태로 이해 될 수 있다.

Chapter 6
심리 치료적 접근

    지금까지 논의한 모든 치료방법들은 약리학적인 면에 초점을 두지 않았다는 점에서 심리치료에 속한다. 그러나 다른 치료 방법들을 제외하고 심리치료 기법만을 사용하는 치료자들이 있다. 그들은 사회공포증을 겪는 사람이 개인 상담을 통해 공감적인 상담자에게 공포증에 대하여 이야기해서 도움을 받을 수 있다고 믿는다. 또한 다른 기법노출 기법, 사회적 기술 훈련, 인지적 재구성, 증세 처방 등보다 개인 상담에서 공포증을 얻게 된 원인과 지속되는 요인을 탐구하는 것이 더 효과적이라고 생각한다. 그러나 사실 사회공포증에 대하여 표준적인 심리 치료적 접근이 효과적이지 않다고 생각되어 부분적으로 다른 방법들이 개발되었다. 하지만 나는 모든 종류의 사회 공포증에 대하여 독보적으로 효과적인 치료방법은 없으며, 사회공포증을 위하여 개발된 다른 치료방법들에 비해서 심리치료가 반드시 열등하지 않으며 오히려 어떤 내담자들에게는 선호되는 방법이라고 주장한다.

    사회공포증도 내담자들이 경험하는 다른 문제들처럼 어려움에 관련되어서 검토되어야 하며, 개인이 겪는 다른 문제들과 분리되어서 다루어져서는 안 된다는 것이 심리치료의 한 가지 기본 전제이다. 한 마디로 사회공포증의 회복은 다른 문제들의 회복과 궤도를 같이 한다는 것이다. 이 전제는 심리치료를 찾는 많은 사람들이 사회공포증을 치료받을 증세로 생각하지 않는다는 사실에 근거한다. Zerbe가 지적하였듯이, "사회공포증을 겪는 내담자는 사회공포증으로 진단받기 이전에 진단서진단과 치료법의 계획에 기록된 다른 많은 심리적 문제에 대하여 불평 한다."1994, A6 다른 증세들, 예를 들어서 알코올 중독, 우울증, 거식증 등이 더 눈에 띄어서 사회 공포증은 심각하게 느껴지지 않기 때문에 분명하게 진단되지 않거나, 증세가 축소되어 이해된다.

증세의 제거예를 들어서, 심각한 불안을 느끼지 않고 사회적 모임에 출석하기만으로 충분하지 않다는 것이 심리치료의 또 다른 기본적 전제이다. 공포증의 저변에 깔린 원인이 식별되지 않으면 증세가 계속되거나 재발되기 때문이다. Menninger1994가 지적하였듯이, 대개 지속적이고 주의 깊은 탐색이 치료자로 하여금 내담자에게 고통을 주는 사건과 갈등을 식별하도록 돕는다. 흔히 내담자는 심리적 고통 뿐만 아니라 더 나아가서 일시적으로 불안장애가 강화되는 것처럼 느끼기 때문에, 계속해서 고통을 주는 사건과 갈등의 심리적 원인을 대면하는 일을 회피하는 경향이 있다. 따라서 상담자의 인내와 배려를 통한 충분한 탐색이 필요하며, 그 결과로 추가적인 치료나 의약품의 사용이 현저하게 줄어든다. 따라서 내담자의 삶에서 "흔히 현재와 과거의 왜곡된 관계와 연관되어" 주요 인물에 의하여 겪게 된 처음 외상 경험의 상징적 회상과 치료가 연결 될 수 있다."A88 사회공포증이 처음 외상의 상징물이라는 주장에 대하여 심리치료의 정신분석적 형태가 가장 중요한 관점을 제공하였다. 대부분의 심리치료사들은 사회공포증이 뿌리를 두고 있는 내담자의 과거의 사건 또는 현재 관계가 식별되고 탐색될 필요가 있다고 믿는다. 이런 탐색 과정 없이 내담자의 현재 불안만을 다루는 것으로 만족하지 않는다.

공포증에 대한 행동치료적 접근과 심리치료적 접근 사이의 화해를 옹호하는 어떤 임상 보고서에서, Llewelyn은 심리치료적 관점에서 시작하려면

"증세가 표면적인 가치만을 가지고 있지 않다는 격언의 관점"1980, 145이 필요하다고 강조한다. 따라서 내담자가 공포증을 경험한다고 불평할 때에, 심리치료사는 저변에 깔린 원인이나 현재 관계에서 겪는 어려움을 식별하게 되기까지 그 불평을 깊이 탐색한다. 그러나 이 접근방법은 세 가지 중요한 이유 때문에 사회공포증의 사례에서 수정될 필요가 있다. 첫 번째로, 내담자는 저변에 깔린 이유에 대하여 전혀 알지 못할 수 있다. 따라서 많은 설명을 하고난 후에도 그 이유를 밝혀내지 못할 수 있다. 두 번째로, 증세를 일으키는 어려움이 너무 불편하고 대면하기 힘들기 때문에, 민감한 탐색을 통해서도 뚫고 들어갈 수 없는 방어기제가 구축될 수 있다. 세 번째로, 치료자가 상당한 노력을 기울여 탐색에 성공하게 되어도 현재 증세의 잔재 때문에 새롭게 획득한 통찰의 관점으로 행동할 기회를 축소시킬 수 있다.

따라서 Llewelyn은 심리치료사가 심리치료적 관계의 첫 단계에서 현재의 증세에 초점을 두고 기회가 있는 대로, 더 깊은 문제들로 치료의 초점을 옮겨갈 것을 제안한다. 그 예로서, Llewelyn은 공포증손에서 땀이 잘나고, 심장이 떨리고, 자주 소변이 마려움 때문에 찾아온 35세의 세철공장 근로자의 이야기를 한다. 그는 2년마다 겪어야하는 직능평가가 시행되는 동안에 바늘로 귀가 찔리는 것 같은 통증을 경험하였고, 그 모습을 본 동료들에게 작은 바늘을 무서워한다는 놀림을 듣고 증세가 악화되었다. 그가 Llewelyn를 만나러 왔을 때에 그는 업무에 깊은 애착을 가지고 있으면서도 단지 바늘로 귀가 찔리는 것 같은 고통 때문에 3개월 동안 일을 하지 못하고 있었다.

Llewelyn는 그에게 표준적인 이완 과정을 설명하면서 행동치료의 단계적 둔감화Desensitization의 방법을 사용하였다. 이 방법으로 치료를 받은 후에 그는 그런대로 직능 평가를 끝낼 수 있었고, 합격통지를 받은 후에 작업장에서 동료들의 농담도 견디는 듯이 보였다. 한편 치료과정 중에 그는 어린 시절부터 치과의사에 대한 공포를 느끼고 있어서 10년 동안 단 한 번도 치과에 가지 않았다고 보고하였다. 이 공포를 제거하기 위하여 단계적 둔감화 치료를 받았다. 마침내 오랫동안 밀려 두었던 치과 진료를 받으러 가게 되었을 때에, 그는 "큰 산을 정복하였다."고 외쳤으며, 다음 주에도 진료를 받으러오겠다고 결심하였다. 그는 치과진료에 대한 공포의 극복보다 직장에서의 직능 평가에 대한 공포의 극복이 훨씬 수월하였다고 평가하였다. Llewelyn이 처음부터 의도하지 않았지만, 치과진료에 대한 공포극복은 '더 나쁜 대안 제시하기' [Haley 1973, 25-26]라는 재구조화 기법을 효율적으로 사용한 예가 되었다

증세의 호전을 경험한 이후에 그는 직장으로 돌아가서 직능 평가와 관련된 공포증에서 완전히 회복되었다고 보고하였다. 다음 시험도 예정대로 치르면서 치료가 성공적이라고 더욱 확신하게 되었다. 이후로 3개월간 후속 치료가 순조롭게 진행되었다. 그런데 후속 치료가 종료된 지 약 1개월 후에 갑자기 긴급 도움을 요청하였다. 그때 그는 아내의 손에 이끌려서 치료를 받으러 왔는데, 직장에서 '모든 것이 무서워져서' 더 이상 일을 할 수 없게 되었다고 말하였다. 그의 아내도 남편의 말에 동의하면서 남편이 공포를 극복하려고 하루 종일 마을 여기저기를 운전하고 다녔다고 말하였다. 그는 그 이유에 대하여 새로운 직능 시험에 대하여 공포를 경험하게 되었다고 고백하였다. 새로 경험하게 된 공포증의 극복을 위하여 수 회기의 상담을 받으면서 처음에는 주로 직장 생활의 어려움을 호소하였지만, 상담의 초점이 부부로 집중되면서 잠재되어있던 결혼생활의 문제가 드러나기 시작하였다. Llewelyn는 남편이 결혼 생활의 문제를 직능 시험에 대한 공포로 대체하게 되었다고 확신하게 되었다. 따라서 이번에는 직능 시험에 대한 공포가 사라질 때에, 그가 아내를 떠나는 문제를 놓고 심한 불안을 겪고 있음이 드러나면서 그 이유와 불안의 탐색에 상담의 초점이 집중되었다.

그러던 중에 그는 다음 달에 연속 2회기의 상담에 나타나지 않았다. 그리고 자신이 아내를 떠났고, 다시 직장에 나가게 되었다고 말하였다. 그리고 다음 회기에 나타나서 아내와 결혼 생활 안내 프로그램에 참여하게 되었지만 떨어져 지내기로 한 결정을 철회할 의사는 없으며, 그 대신 아내와 아이들에게 경제적 지원을 넉넉하게 하고 있다고 말하였다. 다음 회기에서 홀로 지내는 생활이 만족스럽다고 보고하였다. 아이들과 떨어져 지내는 것이 아쉽기도 하지만, '희망이 없는 결혼 생활'에서 한 걸음 거리를 두고 지켜보는 것이 자신과 아내에게 정직한 일이라고 믿었다. 이후 4개월 간의 후속조치가 진행된 후에, 그는 귀걸이를 하고 나타났다. 이제 지난 9개월 간 직장에 나가지 못할 정도로 공포를 느끼던 증세가 사라져서 어떤 형태의 직능 시험도 더 불편하게 느껴지지 않게 되었고, 아내도 그가 선택한 새로운 삶의 방식에 만족하였다. 그는 결혼 생활의 불만족이 직능 시험에 대한 공포라는 대체물로 표현되었음을 깨닫게 되면서 치료의 실마리가 풀렸다고 생각하였다. 그리고 만약 처음부터 Llewelyn이 직능 시험의 공포증의 치료에 초점을 두기보다 그 증세가 더 깊은 심리적 문제의 전조라는 데에 초점을 두었다면, 저항을 초래해서 오히려 결혼 문제를 들여다보는 데에까지 나아가지 못했을 것이라고 덧붙였다.

Llewelyn은 이 사례를 통하여 내담자가 제시하는 현재 증세에 초점을 두어 치료를 시작하는 것이 중요하다고 말한다. 아울러 치료의 모든 국면에서 변하지 않는 요소는 치료적 관계 그 자체이다. 치료의 초기에 '더 심층적이지 않아 보이는 현재 문제들의 교정'에 초점을 두어도, 치료적 관계가 유지된다면 서서히 더 심층적인 문제를 탐색하게 될 수 있다고 강조한다.

Hand와 Lamontagne[1976]은 집단 노출 기법에 의하여 광장공포증과 사회공포증을 성공적으로 치료한 후에, 통렬한 개인적 위기가 기대할 수 없을 정도로 높은 비율로 발생한다고 주장하며 Llewelyn의 태도를 지지한다. 그들의 연구대상인 25명의 개인대상연령:35세. 증세경험 기간:8년 반 중에서 기혼자가 21명이었다. 14명의 기혼 내담자는 치료가 시작되기 전에 만성적인 결혼 생활에 대한 문제를 인식하고 있었지만, 공포증을 더 큰 문제로 여겼다. 따라서 대안으로 제시된 부부치료보다 공포증의 치료를 더 원하였다.

그러나 공포증이 성공적으로 치료된 직후에 결혼을 불만족스럽게 생각했던 14명 중의 6명과 치료 이전에 결혼 생활에 불만을 토로했던 7명 중의 1명이 결혼생활에서 통렬한 위기를 경험하게 되어서 부부치료를 요청하거나 요청받게 되었다. 그러나 7쌍의 커플 중에서 3쌍만이 집단 부부치료에 참여했다.

부부치료에 참여한 커플에 대하여 몇몇 사례를 설명하면 다음과 같다. 어떤 내담자는 여러 공포 증세들 중에서 한 증세가 호전되면서 우울해지고 초조하며, 아내뿐만 아니라 경찰에 대해서도 편집적인 태도나중에 모호한 죄책감과 결합되어를 보였다. 그리고 이어지는 몇 회기의 상담을 통하여 마음의 평정을 되찾은 이후에, 집단 부부치료에 참여하게 되었다. 그들의 주거 환경에 어느 정도의 변화를 준 후에, 결혼 생활의 안정감이 많이 증가하였다. 그러나 이 시점에서, 내담자의 외출 공포증이 재발하였으며 경찰에 대한 편집적 감정이 그 이유라고 설명하였다. 지지치료를 통해서 이 감정은 사라졌지만 점점 더 아내에게 감정적으로 의존하게 되었으며, 심장마비로 죽을지도 모른다는 공포증에 대하여 자신이 '연로'하였기 때문이라고 말하였다.

어떤 내담자는 평가 면접에서 결혼 생활의 문제를 언급하였다. 남편은 해군 복무를 원하지만 아내인 내담자가 반대하는 것이 결혼 생활 문제의 주요 원인이었으며, 남편의 군복무 때문에 가고 싶지 않은 도시로 이사하게 되면서 공포증이 시작되었다. 내담자는 치료 중에 증세가 호전되었지만 치료를 마치고 약 3개월 뒤, 치료자와 마지막 면담을 할 때에 부부치료를 요청하였다. 내담자에게는 다음과 같은 독특한 사연이 있었다. 그녀는 사생아로 태어났다. 성장하면서 지속적으로 계모와 계부에게 친어머니와 같이 성적으로 문란한 생활을 하지 말라는 경고를 받으면서 자신도 모르게 생모를 미워하고 살아왔다. 그런데 막상 생모가 돌아가시자 죄책감을 느꼈다. 결혼도 계모의 강요로 하게 되었다. 남편의 성품은 마음에 들었지만 성생활에서 만족을 느낄 수 없었다. 그러던 중에 남편의 군복무 때문에 전근을 간 낯선 도시에서 남성과 여성들에 의하여 쉽게 성적으로 흥분되는 자신을 발견하였고, 그때마다 생모처럼 성적으로 문란해지면 안 된다는 경고가 떠올랐다. 면접을 하는 동안 자신이 처한 상황에서 절망을 느꼈고, 결혼생활에서 획기적인 변화나 새로운 삶을 선택할 수 있게 되기를 원하였다. 그들 커플은 집단 부부치료를 제안 받았으나 남편은 참여를 거부하였다.

21명의 기혼 내담자 중에서 14명은 평가 면접에서 결혼 생활의 문제를 언급하였고 연구팀은 공포 증세와 개인 상호간의 문제에 대하여 연구하였지만, 공포증의 원인과 신속한 증세의 세서가 어떤 만성적인 결혼 생활의 문제를 가져올 것인지에 대하여 일관된 패턴을 찾을 수 없었다. 내담자들이 결혼 생활의 문제를 겪고 있다고 인식한 14개의 사례 중에서 절반이 공포 증세를 제거하자마자 극심한 위기가 발생하지 않았고, 부부생활의 향상이 따라오기도 하였다. 더 나아가서, 치료자와 내담자들이 모두 결혼 생활 문제가 관련되어 있다고 인식할 때에도 내담자들은 부부치료보다는 공포증의 치료를 요구하였다. Llewelyn과 같이, 연구팀은 이 점에서 내담자의 요구에 부응하는 것이 최선이라고 주장한다. 그 이유는 몇 몇의 사례에서 공포증이 성공적으로 치료되면, 결혼 생활 문제도 상당히 감소하였기 때문이다. 그러나 한편으로, 공포증이 성공적으로 치료된 후에, 부부생활에 대한 상담을 요청하지 않게 되기도 한다.

위의 연구 결과는 때때로 공포증이 결혼 생활 문제와 관련되어 있으며, 그 결과로 공포 증세를 겪게 될 수 있다는 임상적 상황을 설명한다. 이때, 공포 증세를 다루려고 저변에 깔린 결혼 문제를 너무 성급하게 다루어서 결혼 문제가 해결됨과 동시에 공포증이 성공적으로 치료 되었다고 생각될 수 있다. 그러나 앞의 사례처럼 공포증이 성공적으로 치료된 후에, 내담자의 심리 저변에 깔린 문제들을 대면하게 이끌 수도 있다. Llewelyn의 연구는 특정 공포증바늘이 찔릴 것에 대한 공포에 초점을 두었고, Hand와 Lamontagne의 연구1976에서 대부분의 내담자들이 광장공포증으로 진단받았다. 그러나 사회공포증의 한 사례연구Humphreys와 Beiman, 1975에서 공포증의 행동대중 연설, 공중 예배참석, 식당에 가기, 권위적 인물 대면하기 등의 어려움과 결혼생활의 어려움이 결합되어있다는 사례도 밝혀졌다. 이 사례에서 공포증은 행동 기법을 통해 성공적으로 치료되었지만, 결혼 생활 문제는 행동 치료 기법이 적용된 이후에도 눈 깜짝 않고 여전히 버티고 있었다. 또한 내담자의 배우자는 집단 부부 치료를 거부했다. 한편 흥미로운 사실은 내담자가 대면하기 어려운 권위적인 인물 중의 한 명은 계부였다는 사실이다.계부는 교회공포증을 겪었는데, 예배를 드리기 위하여 자리에 앉을 때에 맨 뒤 자리에서 매주일 한 줄씩 앞으로 이동해서, 마침내 맨 앞줄에 앉을 정도로 불안을 극복한 경험을 가지고 있었다

따라서 공포증과 현재 결혼 생활 문제의 관계가 사회 공포증에도 적용되어서, 공포증의 성공적 치료와 결혼 관계가 향상 되거나 부진되는 복잡한 관계가 나타날 수 있다. 그렇다고 모든 사회공포증의 저변에 결혼 문제가 잠재되어 있다고 결론 내릴 수는 없다. 그러나 일단 사회공포증은 사회생활에 상당한 지장을 초래할 수 있으며, 표면적으로 드러나는 구체적인 사회적 관계의 문제의 원인을 탐색하면 잠재되어있던 더 깊은 심리적 갈등을 탐색하게 될 수 있다.

사회공포증에 대한 정신분석적 접근

지금까지 사회공포증과 개인 상호간의 문제, 특히 결혼 생활 관계의 문제에 초점을 두었다. 그러나 정신분석적 관점은 사회공포증이 현재 겪는 개인 상호간의 어려움보다는 아동기의 감정적 외상에 의하여 발생할 가능성이 높다고 본다. 이런 관점은 사회공포증의 전형적인 발생 시점이 현재 직장 생활이나 결혼 이전의 청소년기라는 주장과 잘 들어맞는다. 또한 사회공포증을 겪는 많은 사람들이 공포증의 문제를 부적절하거나 특이한 양육방식의 탓으로 돌리는 경향이 있음을 지지한다. 따라서 정신분석적 심리치료사는, 내담자 부모의 양육방식과 관련된 성장기 경험에 초점을 둘 가능성이 높으며, 특히 사회공포증의 사례에서 이런 태도는 더욱 효과적일 수 있다. 이런 관점에서 다른 심리치료사들에 의하여 제기된 현재 결혼 생활 문제나 다른 개인 상호간의 어려움은 아동 초기의 개인 상호간 문제로 거슬러 올라가서 고려될 수 있다. Hand와 Lamontagne는 어떤 여성에 대한 사례를 제시하였다. 그 여성의 결혼 문제는 이런 정신분석적 관점에서 볼 때에 '성적으로 문란한' 어머니에 대한 죄책감과 관련되었을 가능성이 있다.

공황장애와 사회공포증의 정신 역동적인 연구 논문에서, Gabbard[1992]는 사회공포증에 대한 정신분석적인 관점을 제시한다. 그는 Kagan과 그의 연구팀[1986/1987]이 제시한 수줍어하며 위축된 어린이의 사례를 인용하였다. 그는 이 사례가 사회공포증에 대하여 강하고 위험한 기질적 증거를 제시한다고 강조한다. 또한 환경에서 오는 어떤 형태의 만성적 스트레스가 출생 시에 고유한 기질적 성향에 영향을 주어서 2살 때에 수줍어하고 소심하고 조용한 행동을 하게 된다는 Kagan의 견해를 지지한다. Kagan과 연구팀은 그런 환경적 스트레스를 나이가 더 많은 형제·자매와 부모에게서 받은 굴욕과 비판, 그리고 부모의 사별이나 이별의 경험에서 비롯된다고 가정하였다. 그러나 Gabbard는 정신분석적 스타일의 이론가들이 특정 관계에서의 스트레스가 미래에 어떤 어려움으로 발전할 수 있을지 100% 정확하게 예견할 수는 없지만, 대체로 아동기의 자녀가 어머니와의 관계에서 겪는 스트레스가 사회적 공포증으로 발전될 가능성이 높다고 추론할 수 있다고 말한다.

Gabbard의 관점에서 정신분석은 사회공포증의 증세를 받아들일 수 없는 소망과 환상의 표현, 그리고 다른 한편으로 그러한 소망과 환상에 대한 방어적 표현 사이에서 형성되는 타협으로 이해될 수 있다는 전제를 가지고 있다. 그에 의하면 특히 중요한 발달적 경험들의 외상적 분석을 통하여, 특정하게 만성화된 형태의 증세를 식별하는 단서를 제공받을 수 있다. 그는 특별히 수치 경험이 흔히 사회 공포증의 기조에 깔려 있다고 강조한다. "이런 내담자들은 타인의 주목의 대상이 되고 긍정적인 반응을 얻는 무의식의 소망을 가지고 있다. 그러나 지지하지 않는 내면의 부모 이미지에 의하여 좌절된 소망이 자동적으로 수치심을 발생시킨다. 이 상상속의 굴욕감 또는 당혹감을 다시 겪지 않으려고 사회공포증의 희생자는 타인에게 지지받지 못할 것이라고 예상되는 상황들을 회피하게 된다."[A8] 이런 관점에서 '수치심/회피'의 역동은 유아가 삶의 초기에 관심의 중심이 되기를 원한다는 자기애 성향에 뿌리를 둔다. 정신 분석가들은 이런 현상을 '1차적 나르시시즘primary narcissism'이라고 부른다. 한편 '2차적 나르시시즘Second narcissism'은 유아가 관심의 중심을 잃어버리거나 학대를 받아 수치심을 경험하면서 조작을 통해서 초기 특권의 회복을 시도할 때에 발생한다. 따라서 Gabbard는 회피 행동을 포함하는 공포증은 2차적 나르시시즘의 수치 경험에 뿌리를 두고 있다고 설명한다.Bergmann, 1980을 보라

또한 Gabbard는 죄책감이 사회공포증의 증세에서 중추적 역할을 한다고 주장한다. 이런 관점에서 사회공포증을 겪는 어떤 사람들은 타인에게

완벽한 관심을 얻고 싶은 무의식적 소망을 가지고 있으며, 이 소망은 타인의 관심을 끌만한 모든 경쟁자들을 겁을 주어서 쫓아버리는 공격적인 소망의 형태로 표현된다. 다음으로 이 공격적인 소망, 특히 타인의 관심을 독차지하고자하는 욕구는 수용될 수 없기 때문에 죄책감을 느낀다.

Gabbard는 실제로 경쟁자들을 미워하지만 완전히 제거할 수 없다는 감정에 의해 죄책감을 느끼게 된다고 말한다. 이 죄책감이 수치심과 뒤섞여 죄책감을 억압해서 의식의 영역에서 죄책감을 느끼지 않게 된다고 말한다. 여기에서 Gabbard는 남자 아동이 어머니의 관심을 차지하려고 아버지와 경쟁한다는 정신분석적 오이디푸스기의 이론Oedipal theory을 끌어들인다. 이런 관점은 딸이 아버지의 관심을 얻기 위하여 어머니와 경쟁할 때에도 해당된다. 어떤 모습이던 간에 Gabbard의 정신분석적 관점과 Öhman의 이론은 사회공포증이 '지배/복종'의 인간 상호작용이라는 역동에 뿌리를 둔다는 중요한 공통점을 가진다. 이런 관점에서 특히 Gabbard는 사회공포증의 저변에 공격적 소망이 존재하며, 그 공격성은 사회공포증을 겪는 사람이 사랑하는 사람의 관심을 차지하려고 경쟁자와 옥신각신하도록 만든다고 설명한다. 이런 경쟁은 동성의 부모에 대해서뿐만 아니라, 부모 한 쪽 또는 모두의 관심을 두고 경쟁하는 형제·자매와의 관계에서도 발생한다.

Gabbard는 사회공포증에서 발견되는 역동 중에서 3분의 1이 "분리불안separation anxiety"이라고 말한다. 분리불안은 아동이 자신을 돌보아주는 대상의 사랑을 잃게 될 것을 두려워하면서, 그 사랑을 잃지 않으려고 타인에게 집착할 때에 발생한다. 정신분석적 태도의 치료자는 아동기에 어머니와의 관계에서 겪었던 분리불안이 사회공포증의 발생에 영향을 준다고 본다. Mahler와 그 연구팀[1975]은 관찰 실험에서 어머니가 의자에 앉아서 조금도 움직이지 않았는데도 방을 떠나게 될까 봐 유아가 공포를 느끼는 것을 관찰하였다. 그들은 심지어 유아가 어머니에게서 무의식적으로 떨어지고 싶은 소망을 느낄 때에도 어머니가 자신을 떠나기를 원할 수도 있다고 생각하여 공포를 느낄 수 있다고 결론 내렸다. 이런 관찰 결과를 토대로 연구팀은 대개 어머니들은 짜증을 내며 자녀가 스스로 생존하도록 부정적으로 반응하는 경향이 있으며, 양육자들의 이런 태도는 오히려 자녀들에게 더욱 공포를 느끼게 만들어 자녀들이 양육자에게 분리되어 자율적으로 행동하기를 꺼리게 된다고 생각하였다. 그리고 그들이 성인이 되어서도 애정을 나누는 대상과 단절되는 비극을 피하려고 사람들과 관계를 맺는 것조차 피하게 된다는 결론을 얻게 되었다.

Gabbard는 '수치심/회피, 죄책감/공격성, 불리불안/자율성 찾기'라는 3가지 역동이 어린 자녀에게 수치심을 심어주고, 그들을 비난하고 비웃어서 굴욕감을 느끼게 하며, 그들로 하여금 유기 불안 및 당혹감을 갖게 하는 내적 대상부모, 양육자들 또는 형제, 자매들을 포함하는의 특성을 반영한다고 주장한다. 이런 내면화는 삶의 초기에 형성되어 성장과정에서 되풀이 되면서 만나는 사람에게 투사되고, 재내사되는 과정이 되풀이된다. 따라서 "살아가면서 만나는 사람들과의 관계에서 내면화된 프로그램에 따라 회피 행동을 반복하며, 개인은 점점 더 타인에게 공포를 느끼고 사회공포증을 발전시키게 된다."[A9] 그와는 반대로, 양육자들이 아동의 공포를 민감하게 느끼고 공감적인 반응을 하면 덜 위협적인 내사가 진행되어 공포증세를 만들어낼 가능성이 낮아진다. 그 이유는 주요 양육자의 태도가 내면화로 형성, 발전, 유지되면서 공포증으로 발전하기 때문이다. 이런 관점에서 볼 때에, DSM-Ⅳ의 사회공포증 진단 범주에 의하면 공포증을 겪는 사람의 공포가 과도하고 비논리적이라고 간주될 수 있다. 한 마디로 내면화된 대상의 이미지에 대하여 공포를 느끼기 때문에, 그 공포가 실제 외부 환경보다 더 큰 위협으로 경험된다.

Gabbard는 정신분석적 치료와 관련해서 Freud와 행동 치료가 주장하듯이 노출이 공포증을 인식하도록 돕기 때문에 불안을 일으키는 상황에 노출되는 방법을 옹호하였다고 강조한다. Gabbard는 심리치료만을 사용하거나 또는 행동 기법노출과 같은과 병행할지의 결정 여부는 대개 내담자의 특성에 의존한다고 설명한다. 심리적인 마인드를 가진 내담자는 증세에 영향을 주는 무의식적 요소들에게 호기심을 가지고 있기 때문에 궁극적으로 값이 비싼 치료임에도 불구하고 심리치료를 더 선호할 수 있다. 그러나 Gabbard는 어떤 방법을 사용하던 간에, 치료자는 내담자가 부정적이거나 비판적인 '전이'를 경험할 가능성이 있음을 인식해야 할 필요가 있다고 강조한다. 사회공포증을 겪는 내담자는 치료자를 만날 때에 자신이 표현한 것에 대하여 비난받거나 버림받을 것이라고 기대하거나 또는 확신하는 태도를 보이기 쉽다. 한편 치료자들은 자신의 역전이의 가능성을 인식할 필요가 있다. 내담자들의 침묵 또는 억압된 행동은 치료자의 조바심과 짜증을 유발할 수 있다. 만약 치료자가 내담자의 공포 반응과 그 반응에 의하여 촉발된 역전이를 의식하게 되면 수용적인 분위기를 유지해서, 내담자가 자신의 무의식적 공포를 의식하도록 도울 수 있게 된다. 더 나아가서, 치료적 상황에서 "내담자에게 더욱 편안한 대상관계가 내면화되는 경험을 제공할 수 있다."[A10] 내담자는 치료사가 굴욕감이나 수치감을 안겨주지 않는 수용적이고 공감적인 사람이라고 인식하게 되어 치료자를 자기대상으로 경험하게 되면서 부정적인 내면화가 교정되기 시작한다. Gabbard는 "정신역동적인 접근은 내담자들이 경험하는 증세에 대한 의미를 회복시켜줄 뿐만 아니라, 삶에서 그토록 많은 고통을 주었던 관계적 패턴의 원인을 설명하는 잠재력을 가지고 있다."[A10]고 한다.

따라서 정신역동적인 접근방법은 반드시 두려운 상황의 노출을 포함하지 않는다. 또한 인지적 접근방법과 달리, 내담자의 외부 상황에 대한 인지적 오류에 초점을 두지 않는다. 그 대신, 아동기 때에 공포를 경험하게 만든 원인과 그 원인을 제공한 대상과의 관계의 내면화의 결과로써 공포증세가 계속되고 유지되는 과정의 식별에 치료의 초점을 둔다. 먼저 공포를 느끼는 상황보다 공포를 느끼게 한 사람과의 관계와 그 내면화에 상당한 초점을 둔다고 말할 수 있다. 그 이유는 공포를 안겨준 사람들이 처음 내면화되고, 이 내면화가 이후에 사회적 상황에서 회피하게 되는 사람들에게 되풀이되어 투사되기 때문이다. 이 접근방법은 사회 공포증을 경험하는 많은 사람들이 생의 초기에 부모, 초기 양육자 및 나이가 더 많은 형제·자매와의 부정적 관계를 내면화하고, 이 내면화를 권위적인 관계의 사람들과의 관계에서 재 투사하기 때문에 그들과 대화하는 데에 어려움을 느낀다는 사실을 잘 설명한다. 또한 사회공포증을 겪는 사람들이 자신의 의견을 주장하는 데에 어려움을 겪으며, 사회적 상황에서 유난히 '지배/복종' 역동에 민감하다는 사실은 그들이 아동기 때에 경쟁자예를 들어, 동성의 부모 또는 나이 많은 형제나 자매와의 관계에서 경험한 공격성에 기인할 수 있다. 이런 공격성이 일어날 때에 느꼈던 죄책감과 그 경쟁자를 이길 능력이 없다는 수치심이 더해져서 자신의 의견을 지나치게 억제하게 된다. 이 두 가지 역동은 사회 공포증이 초기의 강력한 대인 관계에 뿌리를 두고 있다는 사실을 잘 설명한다.

부정적인 내적 대상의 표현이 사회 공포증의 열쇠라는 Gabbard의 주장은 Öhman과 Dimberg[Öhman, 1986]의 경험적 연구에서 지지를 얻는다. 그들은 공포증을 겪는 사람들에게 분노, 행복, 그리고 중립적인 감정을 표현하는 인간의 얼굴을 그리도록 요청하였다. 그들은 "행복하거나 무표정한 얼굴보다 화난 얼굴을 더 많이 그리는 경향이 있다."는 사실을 발견하였다.[135] 그들은 놀랄 만큼 세밀하게 묘사한다는 사실을 발견하였다. 사회공포증의 정신분석적 치료가 '화난 얼굴'이 가지고 있는 내면화에 특별히 관심을 기울여야 할 필요성을 강조한다. 예를 들어서 사회공포증을 겪는 성인은 어머니의 온화한 표정보다 화난 표정에 더욱 영향을 받아왔다고 말할 수 있다.

이런 사실은 분리불안이 성인 사회공포증의 원인이 될 수 있음을 의미한다. 특히 분리불안은 광장공포증의 원인이 될 가능성이 더욱 높다. Coleman[1982, 1983]의 정신분석적 연구에 따르면, 아동기의 분리불안 경험이 성인기 이후의 광장공포증과 관련된다고 한다. 어떤 여성이 자신의 딸이 약하고 한 순간에 병에 걸릴지 모른다고 생각해서 일상생활의 일거수일투족을 감시하게 되었다. 이 딸은 성인이 되면서 광장공포증을 겪게 되어 치료를 받게 되었다. 한편, 치료의 과정에서 친어머니가 출산한지 6개월 후에 친정어머니와 사별의 아픔을 겪었음이 밝혀졌다. Coleman은 그 여성의 광장공포증의 시작과 그 역동은 자신의 혈육을 여의면서 딸과의 분리를 두려워하였던 어머니의 분리불안에서 비롯되었다고 결론지었다. 이런 결론은 광장공포증을 겪는 사람이 언제나 신뢰하는 사람과 함께 있기를 원하고, '안전한 장소'에서 벗어나는 모험을 감행하려면 엄청난 불안을 경험하게 된다는 일반적인 관찰 결과와 잘 들어맞는다.

이 사례에서 공포증은 사회공포증이 아니라 광장공포증이라는 사실을 주목할 만하다. 이런 사실은 Gabbard가 구별한 다른 역동들(수치심/회피와 죄책감/공격성)이 분리불안보다 사회공포증에 더욱 적절하게 관련됨을 암시한다. 다른 말로 표현하면, 사회 공포증의 주요한 역동은 다음의 두 가지이다. 관심의 중심이 되고 싶은 소망(그러나 소망과 동등한 수치심이 동반됨)과 관심에 대한 공격적인 욕구(그러나 경쟁자를 물리치기에 무능하다는 감정으로 인해 수치심을 느끼게 됨)이다. 두 개의 역동은 아동이 중요한 성취를 이루었을 때에 관심을 받고자 하는 소망이 적절하지라도 자기를 드러내지 않는 억제행동으로 이끈다. 우리는 뛰어난 업적 때문에 포상을 받기로 한 여성이 회사에서 주최한 저녁 만찬에 참석하지 못한 사례를 다시 언급할 수 있다. 그녀가 아프다는 핑계로 만찬에 참석하지 못했을 때에 동료들은 더욱 조촐하고 친한 사람들만 모이는 파티를 준비했다. 그러나 그녀는 그 파티조차 참석하지 못하게 되었고, 결국 다른 사람의 관심을 받는 것이 부담이 되어서 직장을 그만두게 되었다.Uhde와 그 연구팀, 1991 아마도 그 여성은 아동기 때에 관심의 초점이 되는 것은 부적절한 위험을 초래하게 된다고 믿게 되었을 수 있다. 또한 관심을 받고자 하는 소망의 공격적인 면예를 들어서, 경쟁자, 나이가 더 많은 형제. 자매를 물리치고 관심을 받고 싶은 소망을 느꼈을 수도 있다.

Meissner의 연구팀1987은 Gabbard보다 공포증의 발생과 공격성의 관계에 대한 연구를 더욱 세밀하게 발전시킨다. 그들은 공포증세의 형성에서 정신분석적으로 잘 구조화된 공격성의 역할이 발견된다고 말한다. 정신분석적 관점에서 공포는 외부 대상에 대한 두려움이 아니라 내적 충동에 의한 불안에서 발생하며, 리비도가 공격적 충동을 정당화하면서 형성된다고 한다. 이때 무의식이 공포 증세를 만들어내면 의식의 영역에서 자아가 견뎌 낼 수 있는 범위 안에서 불안을 다루게 되기 때문에 내적 충동에 대한 불안은 외상이 되지 않는다. 따라서 "물거나 삼키려는 구강기의 가학적 충동은 물어 뜯길지도 모른다는 공포로 변형될 수 있고, 매 맞고 고문당하고 싶은 피학적 소망이 밤길에 대한 공포 또는 공격과 파멸에 대한 공포의 형태를 띨 수도 있고, 오이디푸스 갈등 관계의 아버지에 대한 살해 욕구가 동물 공포증이 될 수 있다."458

Meissner의 연구팀은 공포증의 형성에 대한 일반적 그림을 받아들이면서, 공격성이 주어진 본능이라는 상식적 전제에 반대한다. 그 대신, 공포증은 적절한 자극이나 조건하에서 동기를 부여받아 발생한다고 주장한다. 예를 들어서 어머니에게 애정과 적대감을 느끼는 소녀와 같이, 전형적으로 공격성은 아동과 부모의 한쪽 또는 양쪽과의 관계 속에서 발전한다. 따라서 공포증은 심리내적으로 갈등이 일어나고 있고, 그 결과로 불안이 일어나고 있다는 표시이다. 그러나 공포의 대상은 그 자체로서가 아니라 정신적으로 견딜 수 없을 정도의 심리내적인 갈등이 전치되어 외재화의 결과로 표현된다. 한마디로 공포증은 외부의 위협이라는 원인을 견디기 위하여 심리적으로 타협의 과정을 거쳐서 형성되는 결과의 산물이다.

이런 관점에서 공격성은 두려운 사람, 사물 또는 상황이라는 외부 대상 때문에 발생한 심리내적 공포를 견디기 위한 무의식적 시도에서 비롯된다. 좀 더 자세히 설명하면, 공포증은 두려운 외부 대상과의 관계 경험을 내적 대상과의 관계 경험으로 전치시켜서, 의식의 영역에서 마치 내적 대상에 대하여 공격성을 경험하는 것처럼 느끼게 하며, 처음에 두려움을 일으키게 한 외적 대상을 피하게 만든다.[475]

Meissner와 그 연구팀의 관점은 사회공포증세가 사회적 상황에서 부정적인 비판에 대하여 과도하게 공포를 느낀다는 특성을 보이기 때문에 지지받는다. 공포의 과도함은 공포증을 겪는 사람의 공격성이 공포를 느끼는 대상이 사례에서 사회적 집단에게 투사되었음을 암시한다. 이 연구는 한편으로 주로 특정 공포증과 광장공포증에 초점을 두지만, 사회공포증에도 적용된다. 다른 한편으로 공격성이 사회 공포증의 발전과 지속에 대하여 중요한 역할을 제시한다는 Gabbard의 이론적 근거가 되면서, 사회적 공포증의 치료에 중요한 시사점을 제공한다. 치료는 내담자의 최초의 공격성이 타고난 것이 아니라 부모의 사랑스러운 주목을 잃지 않으려는 노력에 의하여 발생되었다는 치료자의 확신을 받아들이는 수용을 통하여, 내담자가 자신의 공격성이 외재화 되었음을 깨달도록 도울 필요가 있다. 다시 말해서, 내담자가 자신의 공격성을 이해할 수 있다고 생각하게 되는 것이 중요하다. Meissner 연구팀은 아동이 부모의 사랑또는 돌봄없이 살 수 없기 때문에 자기 생존을 위한 목적에서 공격성을 갖게 된다고 설명한다. Gabbard는 내담자가 치료자를 관심을 가지고 공감적인 사람으로 경험해야 할 필요가 있다고 본다. 그러나 나는 내담자에게 이것보다 더욱 영속적인 것이 필요하다고 믿는다. 나중에 종교에 대하여 설명할 때에 이런 관점에 대하여 설명할 것인데, 그 이유는 예수^{또는 힘을 실어주는 인물}가 사회공포증을 겪는 사람으로 하여금 긍정적인 내면화를 하도록 돕는 역할을 수행하였다고 생각하기 때문이다. 살아가면서 공포증을 '철회'하도록 돕는 내면화의 기회가 많지 않기 때문에, 긍정적인 내면화를 돕는 관계의 중요성이 더욱 강조될 필요가 있다. 적절한 치료적 목표는 내담자의 삶에서 공포증의 상당한 감소와 더 큰 자율과 의사 결정의 실현이다.

위에서 주목한대로, Meissner 연구팀은 사회 공포증에 대하여 논의하지 않는다. 그들은 자신들의 논의를 특정 공포증과 광장공포증에 국한시켰다. 그러나 Zerbe[1994]는 사회공포증에 더욱 분명한 초점을 두고 있으며, Gabbard와 Heinz Kohut의 관점을 설명하였다. 또한 Zerbe는 Freud의 Hans의 사례^{특정 공포증}를 가장 잘 알려진 공포증 사례로 설명하고, Breuer와 Freud[1955]에서 보고된 Emma의 사례도 "N에 대한 Emmy^{실제로 Baroness Fanny Moser여사}"로 제시한다. Zerbe는 Freud가 치료한 Emmy는 스스로 "낯선 사람과 전반적으로 사람에 대한 두려움"을 겪고 있다고 말하였는데, Emmy가 겪는 심리적 고통이 DSM-Ⅳ에서 제시하는 사회공포증의 범주에 해당한다고 설명한다. Zerbe는 Freud가 관습적인 이론을 포기하고 Emmy의 이야기를 듣기 시작하였을 때에 비로소 Emmy를 도울 수 있었다는 사실을 강조하면서, 정신분석은 특별히 사회공포증을 겪는 사람의 이야기를 "들을 수"있다고 말한다. 그렇게 될 때에 내담자는 "인간의 만남이 얼마나 자주 수치심, 외상을 동반하며, 상실이 사회공포증의 원인으로 중요한 역할을 하는지 놀랄 것이다."라고 강조한다.[A10]

Gabbard와 마찬가지로, Zerbe는 사회공포증의 저변에 깔린 역동으로서 수치심의 역할을 인식하였다. 심리적으로 수치심과 싸우는 사회공포증을 겪는 사람은 외톨이가 될 것이라고 예상하고 공포를 느끼며, 공포를 경험할 것이라고 염려되는 상황을 피함으로써 위험과 실패에 동반되는 잠재적인 비웃음과 좌절의 경험 회피를 시도한다고 말한다. 그들과 대조적으로 자신의 독특함을 소중히 여기는 사람은 성공과 실패가 일상의 일부분이라는 사실을 깨닫고, "안정된 자기 이미지, 나르시시즘, 탐욕, 적대감, 이기주의, 경쟁 그리고 시기심에 의하여 압도되지 않는 평정심"을 발전시킨다.[A11] 또한 공격성과 경쟁심을 운동처럼, 문화적으로 허용된 활동의 형태로 적절하게 방출할 수 있으며, 자신에 대하여 웃을 수 있다. 그러나 수치심과 싸우는 사람은 완전히 상황이 다르다. 더 큰 연약함과 노출에서 자신을 보호하려고 "등불을 말 아래 감춤으로써" 가장 공포를 느끼는 상황을 피한다. 그런 행동은 타인이 자신의 독특함, 자신 그리고 신뢰성을 수용할 것이라는 신뢰의 빈약을 드러낸다. 창피함을 당할 것이라는 공포가 날개를 펴서 날아보지 못하게 하고, 지식의 범위를 넓히지 못하게 한다. Zerbe는 공격성이 사회공포증의 한 측면이라고 인식하고, 때때로 수치심에 가려져서 내담자가 공격성을 받아들일 수 있는 것처럼 인식한다고 강조한다. 또한 공격성을 가진 사람에게 적대감보다 굴욕감이 덜 위협적으로 보이기 때문에 공격성보다 바보 같은 행농을 선호한다는 Miller[1985]의 관찰 결과와 연결시켰다.

    Zerbe는 만성적으로 불행하다고 느껴서 치료받으러 온 사회공포증을 겪는 여성의 사례를 들었다. 그 여성은 전문직에서 소망하던 성공을 이룰 수 없었고, 인간관계도 만족스럽지 않았다. 치료가 진행되면서 그 공포증의 특징이 더욱 분명해졌다. 외적으로 볼 때에 여성의 사회공포증 발전의 중심 역동은 아동기 때에 A학점 이하[특히 수학에서]의 성적을 받으면 혼을 내셨던 공학 교수인 아버지와의 관계와 관련되어 있었다. 그 여성이 글쓰기 대회에서 수필과 시 창작 능력이 우수해서 시상을 받아오기 시작할 때에, 아버지는 수학과 운동에 관심이 없다고 그녀를 따끔하게 혼을 내셨다. 또한 카드 게임 등 두뇌를 사용하는 게임에서 아버지를 이기지 못한다고 꾸짖었다. 그녀는 스스로 해결 할 수 없는 딜레마에 빠졌다는 생각이 들었다. 가지고 있는 능력대로 성적을 받으면서 아버지의 칭찬을 받기는 불가능 하고, 아버지의 기대에 부응하기에는 현실적으로 능력이 부족해서 만족하지 못하는 아버지에게 보복하고 싶은 공격성을 느꼈고, 그런 자신의 공격성에 공포를 느껴서 분노를 억눌렀다. 오빠에게도 위로를 얻을 수 없었다.

 어른이 되어서 가족을 넘어서는 관계에서도 내적 갈등을 겪게 되었다. 정신분석을 받은 지 3년이 지난 후에야 '비밀로 꽁꽁 동여매었던' 시에 대하여 이야기를 하게 되었다. 전국 대회에서 시상을 받게 된^{나중에 바로 이때부터 사회공포증을 경험하게 되었음이 밝혀짐} 시를 읽어 보라는 요청을 거절하면서 이런 일이 일어났다. 시에 대한 이야기를 하면서, 치료자Zerbe와 여성 자신이 그 상황에서 느끼는 공포가 다른 사회적 상황들에 대한 걱정과 맞물려있다는 사실을 깨닫게 되었다. 예를 들어서, 이 여성은 남자와 데이트를 할 때 감당할 수 없는 불안이 일어났고 심각한 우울 증세를 보였으며, 자살 충동을 느꼈고, 사회공포증은 전문직과 사회적 관계를 손상시켰다. 그녀는 상대방이 상사, 청중 또는 남성이던 간에, 결코 그 요구에 '부응'할 수 없을 것이라고 확신하였다.

 Zerbe는 이 사례를 Kohut의 자기심리학[1971, 1977, 1984]의 관점에서 검토한다. 여성과 어머니와의 관계에 초점을 두면서 아동으로서 욕구가 부모에 의하여 반영되지 못하였고, 자신의 달란트의 가치가 인정되지 못한 경험의 한 예라고 강조한다. 이 여성은 자기 확신이 부족하고 자기가 파편화되면서 정신병적인 증세를 겪기 시작하였다. 부모에 의하여 기쁨과 동의를 받는 즐거움을 누릴 수 있을지 의심을 갖게 되었고, 반복적으로 정신적인 공격을 받았다. 그 여성은 "자신의 재능에 대하게 놀라곤 하였다. 부모의 자기대상에 의하여 비난받음으로써, 사람들과 함께 있는 상황에서 자연스럽게 행동하기를 회피하게 되었다. 자기대상으로서 어머니는 불안하고 위축된 반응을 보임으로써어머니는 아버지의 권위적인 태도에 한 번도 반항하지 못하였다, 공포를 느끼게 되는 사회적 상황에 노출될 때에 압도되어서 겁을 먹었다."[A14] 결과적으로 이 여성의 부모는 건강한 자기대상의 역할을 감당하지 못하였다.

Zerbe는 이 여성의 개인적 불안은 어머니가 남편의 권위적인 행동에 대해서 위축되고 자기희생적인 태도를 보이는 것에 의해 큰 영향을 받았다고 보았다. "어머니는 딸의 자기대상이 되기 때문에 어머니가 불안이 엄습할 때에 스스로를 진정시킬 수 있는 능력을 보여주지 못하면, 딸도 불안을 진정시키는 능력이 떨어진다."[A14] Kohut에 의하면, 모든 공포증은 기본적으로 개인이 "자기 구조적 결함structural deficit"에 원인이 있다. 이 사례에서도 "진정시키는 자기 구조의 결여"가 기본적인 문제가 된다.[Kohut, 1984, 30]

정신분석적 자기심리학의 관점에서 볼 때에 여성은 자신의 소망을 충족시키고 싶은 욕구와 아버지의 강압적 요구의 충족 사이에서 딜레마를 경험하고 있고, 어머니는 자기대상으로서 그 여성에게 필요한 "진정시키는 자기 구소"를 제공하지 못하였다. 진정시키는 자기 구조가 결여되어 있기 때문에, 그 여성은 자기 상실, 심지어 자기 파편화라는 큰 위험에 빠져있었다. 광장공포증은 통제력을 잃거나 정신이 와해될 것 같은 감정을 동반하지만, 증세는 자기 파편화와 비슷하다. Kohut은 자기 파편화의 위험이 모든 공포증의 역동 저변에 깔려 있다고 주장한다. 그는 모든 공포증의 핵심에는, 아동의 불안을 차단하거나 수용할 수 있는 '진정시키는 자기 구조'가 결여되어서, 통제할 수 없는 불안이 일어났다고 본다.

이런 정신분석적 자기 심리학의 관점은 이 여성의 공포증이 어머니의 죽음 이후에 출현하였다는 사실에 의해 지지를 받았다. 그 여성은 Zerbe에게 어머니가 또 다시 '정신이 와해될까 봐' 걱정하면서 성장하였다고 털어놓았다. 그래서 아동기 때에 어머니의 안정을 방해할까 봐 발끝을 들고 걸었으며, 어머니의 욕구에 순응하면서도 추종하였다. 그 여성의 순응과 추종의 이면에는 어머니에 대한 적대감과 증오의 감정이 있었으며, 그래서 죄책감을 느끼게 되었다. 이 죄책감은 어머니가 돌아가신 후에, 자신이 어머니를 보호하는 데에 '실패했다는' 심리적 괴로움으로 의식화되어 심리적 고통으로 경험되었다.

다음으로 이 적대감이 치료자에게 투사되었다. Zerbe의 관점에서, 이 투사는 치료자가 치료관계를 통해서 내담자가 삶의 초기에 성장시키지 못하였던 "자기 구조"를 성장시키도록 도와야 하기 때문에, 공감적인 태도를 취할 필요가 있음을 뜻한다. Zerbe는 치료자는 지속적인 내담자의 "전치, 투사 그리고 회피 등의 방어기제에 의한 저항을 완화시킨다"고 말한다.[A17] 동시에 치료자는 심리적으로 힘든 상태를 경험할 수도 있다고 강조한다. 실제로 Zerbe는 내담자가 어머니에 대한 적대감을 치료자인 자신에게 투사하였을 때에, "일시적으로 평가절하의 불쾌함 때문에 예민해지고, 내담자를 대하기 힘들었다."고 고백한다.[A13]

결론

제4장부터 제6장에 걸쳐서 사회공포증에 대한 가장 유명한 심리적·약물학에 반대하는 치료방법을 살펴보았다. 그리고 사회공포증의 치료에 대하여 상상적 둔감화의 사용공포증을 겪는 사람을 불안을 느끼게 만드는 상황에 노출시키는 기법과 최면Baker와 Boaz 1983; Lamb 1985; Mott 1986등 소개하지 않은 다양한 심리치료방법이 있다. 다른 방법들은 특수 공포증에 대하여 흔하게 사용되기 때문에 소개하지 않아도 큰 무리가 없어 보인다. 더 나아가서, 그 기법들은 일반적독자이 책이 지향하는가 약물적인 방법을 생략한 것처럼접근하기도 어렵다.

그동안 사회공포증의 치료에서 여러 치료 방법을 체계적으로 절충하는 태도가 괄목한 만한 성장을 이루었다. Zerbe가 지적하였듯이 치료자들이 "한 가지 이론이나 치료방법에 묶여있기"를 바라지 않는다면, 언제나 새로운 방법을 배울 필요가 있다는 사실을 깨달아야 한다. 사회공포증에 대하여 어떤 한 가지 방법만이 최선이라는 증거가 없기 때문에 체계적인 절충주의적인 접근도 타당하다. 그 이유는 여러 종류또는 다양한 상황적 영역의 사회공포증이 있기 때문이다. 사회공포증이 인간의 사회생활에 대한 주석이라는 사실도 한 가지 이유가 된다. 사회공포증을 겪는 사람들은 사회적 상호작용의 축소에 대하여 매우 민감한 반면에, 인간의 사회적 상호작용에 대하여 이상주의적인 시각에 단단히 고정되어 있다. 이런 의미에서, 사회공포증은 개인적인 차원에서 병리학 이상의 의미를 갖는다. 특히 지배와 복종을 나타내는 사회생활에 대한 암묵적인 비판이기도 한다. 인간의 사회적 상호작용은 거대하고 복잡하다. 그만큼 사회공포증의 사회적 상호작용에 대한 시각도 복잡하다. 따라서 사회공포증에 대하여 한 가지 치료방법에만 의존하는 것은 인간의 사회적 상호 작용에 대한 한 가지 개념또는 오해에만 너무 비중을 두는 셈이 된다.

그러나 우리가 체계적 절충주의의 태도를 취하더라도, 이런 모든 치료 방법들이 쉽게 호환되지 않음을 깨달아야 한다. 예를 들어서, 정신분석적인 관점에서 사회공포증이 내적 갈등을 반영하며 외적 상황이 내적 갈등의 상징적 재현이라고 하더라도, 정신분석적 관점이 내담자의 외적 상황에 대한 왜곡된 개념을 변화시키는 인지 행동적 접근방법과 쉽게 연결되지 않는다. 두 가지 방법 모두 내담자가 외적 상황의 인식에 오해가 있음을 인정한다. 그러나 인지 치료자는 사회적 상황에 대하여 왜곡된 관점이 중요하며, 정신 분석가는 주로 부모와의 관계를 포함한 초기 아동기의 개인 상호적 경험의 내면화를 중시한다. 제6장에서 설명된 정신분석적 사례를 살펴보면, 정신분석가는 공포 반응을 발생시키는 사회적 상황의 탐구보다 내담자의 내적 갈등의 외부로의 투사 또는 내담자-치료자 관계의 '사회적 세계'에 집중한다.

다른 한편으로, Zerbe의 주장에 대하여 긍정적으로 반응하는 범위 내에서 '한 가지 이론이나 치료방법에 묶여있기'에 빠져있지 않는다면, 한 가지 방법에 몰두하는 사람들보다 뜻밖에 더욱 실용적으로 여러 방법들의 조화로운 사용법을 식별하게 될 것이다. 제4·5·6장에서 설명한 내용을 통하여, 치료자가 생각하지 못하였던 요소가 사회공포증의 치료의 성공을 가져올 수 있다는 사실을 명심하여야 한다. 예를 들어서 인지 행동 치료자에게 공포를 주는 사회적 상황에 노출되는 것이 내담자의 호전에 기여하는지, 또는 다른 요소가 더욱 중요한지 탐구하는 것이 중요하다고 판단되면 다른 치료방법을 중요하지 않게 여기는 태도를 만들지 않을 수 있다. 그러나 모든 병리적인 현상이 발생하고 지속되게 하는 요소들을 파악할 수 없듯이, 증세의 치료에 포함되는 모든 요소를 파악할 수 없음을 겸손하게 인정하는 태도가 더욱 긍정적인 치료자의 자세이다. 사회 공포증은 진단하기도 어렵고 치료하기도 어렵기 때문에 단숨에 사회공포증을 낫게 하는 치료방법이 있다는 주장에 빠지지 않도록 주의할 필요가 있다. 다만 Zerbe가 말한 대로 사회공포증을 겪는 사람들에게 삶이 "더욱 견딜만한 것"이 된다면, 미세한 변화가 일어나고 있다는 표시이다. 그 호전이 아무리 작을지라도 결코 간과될 수 없으며 축하할 만한 일이다.

Chapter 7
문화적 차원에서의 사회공포증

사회공포증에 대한 치료적 문헌은 증세를 느끼게 되는 방법과 무능감의 해석과정에서 문화적 영향력에 주의를 기울이지 않는 경향이 있다. 사회공포증이 복잡하고 오랜 역사를 가진 보편적인 현상이지만, 어떻게 평가되고 해석되는지의 여부는 부분적으로 문화적 가치또는 무가치에 달려있다. 즉, 사회공포증세의 고통의 정도는 문화적 관점에서 각 개인의 특정한 상태를 기준으로 사회공포증세의 고통의 정도를 임상적으로 진단해야한다.

나는 문화적 관점을 설명하기 위하여 Okano의 주장1994에 초점을 두고, 현대 일본과 미국의 두 나라에서 경험되는 사회공포증에 대한 문화 상호간의 분석을 제시할 것이다. 그러나 이 두 나라에 국한하여 사회문화적 상황에 초점을 둔다면 전 세계적으로 사회공포증이 해석되고 평가되는 다양한 방식들이 무시될 경향이 있다. 하지만 이 두 나라의 문화적 배경을 깊이 설명하여 문화적 관점이 사회공포증을 더 깊이 이해하도록 도우며 개인의 기질이 사회공포증으로 발전될 수 있는지의 여부를 판단하는 시금석이 된다는 사실을 이야기 할 것이다. 특히 사회공포증의 문화적 해석은 수치심과 죄책감의 복잡한 역동적 상호작용을 탐색하도록 돕는다. 아시아 사회는 '수치심에 기반'을 둔 반면에, 서구 사회는 '죄책감에 기반'을 두었다는 단순한 논리에 이의를 제기한다.

Okano는 일본 사회와 미국 사회의 사회공포증을 수치심의 역할에 초점을 두고 분석한다. 두 나라에서 정신과 의사로 개업을 하였던 경험에 기초한 그의 연구는 사회공포증에 대한 상호문화주의의 관점에 근거한 이해를 돕는 데에 그 목적이 있다. 그는 두 나라의 정신과 의사집단이 기술한 수치심에 대한 문헌들을 "문화에 묶여있지만", 동시에 상대방이 바라보지 못하는 숨겨진 부분을 보여준다고 말한다. 한편, 문화에 따른 수치심에 대한 이해의 차이를 강조한다. "수치심과 사회공포증의 성향을 결정하는" 개인의 기질적 중요성을 제거하지 않았지만, "사람들이 수치심의 경험에 부여하는 의미는 사회문화적 맥락에 달려있다"고 주장한다.[324]

그는 일본의 정신과 의사들이 사회공포증, 편집증, 그리고 우울증과 같은 몇 가지 정신장애의 병리에 수치심이 큰 역할을 한다고 강조한다고 본다. 일본의 정신과 의사들은 문화적으로 장려된 수치심 성향이 일반적으로 높다고 보고된 일본의 보고가 일본사회의 높은 사회공포증의 만연된 현상을 설명하기에 충분하다고 이해한다. 실제로 서구 세계보다 일본에서 사회공포증이 더욱 만연해있다. 그러나 Okano는 두 나라의 사회공포증에 대한 인구 통계학적인 비교 자료가 부족하기 때문에, 위의 주장이 사실이라고 결정하기에는 어려움이 있다고 한다. 한 연구에 따르면, 일본 정신 병원의 외래환자들의 2.5%만이 사회공포증을 주요 증상으로 진단받는다. 이 통계 숫자만으로 일본에서 사회공포증이 만연해있다고 평가하기 어렵지만 사회공포증의 특성상 다른 증상에 종속되어 있는 경향을 감안한다면 실제 비율은 훨씬 높다고 추론할 수 있다. 그 예로 일본 대학 신입생의 3분의 1 이상이 쉽게 얼굴이 붉어지거나 다른 사람이 자신을 응시하는 것을 지나치게 자주 의식한다는 연구와, 약 50%의 대학생들이 사회공포증의 '경향'을 보였다는 연구 결과가 보고되었다.

결과적으로 일본에서 사회공포증이 광범위한 '하위 임상'의 범주에 속하는지, 또는 그 증세가 '발생 직전의 상태'에 놓여있는지의 여부가 관건이다. 일본의 정신과 의사들은 대체로 이런 관점에 동의한다. 이 관점에 따르면 사회공포증의 비율이 미국의 하부 임상 비율보다 훨씬 높다. 그러나 현실적으로 그런 사실을 지지하는 현존 데이터를 제시하기는 어렵다. Okano는 두 나라에서 드러나는 사회공포증의 양상에 대한 고려 없이 쉽게 결론내리기는 어렵다고 믿는다. 다만 그는 일본 정신과 의사들의 관점에 동의해서, 서구에 비해서 "일본 사람들이 사회적으로 쉽게 수치심을 보이도록 고무되는 현상"[327]이 있어서 일본의 사회공포증의 하위 임상비율이 미국보다 높음을 암시한다는 데에 동의한다. 그는 일본사회를 "유사 사회공포증"적인 문화라고 요약해서 표현한다. 일본 사회에서 적절하다고 생각되는 매우 많은 문화적 현상이 현상학적으로 사회공포증 증세의 하위 임상적 형태를 취하기 때문이다. 다시 말해서 일본에서는 '수치심' 또는 실제 수치 경험과 비슷한 인식과 감각으로서의 수치심이 증진되기보다, 사회공포증과 유사한 증세로서 수치심의 외부적 표현이 증진된다.

이런 견해를 지지하면서, Okano는 문화적으로 증진된 수치심의 예를 제시한다. 예를 들어, 일본에서 특히 연상사나 능력이 뛰어난 사람을 용시하는 것을 무례한 행동으로 여긴다. 자기주장이 강한 언어적 표현이나, 타인과 다른 자신의 의견을 강하게 말하는 것도 무례한 행동으로 생각된다. 자신의 능력이나 경쟁력을 선전하는 것도 현명하지 못한 처사이며, 부끄러움을 느끼는 듯이 행동하도록 기대 받는다. 일본어는 수치심의 개념을 인식하지 못하는 사람에게 '낯짝이 두껍다' 그리고 '둔감하다'는 표현을 사용하며, 이들을 사회생활을 잘 못하는 사람으로 치부한다. 따라서 사회생활에서 낙오되지 않으려고 마치 사회공포증을 겪는 사람처럼 행동해야 될 필요가 있다. 일본의 이런 분위기 속에서 일정 비율의 사람들이 시선을 정확하게 맞추지 못하거나, 자기주장을 분명하게 표현하지 못하는 사회공포증의 '실제' 증세를 발전시키게 된다. 결국 실제로 사회공포증을 겪는 사람과 사회생활에 순응하기 위하여 표면적으로 사회공포증과 비슷한 행동을 하는 사람의 구분이 어렵게 된다.

그렇다면 사회생활 때문에 겉으로 사회공포증의 수치심을 느끼는 것처럼 행동해야 할 목적은 무엇인가? Okano에 의하면 사회생활에서 다른 사람들의 시기심과 경쟁심을 자극하지 않으려고 이런 행동을 한다고 한다. "일본 사회에서는 자신의 능력과 주장을 표현할 때에 그 수위를 조심스럽게 조절하거나 의도를 감추는 태도를 취해서 다른 사람에게 배척당하지 않는 것이 중요하다. 자기주장을 분명히 말하거나 다른 사람의 얼굴을 또렷이 쳐다보는 것은 자신의 힘과 능력을 과시해서 상대방을 불쾌하게 하는 것으로 여겨진다."327 반대로, 얼굴 붉힘, 권위에 굴복하는 표정, 겸손한 자기표현과 얼굴을 똑바로 쳐다보지 않기 등의 '실제' 사회공포증을 흉내 낸 태도들은 자신의 약점, 한계 그리고 부적절함을 보여주어 타인의 질투심이나 경쟁심을 유발할 가능성을 낮추어 준다. 따라서 일본인들에게 수치심의 표현은 대인관계에서 마찰을 줄이는 방편이 된다.

Okano는 일본인들에게 수치심의 표현은 개인의 중요성과 능력은 넌지시 제시되어야 하고, 결코 공공연하게 드러내지 않아야 한다는 일반적인 믿음 때문이라고 설명한다. 이런 믿음은 일본 문화의 '오래된 것은 겉으로 드러나면 힘을 잃으며, 감추어질 때에 힘을 잃지 않게 된다'는 암시를 포함한다. 예를 들어서, 15세기의 화훼 안내서에 따르면, "꽃은 감추어지는 존재이다. 드러나게 되면 더 이상 꽃으로서의 의미가 사라진다."라는 말이 있다. 따라서 본질은 감추어질 때에 진짜 본질이 되기 때문에 진정한 힘을 가진 사람은 그 힘을 감추어야 하며, 그럴 때에만 그 값어치가 자연스럽게 드러나게 된다. 다시 말해서 무능해지거나 능력을 억압하라는 뜻이 아니라, 조용히 능력을 발휘하는 것이 진짜 유능함을 나타내는 방법이라는 것이다. 그에 의하면, 일본 사회에서 스스로 "사회 공포증세와 비슷한 태도를 보이고" 그리고 "잘 다듬어진 복종적인" 태도를 보일 때에 유능하다는 평판을 받으며, 반대로 자신의 능력을 드러내려는 사람은 무례하다고 비판 받는다.328-329

Okano는 Kitayama[1985, 1987]의 두 정신분석 사례를 인용해서, 능력이 숨겨져야 된다는 사회적 믿음과 관련된 자신의 주장을 지지한다. 1985년에 실시된 한 연구에서, Kitayama는 일본에서 타인을 응시하는 태도에 대한 민간전승의 금기를 설명한다. 많은 민간전승에서 영웅들이 아름다운 여인의 알몸을 바라보아 금기를 어기게 되어, 재난을 맞이하게 된다. 그 후 영웅은 아름다운 여인의 몸을 보는 대신에, '선하고', '악한' 이미지들이 섞인 보기 흉한 동물을 보게 된다. 금기는 깨어질 것이 예상되지만 곤충에 대한 타부와 달리, 일본에서 이런 유형의 전승이 넘쳐나는 것은 드러내는 것은 긍정적인 가치를 훼손한다는 일본의 신념과 가장 아름답고 매력적인 사람에게도 수치스러운 어둡고, 못 생긴 면이 있다는 것을 함축한다. 따라서 본 모습을 바라보겠다는 결심은 환멸을 초래한다.

두 번째 연구에서, Kitayama는 일본어는 한 문장 안에 숨겨진 의미를 미루어 짐작하도록 이끄는 문법구조를 가지고 있다고 말한다. 일본어에서 더 주요한 의미는 표면으로 드러나기보다 숨겨져 있다. 가치가 있는 생각일수록 겉으로 드러나지 않게 하고, 넌지시 이해되도록 제시하는 사회 문화적 관점이 드러난다. Kitayama는 일본어의 애매모호성과 만연한 유사 사회공포증의 관계를 설명한다. Okano가 설명하였듯이, Kitayama는 일본사회에는 "언어의 정확한 의미를 파악할 수 없어서 겪게 되는 불안", 즉 "일본어의 문장 구조에 내재된 비밀스럽고 애매한 언어적 표현을 이해하지 못해서 타인에게 미움을 받을 것을 지나치게 염려하는 편집적인 공포"가 만연하다고 주장한다.

Okano는 일본사회가 "사회적 관계에서 자신을 낮추고 자기비하적인 제스추어를 취함으로써 사회공포증과 비슷하게 수치심을 잘 느끼고, 회피적이고 평가에 민감한 태도를 조장한다."[329]고 결론을 내린다. 이런 '위장된' 사회공포증적인 태도는 적어도 두 가지의 적응적 기능을 가지고 있다. 먼저, 자신의 능력과 힘을 보여주지 않아서 타인의 시기와 경쟁심을 유발하는 것을 차단시킨다. 다시 말해서 자신의 능력을 감추고 자신을 낮춤으로써 타인의 도전을 피하고, 해를 입지 않게 된다. 또한 Okano는 '위장된' 사회공포증적 태도가 의도하지 않은 부작용을 낳는다고 믿는다. 일본인들 사이에서 "사회공포증과 유사한 태도의 만연은 실제 사회공포증의 발생을 촉진시킬 가능성을 높이고, 사회에 잘 적응하지 못하는 심리적 역기능을 경험하게 만든다."[329] 내면의 수치심이 발전하여 형성된 사회공포증을 겪게 될 때에, 타인뿐만 아니라 본인도 자신이 사회공포증을 겪고 있다는 사실을 모른다는 데에 심각한 문제가 있다. 스스로 사회공포증을 겪는 것으로 생각하지 않기 때문에 저절로 사람들의 관계에서 소외된다.

Okano는 일본 사회와 대조적으로, 미국 사회는 자기를 낮추고 위축된 행동을 하고 회피적 태도를 권유하는 관습과 도덕률이 거의 없다고 말한다. 예를 들어서, 타인 응시가 예의 없는 행동이 아니다. 오히려 시선접촉을 회피하는 태도는 연약함, 불안함, 더 나아가서 정직하지 않고 속이려는 태도로 해석된다. 미국 사회는 능동적인 언어를 통하여 가능한 분명하고 뚜렷한 자기주장의 태도를 권장하며, 더 나아가 공개적인 경쟁을 가치 있게 여긴다. 자기를 선전하는 행동을 통해서 가장 눈에 띄는 방식으로 자신의 힘과 능력을 보여주는 것을 '성공의 왕도'로 이해한다. Okano는 최근 수십 년 동안 이런 경향이 더욱 널리 퍼졌다는 Christopher Lasch의 주장을 인용하면서, 미국에서 개인이 더욱 "피상적이고 과시적인 자기 이미지의 선전"에 몰두하고 있다고 말한다. Okano는 건강한 자기애가 현대 사회 생활의 긴장과 불안을 대처하는 가장 좋은 방법이라는 Lasch의 주장을 인용하면서, 미국은 "자기애를 숭상하는 사회", 또는 "성공하기 원한다면, 가장 분명하고 가시적인 방식으로 지속적으로 능력과 힘을 표현해야 한다고 압박하는 사회"라고 말한다.[330]

유사 사회공포증이 만연한 일본 사회와 정반대로, 자기애 성향의 미국 사회는 개인이 수치심과 열등감을 느끼지 않도록 돕는다. 자기애 성향은 수치심 경험을 수용하면서 사회공포증으로 나아가도록 이끄는 사회적 분위기를 허용하지 않는다. 결과적으로, 자기애 성향의 사회는 수치심과 열등감의 약점을 느끼게 되어도 그 감정들을 자기애의 과대 포장 뒤에 숨기는 사람이 성공한다고 가르친다. 개인의 능력은 최대한 드러날 필요가 있으며, 과대 포장된 성취 뒤에 수치심예를 들어 폭력, 근친상간, 성적학대 등의 수치스러운 일을 숨기는 방식이 공공연하게 토론된다. 수치심의 표현은 연약함을 드러내는 태도로 간주된다. 따라서 개인의 약함의 노출을 암시하는 모든 사회적 압력을 거부한다. 심리학적으로, 도덕적으로 수치심을 느끼지 않도록 교육하며, 만약 수치심을 느껴도 타인이 알아차리지 못하게 위장하는 태도가 장려된다.

따라서 미국은 사회공포증의 고유한 수치심의 표현에 대하여 부정적인 사회적 관점을 취한다. 사회공포증세 자체가 심리학적으로나 도덕적으로 문제시 된다. 사회공포증은 대수롭지 않은 증세로 간과되거나, 증세를 부인하는 분위기가 주류를 이룬다. Okano는 현재 많은 미국 정신과 문헌이 수치심이 건강한 감정이 아니라는 '핵심 도그마center dogma'를 보이며, 그 도그마를 줄이거나 제거하는 것이 치료의 목적이라고 말한다.

Okano는 두 사회의 비교 분석에 근거해서, 양쪽 사회의 문화적 관점을 모두 포함하는 자신만의 관점을 제시한다. 그는 보편적으로 인간은 수치심에 취약해서 두 사회에서 구성원들이 모두 수치심을 경험한다고 말한다.

따라서 모든 사회에서 개인들이 수치심에 취약하다는 사실을 당연한 것으로 받아들이게 되면, 일본뿐만 아니라 미국에서도 사회공포증을 겪는 사람들의 수가 상당히 많다고 보고될 수 있다. 다시 말해서, 수치심이라는 취약성에 더 잘 대처하는 사람들보다 수치심 때문에 스트레스를 받고 불안을 경험하는 사람들이 알려지기 시작한다. 미국 사회의 자기애의 선호경향이 수치심 때문에 고통 받는 사람들을 주목하지 못하였을 뿐이기 때문이다 여기에서 Okano의 관심은 두 사회가 수치심에 대하여 긍정적인 관점이나 부정적인 관점 중 한 쪽만을 택한다는 사실을 밝히려는 것이다. 그는 감추는 행위 자체가 선하지도 악하지도 않으며, 수치심을 감추는 자체보다 감추면서 발생하는 무의식적 억압의 결과가 더욱 중요하다고 말한다. "다시 말해서, 수치심을 무의식적으로 억압해서 자신이 수치심을 느끼고 있다는 사실을 의식하지 못하게 될 때에 병리적이 된다."335

이런 관점에서 정신분석의 억압 이론은 의미가 있다. 감추어진 소원과 충동 자체가 반드시 병리적이라기보다, 억압되어서 의식화될 수 없을 때에 병리적이 된다고 말할 수 있다. 사회가 수치심을 감추어도 문제가 되지 않으며, 또는 감추지 않아도 괜찮다고 생각하는 유연한 태도를 취하는지의 여부가 중요 이슈가 된다. 따라서 Okano의 관점에서 일본과 미국은 대체로 유연성의 원리를 받아들이지 못한다. 일본은 감출 것을 강요하며, 미국은 감추어진 것이 가치가 있다는 관점에 극단적으로 반대한다. 그는 *The Ego and the Id*1961에서 죄가 의식적으로 완전히 억압히스테리의 증세로되거나, 반대로 지나치게 의식강박 신경증과 우울될 때에 심리적 문제가 발생한다는 프로이트의 주장을 인용한다. 병리적인 관점에서 중간 지대는 없는 것으로 보인다. 따라서 프로이트의 관점에서 개인자아를 통한의 죄가 의식화될지, 아니면 무의식 상태로만 남아있게 될지를 결정할 때에 "고삐를 조절할 수 있다면" 병리적인 상태에 이르지 않는다. 다시 말해서, "고삐를 조절할 수 있다면" 아직 병리적이지 않다. "죄가 완전히 의식에서 억압되거나, 반대로 계속 의식의 영역에서 인식되면 철저히 양심의 검토를 받기 어렵다. 보통 죄책감은 의식과 무의식 사이를 오간다고 표현하는 것이 더 적합하다."335 더 나아가서, "죄책감이 시계추처럼 의식과 무의식 사이를 오가는 이유는 죄책감이 동반된 소망은 억압[비윤리적인 본성 때문에]되면서도, 의식에서 인식되는 경향[언제나 억압을 하는 데에만 에너지를 사용할 수 없기 때문에]을 가지고 있기 때문이다."335 심리적 병리는 죄책감을 동반한 소망의 움직임이 융통성을 잃어버리고 경직되어서 의식과 무의식중에서 어느 한쪽의 영역에만 머물게 될 때에 발생한다.

Okano는 이와 동일한 융통성과 경직성이 수치심의 경험에도 작용된다고 말한다. 이런 관점에서 볼 때에, 일본과 미국의 문화적 태도는 그 어느 쪽도 감추어진 것이 드러날 수도 있다는 융통성에 대하여 충분한 관심을 기울이지 않는다. "일본인들은 감추는 행동을 영광스럽다고 여기고 너무 많은 가치를 부여한다. 반면에 미국인들은 감추는 행동의 가치를 깎아 내리거나 축소한다."335 일본에서는 이상적으로 비밀을 간직하고 숨은 의미를 드러내지 않는 행동을 자신의 힘을 고양self-empowerment시키는 방법으로 이해한다. 그러나 역사적이거나 사회적인 이유 때문에 일본인들은 감추어진 것을 관리하는 문화에 내재된 가능성의 선용을 극대화시키지 못하였다. 감추는 행위를 자기의 힘으로 강화하는 한 방법으로 간주하는 대신에 자기 억압의 결과를 가져오는 역효과를 낳았다. Okano는 일본인들이 감추는 행동을 융통성 있게 행사해서 그 정도를 조절할 수 있었다면 유사 사회공포증의 발생을 현저하게 낮추는 문화를 형성하게 되었을 것이라고 믿는다.

동일한 관점에서 볼 때에, 그는 미국인들이 감추는 행동을 긍정적으로도 볼 수 있는 융통성을 가졌다면 이득을 얻을 수 있었다고 보았다. 만약 미국인들이 분명하게 드러나고 눈으로 볼 수 있는 가치에 대해서만 배타적이고 긍정적 가치를 부여하지 않고, 드러나는 것 못지않게 감추어진 것도 존중했다면 자기애 성향에 덜 의존하게 되어서 수치심, 연약함 그리고 열등감을 수용하는 사회문화를 형성하였을 것이라고 말한다. 그리고 현재 미국인들에게서 쉽게 나타나는 피상적인 자기선전의 전형적인 태도에서 벗어나서 겉으로 자부심이 강하게 보이지 않을지라도, 여전히 스스로 가치 있다는 믿음을 가지게 되었을 가능성이 높다. Okano는 일본인들에게 추천하듯이 미국인들에게도 드러나는 것과 감추는 것의 자연스러운 조절의 의미를 강조한다. 중요한 것은 그 과정에서 개인의 자율적인 결정이 존중되어야 한다는 것이다.

이런 결론이 사회공포증에 대한 많은 치료적 문헌들과 갈등을 빚을 것으로 예상된다. 그러나 다른 한편으로 앞에서 살펴본 몇몇 이론에 의하여 지지되기도 한다. 예를 들어서, 사회 기술 훈련 접근법은 '자기 관리 기술 self-management skill'을 상당히 강조한다. 자기 관리 기술은 사회공포증을 겪는 사람에게 노출 기법을 더 잘 견디게 도와서 평소에 두려워하는 사회적 상황에서 스스로 언제, 어디서 자신을 노출시킬지의 여부를 결정하도록 돕는다. 인지 행동적 재구성 방법은 내담자가 자신을 모든 사회화의 상황에 노출시키지 않을 권리를 가지고 있음을 확신시켜서, 노출의 여부에 대하여 스스로 선택권이 있음을 더욱 분명하게 깨닫게 돕는다. "개인이 스스로 선택할 수 있다는 인식을 고양시켜서 불안을 느끼게 만드는 상황을 피하겠다는 결정을 내리게 하라." 사회공포증을 겪는 사람에게 적용되는 것과 동일하게 '피하기로 결심할 권리'가 특정 공포증특정 동물, 고공, 소음에 대한 공포 등을 겪는 사람들에게도 부여될 수 있다.

미국에서 사회공포증의 치료 중 스트레스를 주는 사회적 상황을 피할 권리를 뚜렷하게 강조하지 않는 특성은 부정적인 것을 인식하고 노출하기를 꺼리는 문화적 성향을 반영한다. 사회공포증에 처음 사용되는 기법이 '노출 기법'이며, 이 기법이 다른 방법과 함께 계속 사용될지의 여부는 그 기법에 대한 문화적 가치에 달려있다. Okano는 어떤 성향의 문화라도 스트레스 상황에 자신을 노출시킬지, 또는 노출시키지 않을지의 결정은 개인적인 선택의 문제이며, 그 결정이 어떤 방향으로 내려지던지 다른 사람의 존중과 찬성을 받아야 하는 융통성이 필요하다고 주장한다.

사회공포증을 일으키는 특정한 상황을 피할 개인의 권리 보장은 죄책감의 심리와 관련된다. 사회공포증을 겪는 사람들은 두려운 사회적 모임에 참석하지 못하거나 대중 앞에서 어떤 행동을 수행하지 못할 때에 수치심을 느낀다. 동시에 타인들의 기대를 충족시키지 못하였다는 죄책감을 느낀다. 다시 말해서 사회공포증을 겪는 사람들은 두려운 상황을 피하고 싶다는 욕구를 타인들이 수행하기를 요청하는 행동의 실천 욕구보다 우위에 두면서 심리적으로 약함을 경험하게 된다. 이때는 스트레스를 주는 상황을 피할 권리를 실행하더라도 타인에게 죄를 짓거나 도덕적으로 가책을 받을 행위를 한 것이 아니라고 스스로에게 반복해서 확신시킬 필요가 있다. 내 친척 중에 한 사람은 "사회공포증 직전 상태"에 있었다. 그녀는 어떤 여성 모임에 참여하지 않으면 죄책감이 생겨서, 불안을 느끼며 그 모임에 참여한다고 털어놓았다. 그러나 그 단체의 설립자와 리더가 거의 사회공포증에 가까운 불안을 경험하는 그 친척에게 다른 모임도 만들도록 재촉해서 그녀는 원래의 모임조차 참석하지 못하게 되었고, 상당한 죄책감에 시달린 경험이 있다.

나는 여기에서 사회공포증을 겪는 사람들은 스스로 사회적 활동에 어느 정도 참여할지의 여부를 결정할 정당한 권리를 가지고 있다고 말하고 싶다. 나는 대부분의 사회공포증을 겪는 사람들이 스스로 참여할 사회적 활동의 범위를 결정한다고 해서 곧바로 병리적이라고 말할 수 없다고 생각한다. 앞에서 살펴 본 정신분석적 관점에 따르면, 그들은 어릴 때에 관심의 중심이 되고자 하는 욕구가 좌절되면서 사회적 상황을 회피하기 시작했다. 그렇다면 그들이 원래부터 은둔적이거나 고립적인 특성을 보였다고 이해하기보다 오히려 특정 사회적 상황에서 협력적으로 행동할 수 없게 되었다고 생각 하는 것이 더 적합하다. 또한 많은 사람들은 그들이 대중의 상황에서 어떤 역할의 수행을 간절히 원하기 때문에, 치료를 통하여 특정한 역할 수행의 억압을 극복할 수 있기를 희망한다.

요컨대, Okano에 따르면 미국과 일본 모두 사회공포증세의 수치심의 노출에 대하여 각각 '억압'과 '회피'라는 특징을 보인다. 이런 특징은 Holt 연구팀1992에 의하여 구별된 사회공포증의 사회적 영역의 하위타입, 즉 공식적 상호작용, 비공식적 상호작용, 자기주장 등에서도 동일하게 적용된다. 특히 두 나라 모두 사회공포증을 겪는 사람은 자신을 바라보는 타인의 평가가 부정적일 것이라고 생각한다는 연구 결과가 보고되었다. 이런 관점은 사회공포증을 겪는 사람들이 전형적으로 과도하고 부적절한 '무조건적인 부정적 자기self 신념들'을 가지고 있다고 보는 인지치료자들의 주장과 연결된다.

여태까지 살펴본 바와 같이 Okano는 사회공포증과 관련된 수치심에 대한 관점이 문화적 상대성을 보인다고 설명함으로써, 사회공포증을 겪는 사람들이 스스로에 대하여 자기 판단적인 태도를 지양할 것을 주장한다. 자기 판단적인 태도를 지양하면 문화적 상대성을 인정하게 된다. 다시 말해서 일본 사회는 사회공포증을 겪는 사람들이 수치심의 영향력을 덜 받으려는 미국 사회의 태도를 받아들일 필요가 있다. 반대로 미국 사회에서는 일본 사회의 수치심을 드러내는 태도를 지나치게 자신을 과시하지 않으려는 태도로 이해하는 문화를 받아들일 필요가 있다. 따라서 자기 판단적인 태도를 지양하고 문화적 상대성을 받아들이게 될 때에 한쪽 사회에서 사회공포증을 겪는 사람들의 고통을 다른 사회에서 긍정적으로 받아들이는 가치를 발견할 수 있다.

사회공포증은 내재적 불안감을 동반하고 공포가 부정되지도, 경감되지도 않기 때문에 그 증세를 겪는 사람을 낙심 시킨다. 그러나 그 의미가 문화적으로 결정된다는 사실은 사회공포증의 행동과 결부된 개인의 내재적 취약성이 문화에 의하여 과장되거나, 완화될 가능성이 있음을 함축한다. 미국에서 사회공포증을 겪는 사람들은 자기선전을 권하는 사회적 분위기에서 더욱 스트레스를 받을 수 있다. 반면에 일본에서 자기 능력을 드러내고 인정받기를 원하는 사람들은 자신을 드러내지 않는 태도를 선호하는 사회적 분위기를 견디기 힘들어 할 수 있다.

한편, 두 나라에서 사회공포증을 겪는 사람들은 그 증세 때문에 심리적 고통을 받으면서도 마치 미덕을 실천하는 삶을 산다고 자신을 기만할 수 있다. 이들의 마음속에는 인정받고 싶은 욕구가 있지만, 타인의 비난과 판단이 두려워서 그런 태도를 숨길 뿐이다. 정신분석적 관점에 따르면, 그들은 무의식적으로 관심의 대상이 되고 싶어 하며 경쟁자들에게 능력을 인정받고 찬양받고 싶어 하지만, 비판받을 것이 두려워서 그런 **욕구**를 **억압**하고 마치 스스로 자신을 드러내지 않기를 원하는 것처럼 스스로를 기만한다.

이런 관점에서 사회공포증을 경험하는 사람들은 스스로를 기만하는 삶을 살 수 있다고 말할 수 있다. 그들은 스스로를 지배적인 집단의 구성원과 비교하고 지배적인 사람들을 부정적이라고 평가하기 쉽다. 앞에서 살펴 보았듯이, 일본의 민간전승에 따르면 신념을 드러내지 않아야 하는 타부의 위반은 비참한 현실을 보는 환멸의 결과를 가져온다. 여기에서 타부의 위반의 상징적 의미는 타인을 바라보기보다는 자신의 내면을 바라보는 태도를 뜻한다. 따라서 사회공포증을 겪는 사람이 자신의 자기self를 바라보고

취약하다고 판단하고, 낙심하게 되는 부정적 경험을 암시한다. 다시 말해서, 그들은 현실적 근거 없이 타인이 자신을 지배하고 자신들은 복종할 것이라고 예상할 때에 스스로를 무능력하다고 부정적으로 판단해 버리는 우를 범한다. 이미 자신을 부정적으로 평가한 그들은 상대방이 자신을 수용할 것이라고 기대하기 어렵다. 프로이트의 '강박/반복'과 우울의 관점에서 볼 때에, 자기애적 성향 속에서 자기 선적적인 사람들이 자신이 대단하다는 비현실적 환상에 빠진 것과 같이, 이미 자신을 무능력하고 부정적이라고 판단한 사람은 타인이 자신을 지배할 것이라는 유쾌하지 않은 환상에 빠져버리는 경향을 보인다.

여기에서 사회공포증과 우울증의 유비가 가능하다. 우울증에 대한 최근 연구는 우울증을 겪는 사람들이 그렇지 않은 사람보다 더욱 예민하게 세상과 자신을 부정적으로 인식한다는 사실이 밝혀졌다. 이러한 사실을 주장한 Fisher 연구팀은 "자기 보호적인 환상의 가치"[1993, 10]에 관심이 많다. 우울증과 같이, 사회공포증을 겪는 사람의 쉴 새 없는 자기 검토는 스스로 자신을 부정적으로 판단하였음에도 불구하고 그런 판단을 정직하게 대면하기를 회피한다. 다시 말해서 자기 보호적 환상에 빠져서 마치 자신을 보호하기 위하여 부정적인 판단을 내릴 수밖에 없었다는 듯이 자신을 기만한다[4]. 결과적으로, 사회공포증을 겪는 사람은 자신이 사회적 관계에 대하여 많이 안다고 생각하지만, 지배적인 사람들이 힘, 지도력, 그리고 명성을 얻게 된 원인에 대하여 전혀 생각하지 않고 단지 부정적인 시각으로 바라보려고 한다.

Pruyser에 따르면, 종교는 환상의 원천[Pruyser, 1983]이다. 알코올의 힘이 만들어 내는 환상이나, 명상이 만들어 내는 환상은 자신을 긍정적으로 보도록 이끄는 비현실적 힘을 주기도 한다. 그러나 사회공포증을 겪는 사람의 자기 보호적 환상은 이미 강박적으로 자신을 부정적으로 평가하며, 우울하게 만드는 힘을 가지고 있다. 나는 위와 같이 사회공포증을 겪는 사람들의 허구적인 자기 보호^{또한 자기 봉사적} 환상의 역할을 강조하면서 다음 장으로 넘어가려고 한다.

결론

사회공포증에 대한 Okano의 문화적 접근은 다양한 '상황적 영역'에서 사회공포증을 겪는 사람들의 공포와 불안을 줄이기 위한 매우 구체적이고 실용적인 방법이 있다고 주장한다. 사회공포증을 경험하는 사람들의 불안을 경험하는 사회적 상황의 참여 여부를 개인적인 선택의 문제로 봄으로써 더욱 유연한 관점을 채택할 수 있다고 말한다. 불안이 영구히 소멸될 때까지 공포스러운 상황에 점진적으로 노출되는 방법을 옹호하는 '노출' 기법과 대조적으로, 유연성의 원리는 자기의식^{self conscious}에 근거한 결정을 선호한다. 그 예는 다음과 같다. "나는 William이 주관하는 파티에 참석할 것이다.'그들은 점잖고, 겸손한 사람들이다' 그러나 John이 주관하는 파티는 가지 않을 테다.'그들은 너무 잘난 체를 하거든'" "나는 Thomson 교수에게 리포트를 제출할 거야.'그는 사람이 좋고, 수업의 부담도 적어' 그러나 Klein 교수가 요구한 리포트를 쓰지 않고 다른 주제의 리포트를 쓸 수 있는지를 물어볼 거야.'그는 나를 평가하고, 다른 학생들이 나보다 아는 것이 훨씬 더 많거든'." "나는 직접 옷을 반납할 거야.'Penny 가게의 점원은 왜 늦게 반납하는지 묻지 않고, 언제나 반갑게 맞아주니까' 그러나 신발은 남편이 반납하게 해야겠다.'Neiman-Marcus의 가게에는 절대 가지 않을 거야'" "Sarah Smith에게 응답의 전화를 걸거야.'그녀는 관심어린 목소리로 전화를 받지' 그러나 Lois Jone에게는 전화하지 않을 거야.'그녀는 언제나 딱딱하고 자기중심적인 말만하지'" "슈퍼바이저에게 말을 해서 하루를 쉬어야겠다. 그러나 Frank가 사무실 분위기를 망친다는 말은 다른 사람이 하게 해야지."

사회공포증을 겪는 사람은 자기의식을 활용해서 불안한 상황에 접근할 준비를 하거나 회피할 근거를 더욱 세밀하게 식별할 수 있다. 한편 이 방법은 모든 사회적 상황에서 완전히 편해지려는 것이 아니라 참여하기를 선택하는 상황들에서 더욱 편해지는 것이 목표이기 때문에, 특정 상황을 회피하기를 선택한다고 해서 자신을 꾸짖을 필요가 없다는 전제를 근거로 진행되어야 한다. 다시 강조하지만, 모든 사회적 불안을 제거하는 것이 목표가 아니라 자신을 부정적으로 판단하지 않고, 어떤 모임에 참여할지 또는 참여하지 않을지의 결정권이 자신에게 있다는 것을 깨닫는 것이 목표이다. 결과적으로 사회 기술 방법에서 통찰을 얻기가 더욱 쉬우며, 타인의 기대에 자동적으로 방어의 태도를 보이기보다 자기 관리의 능력을 갖추는 데에 초점을 두게 된다.

이 자기 관리 방법은 다음과 같다. 자기 효과적 접근은 자기가 할 수 있다고 믿는 일의 수행을 강조하며, 이때에 불편하다고 느끼는 사회적 상황 직업에서도에 참여하지 않을 완벽한 권리가 있으며 회피는 도덕적 약함 또는 심리적인 약함의 표시가 아니라는 인지적 재구조화가 진행된다.

한편 나는 유연성에 대하여 Okano의 관점에만 얽매이지 않는다. 다만 Okano의 관점에 근거하여 일본과 미국 문화의 수치심에 대한 지나치게 극단적인 관점이 있으며, 결과적으로 사회공포증을 겪는 사람이 과도하게 엄격한 행동을 하게 된다고 설명하였다. 또한 '사회적 상황의 지배/굴복'의 역동을 중요한 논의의 근거로 설명하였다. 그러나 나는 사회공포증을 겪는 사람이 어떤 사회적 상황에서 불편한 위치에 처할 것을 예상하고 그런 사회적 상황에 참석하지 않기로 결정한다고 해서 반드시 불안이 감소되는 것은 아니며, 오히려 더욱 불안해지는 역효과를 낳을 수도 있다고 말하고 싶다. 다만 괴로운 현실을 피해서 자기보호적인 환상 속에서 잠시의 위로를 얻게 될 뿐이다.

Chapter 8
종교적 자원을 통한 사회공포증의 완화

제8장에서 나는 종교적 자원을 통한 사회공포증세의 완화에 대하여 설명하려고 한다. 이미 제2장에서, 사회공포증과 연관된 공포를 급격하게 악화시키거나 감소하는 종교의 역할에 대하여 간략하게 설명하였다. 이 장에서는 종교가 사회공포증을 완화시킬 수 있는지의 여부와, 만약 그렇다면 어떤 방법으로 가능한지에 대하여 한층 더 깊이 탐색하고자 한다.

종교가 도움이 될 수 있을 것이라는 나의 관점은 사회공포증세가 외부의 위협에 대하여 과도한 공포를 가지고 있다는 특성에 근거한다. 앞에서 살펴 본대로, 정신분석적 전통은 내적 갈등이 외부적 상황에 투사된 결과 때문에 과도한 공포를 느끼게 된다고 설명한다. 이 관점에 따라 종교가 내적 갈등을 완화시키는 데에 도움을 준다면, 사회공포증세의 과도한 공포를 완화시킬 수 있다고 생각할 수 있다. 정신분석의 논리에 따르면 긍정적인 내사나 자기대상치료자와 같은은 부정적인 내사나 자기대상환자와 같은에 의한 손상을 극복하도록 도울 수 있기 때문에, 종교가 어떠한 방법으로 긍정적인 자기대상의 원천으로 기능하여 사회공포증과 관련된 불안을 완화시킬 수 있는지 탐구할 수 있다.

이런 질문을 제기하기위해 나는 William James의 *The Varieties of Religious Experience*[1982; 1902년에 초판됨]을 소개한다. James는 사회공포증의

심리적 연구에 상당한 관심을 보였다. 그 이유는 본인이 공포증을 겪으면서 그 고통의 통렬함을 직접 체험하였기 때문이다. 이 고통은 James가 공포 경험을 연구하도록 이끌었다. 그러나 그는 만년에 저술한 *The Varieties*에서 심리학자로서 삶의 과정에서 공포에 대한 지식을 쌓았음에도 불구하고, 노년기에 종교를 동경하여 종교적 흥미를 가지게 되었다고 고백한다.

나는 James의 저술과 더불어 제6장에서 설명한 Heinz Kohut의 정신분석적 자기심리학 이론을 사용해서 불안과 싸우는 사회공포증을 겪는 사람에게 예수 그리스도가 구원자일 뿐만 아니라, 영적자원으로 재구조화를 이끄는 역할을 감당할 수 있음을 설명할 것이다. 나는 기독교의 배경을 가진 사람들에게 예수 그리스도가 불안을 경험하지 않도록 돕는 내면화된 자기 대상으로서 뿐만 아니라 사회 질서의 지배와 복종의 체계에 도전하도록 도와서 일방적인 복종을 강요하는 체계를 온건하게 전복시키도록 힘을 북돋아준다고 주장한다. 또한 예수 그리스도^{가장 바람직하지만}뿐만 아니라 다른 종교적 인물도 자기대상의 역할을 할 수 있음을 지적한다.

William James와 하나님의 현존의 인식

James는 20대 중반에 엄습하였던 극심한 개인적 공황 경험 때문에 병리적인 공포에 대하여 일평생 관심을 가졌다. 그는 *The Varieties of Religious Experience*에서 옷 한 벌을 꺼내러 옷장 안을 들여다보다가 사전 징후 없이, "존재감이 와해되는 끔찍한 공황"을 경험을 하였다고 설명한다.[1982, 160] 그는 그 순간을 "심장이 녹아내리는 공포에 벌벌 떨었다."라고 묘사한다.[160] 이 경험이 수 주간 급격한 신경쇠약으로 이어졌으며, 만약 "영원한 하나님은 나의 피난처"와 "내게 오라, 모든 힘들고 수고한 자들아"라는 몇몇 성경 구절을 붙잡지 않았더라면 "완전히 미쳐"버렸을 것이라고 고백한다. 그의 공황장애에 대한 묘사는 공황이 자기 파편화의 위험에 빠져드는 감정을 포함하며, 이 감정은 발달적으로 볼 때에 유아기와 초기아동기 때의 "진정시키는 구조"의 결핍에서 유래Kohut 1984, 28-33된다는 Kohut의 관점을 뒷받침한다. James의 개인적 경험을 고려해 볼 때에, 그가 The Varieties에서 종교와 공포의 관계에 대하여 많은 관심을 가지고 종교가 공포를 일으키고 강화시키기보다, 공포를 완화시킨다는 관점에 초점을 두는 이유를 충분히 이해할 수 있다.

James의 공포에 대한 관심은 두 권으로 구성된 그의 첫 번째 책인 The Principles of Psychology[1950, 초판은 1890년에 출판됨]에 이미 분명하게 나타났다. 그는 이 책에서 동물 공포증을 예로 들면서 공포를 본능이라고 말하였다. 동물공포증이 아동의 내면에 공포와 함께 애완동물을 가지고 싶은 심리라는 극단적인 충동을 일깨우기 때문이라고 설명한다. 만약 아동이 동물을 귀여워해서 그 맘을 표현하려는 첫 시도에서 동물에게 공격을 받거나 물리게 되면 동물에 대한 강한 공포가 야기되며, 그 후로 수 년 동안 조그마한 강아지를 보아도 귀여워해주고 싶은 충동을 느끼지 못하게 된다.[1950,2,395]

또한 그는 공포를 감정으로 보았다. 그는 Charles Darwin의 공포의 증세에 대한 생리학적 설명[1950, 2, 446]을 인용하면서, 마지막 부분에 병리적인 공포에 대하여 설명한다.[460] 그로부터 2년 후에, The Principles의 내용을 요약해서 Psychology: The Briefer Course[1961]라는 제목의 요약본을 출판하였다. 이 요약본에서 그는 공포에 대하여 예전에 제시한 설명의 범위를 넓혀서, "분노를 일으키는 대상에게 공포 반응도 일으킨다. 인간은 자신을 죽일 수 있는 대상에 공포를 느끼면서도 죽이고 싶어 한다."라는 감정의 측면을 설명하였다. 그는 공포와 살인 충동이 동시에 일어나기 때문에 "공포는 외부 위협에 대하여 일관되지 않은 반응을 이끈다."고 설명한다.²⁷⁵ 더 나아가서, 공포를 "탐욕과 분노와 살인충동과 같이 우리의 본성이 경험하는 세 가지 감정의 극단적인 에너지의 신체적 표현이다"라고 강조한다.²⁷⁵

다른 한편으로, 그는 "야만에서 지성으로"의 발전과정에서 강도가 가장 감소한 감정이 공포라고 말한다. "많은 사람들이 심리적 어려움을 겪으면서 '고통'의 의미를 깨닫게 된다."²⁷⁵라고 표현하며, 문명사회에서 많은 사람들이 태어나서 죽을 때까지 마치 공포의 고통을 느끼지 않고 살아가는 것처럼 보이기도 한다고 설명한다. 또한 그는 "현대의 맹목적인 낙관주의의 철학과 종교" 때문에 사람들이 공포와 거리가 먼 것처럼 살아가는 듯이 보이며, 삶에서 경험하는 포악함은 "표현은 강하지만, 피부에 와 닿지 않는다"라고 말한다.²⁷⁵ 그러나 우리가 살아가면서 개인적으로 공포를 경험하게 될 때에, 극심한 심리적 고통을 경험하기 때문에 그 고통을 완화시켜주는 종교의 역할이 필요하고 주장한다. James는 *The Varieties of Religious Experience*에서 종교의 이러한 기능을 설명하며, *Psychology : The Briefer Course*에서 아동기 때에 경험할 가능성이 있는 다양한 공포를 설명한다. 소음, 낯선 사람들과 낯선 동물들, 특히 위협적인 방법으로 앞에서 달려오는 사람들이나 동물, 거미나 뱀, 고독유아기 때에 울면서 홀로 걸어가던 경험도 포함, 검은 물체, 특별히 어두운 장소, 구멍, 동굴, 높은 곳, 초자연인 존재유령, 송장 등에 대한 공포를 예를 들며 다양한 병리적 공포들을 구분하였다. 그는 병리적인 공포 중에서, 그는 "삶의 전반에 걸친 불안과 모든 것에 대한 공포로 제정신이 아니며", "동상처럼 굳어서 꼼짝 않고 웅크려서" 추적자가 자신을 알아보기를 원하지 않는 겁먹은 짐승이나 사람처럼 온 몸이 굳어있었던 멜랑콜리아 환자의 사례를 인용한다. 그는 광장공포증에 대한 짧은 언급을 통하여 광장공포증을 겪는 사람은 넓게 트인 공공장소의 한 귀퉁이에서 머물러서 더 이상 나아가려고 하지 않거나 가능한 한 집 주위에서 벗어나지 못하며, 마지못해서 외출할 때에는 최대한 빨리 마치 먹이를 물고 집으로 쏜살같이 달려가는 다람쥐처럼 다시 집으로 돌아간다고 설명한다. 따라서 광장공포증은 "야생에서 생활해야 했던 먼 옛날의 조상들에게 유익한 생존 방식"이 불연 듯이 되살아나는 듯 한 증세일 수 있다고 한다.

James는 *Psychology : The Briefer Course*에서 공포는 그 양상이 앞에서 설명한 Öhman의 진화론적 관점, 즉 사람이나 동물이 위협적인 방식으로 다가올 때에 발생되는 공포와 비슷하다고 설명한다. 이런 종류의 공포는 현대 사회 공포증의 분류에 가장 잘 맞아 떨어진다. James는 병리적인 공포를 "동상처럼 굳어서 꼼짝 않고 웅크려서" 추적자가 자신을 알아보기를 원하지 않는 겁먹은 짐승이나 사람처럼 온 몸이 굳어버리는 증세로 묘사하고, 그 증세가 마치 멜랑콜리아와 동일하다고 설명하였다. 멜랑콜리아James가 직접 겪었던는 사회적 상호작용에서 완전히 철수하기 때문에 더욱 병리적인 사회공포증이다. 멜랑콜리아는 사회공포증처럼 자신이 패배자가 될 것 같은 위협적인 상황을 피하려는 충동을 반영한다. James는 사회공포증의 중심 역동인 '지배/복종'의 현상이 멜랑콜리아에서 더욱 극단적으로 인식된다고 보는 것 같다.

James는 *Psychology : The Briefer Course*에서 공포의 치료법을 제시하지 않지만, *The Varieties of Religious Experience*에서 공포의 치료에 대한 노력에 관심을 보였다. 아마도 그는 '존재감의 와해'를 동반하는 공포에 강하게 저항하였던 경험을 통하여 종교가 그 공포의 완화에 도움이 될 수 있을 것인지의 여부에 큰 흥미를 갖게 되었던 것으로 보인다. James가 멜랑콜리아를 경험한 후에 아직 *The Varieties*를 쓰지 않았던 시기로 추정된다. 이때 그는 아내에게 기독교 전통에서 말하는 "건강해지겠다는 의지 갖기"의 방법이 더 이상 효과가 없다고 고백했다.Lewis 1991,511

한편 그는 *Psychology : The Briefer Course*의 출판 이후에, *The Varieties* *of Religious Experience*에서 다시 공포라는 주제에 관심을 보였다. James 는 *The Varieties*에서 인간의 마음을 "건강한 마음"과 "병든 영혼"으로 나누었는데, 후자는 공황 공포를 경험하는 마음을 뜻한다. 전통적으로 기독교 신학은 인간의 마음보다 의지에 더욱 초점을 두고, 의지가 "더 낮은 인간 본성"안에 "본질적 악"이 있다고 말하였다.[98] 그러나 그는 "더 낮은 인간 본성"에 대하여 또 다른 의미를 발견하려고 시도하였다. 그러는 가운데 몇 몇 심리치료자들의 글을 인용하였는데, 그중 어떤 사람은 "공포를 경험할 것이라는 예상"을 말하고, 또 다른 사람은 "사람은 흔히 내면에서 스스로에게 공포의 낙인을 찍어버린다. 다시 말해서, 공포 가운데에 양육되고 질병과 죽음의 공포에 묶인 채로 일생을 살기 때문에 정신적으로 속박되고, 제한받고, 억눌린다."[99]라고 말한다. 앞의 글을 쓴 Henry Wood는 *Ideal Suggestion Through Mental Photography*라는 책에서 "우리가 알아차리지 못하는 가운데에, 끊임없이 부어지는 풍성한 신의 사랑과 생명력만이 마음의 병적인 상태를 어느 정도 중화시킬 수 있다."[99]라고 적었다.

그는 그 당시의 심리치료 움직임과 더 앞선 시기의 루터교와 감리교 운동 사이에서 '심리적 유사성'이 있다고 생각하게 되었다. 도덕주의와 그 저서들을 믿는 사람들의 "내가 무엇을 해야 구원을 얻을까?"라는 걱정스러운 질문에 대하여, 루터교인들과 감리교도들은 "믿기만 하면, 즉시 구원을 받는다."라고 대답한다. James의 관점에서 볼 때에, 심리치료사들은 '구원'이라는 표현을 '고통에서 해방되기'의 관점으로 이해한다. 고통 받는 사람을 대할 때에는 스스로에게 "내가 어떻게 도와야 그가 건강해지고, 전인성을 회복할 것인가?" 즉, '문제에서 해방될 것인가?'라고 묻고, 그들에게 "당신은 이미 양호한 상태이고, 심리적으로 큰 손상이 없습니다. 다만 아직 그 사실을 알지 못할 뿐입니다."라는 사실을 깨닫도록 돕는 역할을 감당해야 한다. 신앙적 관점에서 한 문장으로 표현하면 "하나님은 온전하시며, 너도 온전하다. 너의 참 존재를 깨달아야 한다."로 표현할 수 있다.108 결국 '해방'의 관점에서 바라보아도, 종교적 관점의 답을 줄 수 있다. 그러나 이 답을 성급하게 제시하기보다는 내담자의 심리변화와 속도를 맞추어야 한다.

James는 당시의 루터교와 감리교의 복음이 많은 동시대인들에게 "정신적 결핍"에 대하여 설명하는 데에 성공적이었음을 주목108하였다. 그는 종교가 심리치료에 영향을 줄 수 있다고 생각하였다. 그는 Henry Wood가 말한 대로 "오직 하나님의 무한한 사랑"만이 바깥 세상에 나가기 전에 이미 마음에 찍힌 "공포"라는 낙인의 흔적을 흐리게 만들고, 서로를 만나서 돕고 살아가게 만든다고 보았다. Wood는 하나님의 무한한 사랑은 "당신을 집어삼키고, 당신의 삶을 영원한 악몽으로 축소시키는"99 공포의 바다의 위력을 약화시켰다"라고 말한다.

James는 공황공포를 직접 경험하면서, 공포를 약화시키는 것은 인간의 의지가 아니라 하나님의 무한한 사랑이라는 Wood의 관점에 동의하게 되었다. 그는 "그 공포가 매우 공격적이고 강력하였기 때문에" 위로를 주는 성경 본문을 붙잡지 않았다면 실제로 미쳤을 것이며, 성경 본문을 통하여 공포를 벗어나는 경험을 하였기 때문에 공포 완화 경험이 "종교적 경향"을 가지고 있다고 생각하게 되었다. 공격적이고 강력한 공포가 주는 고통이 절정에 달하였을 때에, 그는 더 깊은 무의식에서 하나님의 돌봄과 보호를 느꼈다. 자신이 미쳐가는 듯한 고통의 터널을 통과하면서 스스로 할 수 있는 일은 없었지만, Wood가 말한 대로 "하나님이 온전하시기 때문에, 나도 온전해질 수 있다는 믿음을 붙잡는 상태"에 있었다. 나는 Kohut의 '진정시키는 구조'의 개념을 설명할 때에 하나님의 무한한 사랑을 다시 설명할 것이다.

James는 *The Varieties*의 후반부에서, 성도에게 필요한 종교적 체질을 언급하면서 개인의 '더 높은 자기higher self'에 초점을 맞추고, 종교적 체질을 만들기에 적합한 몇 가지의 '내적 조건'을 설명한다. 이 내적 조건 중에 가장 중요한 것은 "더 높고 친근한 힘a higher and friendly power"이다.274 그는 더 높고 '친근한 힘'을 동반하는 내적 감각을 언급하며, 이는 공포를 몰아내는 '가장 인격적이고 무한한' 힘이 존재함을 증명한다고 말한다. 그리고 '마음 속의 이 내적감각을 가장 뛰어나게 묘사한 문장'으로, Voysey의 설교 중에서 "하나님은 수많은 영혼들이 외출하고 귀가할 때에, 밤이나 낮이나, 언제나 그의 현존이 삶에 함께 하시겠다는 믿음을 주시며, 그 믿음은 그들에게 절대적 휴식과 자신감을 주는 안정의 원천이 되어서 모든 공포를 몰아낸다. 하나님의 임재의 인식은 공포와 불안에 대하여 변함없는 안정을 준다"275.라는 구절을 소개한다. 또한 *The Varieties*에서 행복에 대한 C. H. Hilty의 저서에서 "개인이 스스로의 힘으로 공포를 극복할 수 없다고 포기하게 될 때에 하나님의 존재감을 인식하며, 이 때 공포가 사라지고, 묘사할 수도, 설명할 수도 없는 안도감을 느끼게 되는 경험을 하게 되며, 그 경험은 결코 잊혀 지지 않는다."275라는 내용을 인용한다. 한 마디로 James에 따르면 두 저자 모두 하나님의 현존이 다른 방법으로는 극복할 수 없는 불안과 공포를 몰아낸다고 강조하였다.

또한 James는 종교적 체질 속에 하나님의 임재에 대한 인식을 형성하는 내적 조건들이 있다고 설명한다. 이 조건들 중에는 "영혼의 힘"이 있다. 그는 이 "영혼의 힘"을 "삶이 확장되는 감각"이며 "개인의 동기를 고양시키는 전능의 힘을 공급해서 공포가 만들어낸 억압을 점점 축소시켜서 마침내 느낄 수 없도록 만들며, 반대로 마음속에 현실 세계에 대처하는 인내력을 새롭게 형성시키고 발전시켜서 마음속에 단단한 요새를 구축하도록 돕는 힘"이라고 설명한다. 한 마디로 나는 그가 말한 "영혼의 힘"은 공포와 불안을 사라지게 하고, 축복의 평온함이 그 자리를 차지도록 돕는다."라고 요약해서 표현하고자 한다.[273] 또한 "마음속의 긴장, 자책감 그리고 걱정이 평온, 수용성, 그리고 평화로 변하는 것은 마음이 내적 평정으로 재구조화되는 가장 놀라운 과정이며, 이런 재구조화가 개인 심리의 중심에 자리 잡는 것을 분석한 경험이 있다. 이 기적은 어떤 일을 해서 성취되는 것이 아니라 단지 이완과 마음의 짐을 벗어던지면서 일어난다."[289]라고 말한다. James는 "공포 때문에 만들어진 마음의 짐을 내려놓게 되는 과정은 도덕심으로 가능하지 않고, 종교적 신념에 근거하여 가능해진다. 이 과정은 신학을 앞서며 철학과도 구별된다. 심리치료, 신지식, 스토이시즘, 평범한 신경증적 위생학에서도 자신을 깊이 돌아보는 사색의 경향이 발견되지만, 지나친 사색의 짐을 벗어버리고 마음속에 새로운 평정이 재구조화되는 경험은 여전히 특정 이론으로 설명하기 힘든 신비의 영역 속에 머문다."[289]라고 하며 "'영혼의 힘'과 깊은 유대를 맺고 살아가는 기독교인들은 미래에 대하여 지나친 불안에 휩싸이지 않으며, 오늘의 결과를 지나치게 부정적으로 바라보지 않는다."라고 한다. 그는 Genova의 성녀 Catherine의 예를 들면서, "매순간 그녀는 자신에게 다가오는 사물들을 판단 없이 있는 그대로 인지하였다."라고 말한다. 그녀에게 "거룩한 순간은 바로 현재의 순간이며, 현재의 순간에 행하는 일의 결과를 두려움이나 편견 없이 맞이해서, 결과에 집착하지 않고 다음 순간을 기다린다. 다음 순간에 새로운 일이 등장하면, 마치 삶에서 가장 중요한 순간을 맞이하게 된 것처럼 두려움과 판단에서 벗어나서 온 마음을 다 기울인다."[289]

이런 성녀 Catherine의 삶의 태도는 사회공포증세가 동반하는 예기불안, 즉 다가 올 일이 부정적인 결과를 가져올 것이라고 예상하려는 특성에 대하여 "내일 일을 염려하지 말라. 내일은 스스로 걱정할 것이기 때문이라"[마6:34]와 "들의 백합화가 어떻게 자라는 가를 생각하여보라. 그들은 수고와 길쌈도 하지 않는다. 그러나 내가 너희에게 말하노니 솔로몬이 입은 그 모든 것으로도 이 꽃만 같지 못 하였느니라"마 6:28-29라는 예수의 교훈과 동일한 관점을 제시한다. 예수는 수치심을 조장하는 사회에서 살면서 신체적으로뿐만 아니라 경제적으로도 불안 속에서 살아가고, 타인의 부정적인 평가를 예상하며 미래에 대하여 걱정과 두려움 속에 살아가는 사람들에게 위의 말씀을 전하였다. 오늘날 사회공포증을 겪는 사람들은 예수 시대에 두려움을 경험하며 살았던 사람들처럼, 오직 스스로의 힘만으로 공포와 불안을 주는 시련을 견디어 내야 한다는 잘못된 신념 속에서 살아간다. 결국 James가 인용한 심리치료사들은 "더 높고 친근한 힘"으로 하늘 아버지의 깊은 현존을 인식하며, 미래의 시련에 대한 불안에서 벗어나기 위하여 하나님의 현존에 대한 인식이 필요하다고 말씀하시는 예수의 태도를 그려내는 셈이다. 이 "더 높고 친근함 힘"이 공중의 새와 들의 꽃을 입힌다면, "너희들은 그것들보다 더욱 값지지 아니하냐?"마6:26는 성경말씀은 현재와 미래에 대한 불안에 휩싸인 이들에게 하나님의 임재를 믿는 가운데에 모든 염려를 내려놓고, 평안을 얻도록 위력을 발휘한다.

이처럼, *The Varieties*에서 공포에 대한 James의 논의는 사회공포증에 만연한 불안과 공포에 대면하도록 돕는 종교의 중요한 특징을 설명한다. 이 특징은 한 마디로 "묘사할 수 없고 설명하기 힘든 내적 안정감"과 더 높고 친근한 힘의 현존에 대한 인식이다.[275] 그 인식은 도저히 극복할 수 없을 정도로 막강해 보이는 사회공포증의 공포를 일상에서 "점점 축소시켜서, 마침내 어느 순간 주목하지 않게 만드는 영혼의 힘"의 효과를 가져온다.[273] 그러나 이런 종교적 관점은 James가 직접 설명하지 않은 심리역동적 설명을 필요로 한다. 그가 "영혼의 힘"에 의한 하나님의 현존에 대한 인식이 "내적 평정"과 "개인 심리의 재구조화"를 통하여 종교적 체질의 향상을 이끈다고 말하지만, 심리역동적인 설명을 제시하지 않기 때문이다. 나는 James의 종교적 체질의 향상을 통하여 사회공포증세를 극복할 수 있다는 관점을 심리역동적 차원에서 Heinz Kohut의 "진정시키는 구조"로 설명하고자 한다.

Heinz Kohut과 진정시키는 자기 구조

James의 하나님의 현존에 대한 논의는 심리역동적 관점에서 Kohut의 '자기 구조적 결함의 변형' 즉, '진정시키는 자기 구조의 결핍'1984, 30이라고 부를 수 있다. 앞에서 살펴보았듯이, Zerbe는 치료자가 사회공포증을 겪는 내담자에게 치료 과정에서 '안정시키는 구조'를 제공할 수 있다고 설명하였다. 한 마디로 사회공포증을 겪는 사람은 의지할 사람이 아무도 없기 때문에 스스로 '진정시키는 자기 구조'가 필요하다. 그들은 전형적으로 공포의 상황에서 아무도 도와줄 수 없다고 느낀다. 가장 지지적인 '타인'도 전형적으로 강하지는 않지만, '자신을 판단하는 타인들 중의 한명'으로 인식되어 공포를 일으킨다. 심지어 '타인'의 비판의 내용이 옳다는 사실을 알 때에도 공포를 느낀다. 따라서 사회공포증을 겪는 사람은 자신에 대하여 평가를 하지 않는 타인의 지지의 힘을 필요로 한다. 다시 말해서 사회공포증을 겪는 사람은 종교적 관점에서 '모든 것을 포용하는 더 높고 친근한 힘'의 도움을 받을 때에, 심리 역동적 차원에서 '가장 인격적이고 무한한', '진정시키는 자기 구조'의 도움을 받을 수 있다고 표현할 수 있다. 나는 Voysey의 관점에 동의해서, 진정시키는 자기 구조는 '공포와 불안에 대항하여 변함없는 안정'을 제공한다고 말하고 싶다.

나는 "걱정하지 말라…", "들의 백합화를 보아라…"의 예수 그리스도의 말씀은 하나님 현존의 인식이 제공하는 '진정시키는 자기 구조'를 설명한다고 본다. 그러나 어떻게 예수가 사회공포증을 겪는 사람들에게 생생한 심리적 자원이 될 수 있는가? 어떻게 2천 년 전에 팔레스타인에서 살았던 예수 그리스도가 오늘날 사회공포증을 경험하는 사람의 공포를 평안으로 재구조화 시킬 수 있는가? 나는 이 장에서 심리치료 요법보다 Kohut의 '자기Self'와 '자기대상Selfobject'의 개념으로 이 질문에 답을 제시하려고 한다. Kohut의 자기이론의 핵심은 "시간의 흐름에 상관없이 일정하고, 깊이 있는 응집성을 유지하는 심리적 힘은 '나'라는 인식, 사고 그리고 행동으로서 경험하는 '핵자기Nuclear Self'이다."라고 요약할 수 있다. Kohut 1985,9 핵자기는 삶의 중심 가치와 현재 추구하는 목표, 그리고 다른 한편으로는 삶의 이상적 가치 사이와 현재 이루고 싶은 야망의 균형을 이룬다. 핵자기는 좀처럼 쉽게 변하지 않는다. 삶의 중심 가치와 이상적 가치들은 삶을 통하여 각 발단 단계, 또는 환경의 변화 속에서 경험을 통하여 매우 조금씩 수정될 뿐이다. 그럼에도 불구하고 다양한 경험들 중에서 핵자기의 중심 가치, 이상적 가치, 그리고 "깊은 응집력"으로 연결된 경험만이 "나"라는 존재의 감정, 사고 그리고 행동으로 인식된다.[11]

Kohut의 자기대상이라는 개념은 핵자기와 직접적으로 연결된다. 원래 어린아이는 타인들, 특히 부모의 행동을 통하여 자신의 삶의 중심 가치와 이상적 가치를 형성하고 그 가치들이 소중하다고 확신하며, 그 가치들의 성취를 이루기 위한 힘을 고무받기 원한다. 그러나 시간이 지나면서 부모의 지지와 반영에 의지하여 핵자기를 유지하던 단계에서 서서히 벗어나게 된다. 더 이상 외부 대상인 부모와의 직접적 관계가 아니라 부모의 내면화를 통하여 형성된 내적 대상Internalized Selfobject이 공급하는 힘에 의해서도 자기가 영향을 받게 된다. 다시 말해서 타인들, 특히 부모는 자기대상의 원천이 되며, 일단 내면화 과정이 시작되면 부모와 독립된 자기대상들이 존재해서 아동의 심리내적으로 자기에 영향력을 제공하는 관계를 맺게 된다. 자기대상들은 긍정적 또는 부정적으로 아동의 자기안으로 통합되면서 한편으로 자기 자신이 대단하다는 자부심을 느끼게 하고, 또 다른 한편으로는 존경하는 타인을 이상화해서 형성되는 이미지들이 내면화되면서 아동의 "나-됨I-ness"을 형성하게 된다.

한 인터뷰에서 Kohut은 살아가면서 수많은 경험을 하면서도 여전히 자신을 어린 시절의 소년과 동일한 사람으로 경험한다고 말하였다. "이제 저는 노인입니다. 머리는 희끗 희끗해졌고 근육도 물렁물렁해졌습니다. 그러나 18세, 22세, 그리고 달리고 뛰어놀았던 6세 때의 나와 동일한 사람입니다. 그 아이의 모습은 나의 내면의 일부로 남아있지요. 비록 겉모습은 완전히 변하였지만, 여전히 소년과 저는 동일한 사람이라고 확신합니다. 만약 어린 소년의 나와 현재의 내가 다른 사람이라고 인식된다면 나의 핵자기의 연속성이 위험에 처하였다고 말할 수 있을 것입니다."Kohut,1985, 236 "나는 젊은 시절보다 67살이 된 지금, 어떤 면에서 6살 때의 소년과 더욱 비슷합니다. 6살 소년은 다른 사람이 아닌 바로 나 자신이었기 때문입니다." "나는 한 순간도 그 소년이 아닌 적이 없습니다. 그 시절에 대하여 많은 기억이 나지 않지만, 소년 시절의 삶은 내 안에 있습니다"237. "바로 이런 느낌이 영속성continuity이라는 것입니다. 나는 나의 자기대상이 긴 세월동안 나 자신에 대하여 변할 수 없는 동일한 정체성을 유지하였다고 믿습니다."237

Kohut은 역사적으로 잘 알려진 인물들의 자기 확신적 야망과 이상화된 가치 및 문화적 자기대상에 대하여 설명하면서 자신의 핵자기와 자기대상에 대하여 털어놓게 되었다. 그는 자신의 핵자기와 자기대상에 대하여 설명하면서 집단의 핵자기의 발전과 유지에 대한 문화예를 들어서, 1950년대에 Jackie Robinson과 Jesse Owens의 활동이 미국 흑인들의 자기대상이 되었다고 봄적 자기대상의 중요성을 강조하였다. 나는 서구 사회에서 예수 그리스도가 여러 세대에 걸쳐서 초월적이며, 인내하는 이상적 가치들과 자기 확신적 야망의 원천으로 문화적인 관점에서 자기 대상의 역할을 하였다고 확신한다. 또한 오늘날도 여전히 예수 그리스도는 사회공포증을 겪는 사람들에게 개인적으로 내면화할 자기 대상의 역할을 감당할 수 있다고 생각한다. 예수 그리스도는 그들이 삶의 목표를 추구할 때, 그들을 억압하는 공포를 이겨내고 이상화된 가치들과 더욱 일치하는 삶을 살도록 심리적 힘을 공급하는 자기 대상의 역할을 할 수 있다. 요컨대 예수 그리스도는 불안을 평정으로 바꾸는 하나님의 현존의 힘을 증명할 뿐만 아니라, 사회공포증을 겪는 사람들의 내면에서 자기 대상으로서의 역할을 하여서 매우 오랫동안 ^{아마도 그들이 출생 때부터 동경하던} 진정시키는 자기 구조를 형성하도록 도울 수 있다.

여기에서 Kohut의 사례1984를 통하여 '자기의 구조적 결함'에서 진정시키는 자기 구조의 이해를 돕고자 한다. 그는 전통적인 정신분석적 관점에서 간헐적으로 짧게 지속되는 공황의 엄습을 경험하는 어떤 여성 내담자에 대하여 "그녀가 특히 나이가 더 많은 여성들과 함께 있을 때에, 자신을 방어하기 위하여 공황 증세를 만들어 냈다.28"고 설명하였다. 전통적인 관점에서 이런 방어적인 태도는 반복적으로 나타나는 오이디푸스기의 환상들 ^{예를 들어서 아버지와의 성관계의 욕구들의} 짧은 순환을 통하여 갑작스런 불안의 폭발적 출현을 미리 차단28하며, 좀 더 깊이 설명하면 "어머니라는 존재 때문에 ^{내담자의}오이디푸스기적 욕구가 좌절되었던 경험의 무의식적 반복으로 이해될 수 있다."고 분석될 가능성이 높다. 그러나 Kohut은 "광장공포증을 겪는 여성의 본질적 질병은 무의식 속에서 아버지와의 근친상관의 욕구에 대한 내적 갈등에 의해서가 아니라, 자기의 구조적 결함으로 정의된다.29"고 믿는다.

그의 관점에 따르면 여성 내담자는 초기 아동기 때에 '자기의 와해'를 겪었으며, 이런 경험은 아동기 때에 "아버지를 향한 애정의 붕괴^{행복한 따뜻함이 병적인 성적 환상으로 대치되는}와 점점 강해지는 불안과 자신을 마비시키는 공황의 발전을 향한 경향"30을 설명한다. 따라서 "자기의 구조적 질병의 첫 번째 국면예를 들어서, 오이디푸스 콤플렉스의 강화을 설명하는 것은 결함 있는 부성의 반응적 자기대상이며, 결함 있는 모성의 반응적 자기대상은 두 번째 국면예를 들어서, 불안을 통제하기보다는 공황에 의하여 압도되는 내담자의 경향을 설명한다."30 결과적으로 모성은 "소녀에게, 최적의 좌절을 통하여 진정시키는 자기 구조를 형성하며 심리내에서 불안의 전파를 예방하는 자기 대상의 역할을 제공할 수 없었다. 다시 말해서 이 여성 내담자에게 모성은 불안을 차단할 수 있는 자기 이상화의 축의 구조적 결함을 보상하는 자기 대상으로 내면화되지 못하였다."30 따라서 "오이디푸스기의 공감적이지 않은 자기대상의 환경아버지뿐만 아니라 어머니도 공감과 반영의 태도를 보여주지 못함은 모성이 아동기에 진정시키는 자기 구조로의 내면화에 실패하게 되었다. 그래서 이후에 자신보다 나이가 많은 여성들에게 자연스럽게 호감을 느끼게 되면 그 호감이 공황 공포로 경험되는 재난을 초래하였다."30

따라서 Kohut은 전통적 정신분석에서 아버지와의 관계에서 초점을 두고, 오이디푸스기의 문제로 귀결되기 쉬운 소녀의 '병리적인 성적 환상들'은 자기안의 구조적 결함이라는 더 깊은 원인에서 비롯된 증세라고 분석한다. 근본적으로 소녀의 어머니는 공감적인 모성이 현존하는 환경을 제공하지 못하였다. 그 소녀는 공감적인 모성이 현존하는 환경에서 어머니를 이상화시키지 못해서 자신의 애정을 긍정적으로 수용하도록 "진정시키는 자기대상"을 내면화 시키는 데에 실패하였다. 결과적으로 '진정시키는 자기대상이 부재'된 자기를 형성하게 되었다.

또한 Kohut은 진정시키는 자기 구조의 개념에 대한 이해를 돕기 위하여 독일 수상 Bismarck의 심각하고 만성적인 불면증을 극복하게 된 예를 설명한다. 그 당시 Schweninger는 독일 의과대의 교수였는데 실력을 인정받지 못하였다. 어느 날, 그는 Bismarck의 전화를 받았다. 그의 이야기를 들은 후에 "Schweninger는 직관적으로 Bismarck의 심한 수면장애를 정신분석적 자기심리학의 관점에서 바라보았다. 그는 어느 날 밤에 Bismarck

가 잠 들 때까지 침대 옆에 앉아있었다. 다음날 Bismarck가 눈을 뜰 때 까지 Schweninger는 침대를 떠나지 않았고, 잠에서 깨어난 수상에게 아침인사를 하였다. 나는 이 이야기보다 환자의 필요에 더욱 공감한 예를 들기 어렵다. 이 이야기에서 의사는 환자에게 반응하는 자기대상의 역할을 감당해서, 환자가 편하게 수면을 취하도록 도왔다."[19-20] Schweninger는 진정시키는 이상화된 자기대상으로서 Bismarck의 욕구에 반응하였다.

Kohut은 Schweninger가 정통 정신분석적 치료를 시행하지 않았지만 심리치료적 돌봄을 제공하였다고 강조하였다. 정신분석이 진행되려면 Schweninger의 현존이 Bismarck의 결핍된 욕구에 반응하는 방식으로 해석 작업이 진행될 필요가 있다. 아마도 그 해석의 범위는 Bismarck가 소년이었을 때의 모성적 자기대상의 부재 경험의 시기로까지 거슬러 올라가야 할 수도 있었다. 그러나 Schweninger는 공무로 바쁜 Bismarck에게 "정신분석 대신 자기대상의 역할을 계속 수행했다. 그렇지 않았다면 Bismarck는 계속 그를 진정시켜서 잠에 들도록 도와주는 다른 자기대상을 찾을 수밖에 없었을 것이며, 그런 역할을 감당하는 자기대상을 발견하기까지 새롭고 강화된 심리적 구조의 증가를 경험할 수 없었을 것이다."[20]

나는 예수 그리스도가 신앙심을 가진 사람들에게 Schweninger가 Bismarck에게 제공했던 것과 비슷한 역할을 감당할 수 있다고 주장한다. 그러나 예수는 Schweninger가 Bismarc를 도와주었던 범위를 뛰어넘어서, 사회공포증을 겪는 사람들이 위협을 느끼는 사회적 맥락주로 지배와 굴복의 역동을 견디어낼 수 있는 심리적 힘의 원천이 될 수 있다. 다시 말해서 예수 그리스도는 사회공포증을 겪는 사람들이 밤에 잠을 자도록 돕는 역할을 넘어서서, 낮 동안에 정신을 집중하지 못하게 하고 힘을 빠지게 하는 불안을 경험할 때에도 심리적 지지를 제공할 수 있기를 희망한다.

예수의 현존이 내적 대상이 되어서 사회공포증을 겪는 사람들에게 불안을 일으키는 상황 속으로 들어갈 힘을 줄 수 있다. 결국, 사회공포증의 내적 기질 안에는 '내적 평온'이 대치할 수 없는 진원지가 존재한다. 그들에게 신앙적인 자기대상의 역할을 감당한다는 것은 그들이 내적 기질과 태어날 때부터 마음에 그림자를 드리운 위축된 행동과 수줍음을 바라보고, 견디고, 담담하게 수용하도록 돕는다는 의미이다. 만약 누군가가 그들에게 신앙적인 자기대상의 역할을 감당하면서 그들의 내적 기질이 쉽게 변경될 수 있다고 말한다면 이는 정직하지 않은 태도이다. 다시 말해서 "당신이 알기만 한다면 이미 나았고, 건강하게 된다."라는 말은 진실이지만, 그 과정은 그리 녹녹하지 않다. 여기에서 "알아간다는 것은 내적 기질을 변화시킬 수 있기보다, '자신의 내적 기질을 깨달아가고 수용하는 과정'을 의미한다." James 1982, 108 위축된 행동과 수줍음과 관련해서 내적 기질을 깨닫고 수용한다는 것은 다른 사람들여성 동성애자들과 남성 동성애자들의 종교적 경험에 중요하다. 그 이유는 그들은 내적으로 결함 있는 자기Flawed Self를 가지고 있다고 인식하기까지 고통스러운 과정을 거쳐야 하기 때문에, 이 인고의 과정 없이 '나는 이미 나아서 건강하다.'라는 자기 확신은 신뢰하기 어렵다. 지나치게 단순화된 확신은 개인적으로 굴복 행위의 역사를 기긴 사회공포증을 겪는 사람이 너무 쉽게 자부심을 남용하도록 하며, 신앙적 차원에서 고통 없이 구원을 이룰 수 있다는 신성모독hubris의 의미를 가질 수 있다.

한편 예수 이외에도 기독교 전통이나 다른 종교적 전통에서 사회공포증을 겪는 사람들에게 나름대로 내적 대상으로서의 기능을 할 수 있는 인물들이 있다. James는 영혼의 위대한 힘을 보여준 여러 명의 기독교의 성인들을 인용한다. 그러나 특별히 예수 그리스도는 무기력하게 만드는 공포가 존재 자체를 위협하는 삶의 핵심 주제에 대하여 이야기하였기 때문에 기독교 전통에 속하지 않은 사회공포증을 경험하는 사람들에게도 자기대상의 역할을 감당할 수 있다. 신약성서의 복음은 예수가 죽음의 공포 속에서 두려움이 엄습하는 사람들에게 희망의 메시지를 전달하였다고 증언한다. 이미 "내일 일을 걱정하지 말라. 내일은 스스로 걱정할 것이다."라는 교훈과 "수고도 하지 않고, 길쌈도 하지 않지만 솔로몬의 모든 영광으로 입은 것이 미칠 수 없는 들의 백합의 예"는 신앙적 차원뿐만 아니라 모든 사람에게 보편적으로 희망을 주는 비유이다. 또한 "온유한 사람에게 복이 있나니 그들이 땅을 차지할 것이라."마5:5라는 그의 확신에 찬 말씀도 있다. 사회공포증을 겪는 사람들에게 그들이 평안을 느끼며 자유롭게 세상을 돌아다닐 수 있다는 확신보다 더욱 영감을 주고, 자기 확신을 주고, 이상화된 가치를 주는 것이 있을까?

예수는 사람들이 지속되는 경제적 재난의 공포 속에서 산다는 것을 깨달았다. 곡식을 저장하려고 커다란 창고를 지은 사람의 이야기눅12:16-20와 주인이 준 한 달란트를 땅에 묻어버린 종에 대한 이야기마25:14-30;눅19:12-17를 예를 들어보자. 특별히 주인이 준 한 달란트를 땅에 묻어 버린 종에 대한 이야기는 교훈적이지만, 사회적 관계 속에서 지배와 복종의 역동과 관련된 문제를 보인다. 주인이 여행에서 돌아와서 종들에게 맡긴 돈을 어떻게 사용하였는지 물었을 때에, 한 달란트를 땅에 묻어둔 종은 "주인님. 저는 당신이 마음이 굳은 사람이라서 심지 않은 데에서 거두고, 곡식을 털지 않고 모으시는 분이라는 것을 알기에 두려워서 돈을 땅에 묻었습니다. 여기 당신의 돈을 받으세요."마25:24-25라고 말한다.

이 비유는 '굳은 마음'의 주인으로 표현되는 지배 집단에 대하여 공포를 느끼지 말고 신중하게 생각하며 더욱 담대하게 행동하고, 자신감을 가지고 살아야 한다는 사실을 강조한다. 왜 그런가? 지배 집단을 완악하고 감정이 없다고 해석하지 않고 지배하는 자들에게 조심스럽고 신중하게 행동하며, 용의주도한 태도로 그들은 대해야 한다고 말 한 것은 그렇게 해야 그들에게 처벌을 받거나 보복당하지 않게 될 가능성이 높아지기 때문이다.

이 비유를 통해서 한 마디로, 예수는 지배집단에 대한 공포를 내려놓고 더욱 담대하게 행동하는 것이 낫다고 가르친다.

예수가 지배집단에 대하여 가르치는 또 다른 교훈은, 그들을 지나치게 의식하거나 과도한 경의를 보일 필요가 없다는 것이다. 그 당시 예수 그리스도를 선생님으로 보았던 사람들은 지배계급에 대하여 두려움을 느끼며 살았다. 그런 그들에게 예수 그리스도는 누가 지배집단을 형성하게 되더라도 지배집단을 향해 지나치게 과도한 경의의 태도를 지양하라고 말씀하신다. 그는 "하늘에 있는 너의 아버지께서 네게 필요한 것"을 아시기 때문에 어떤 것에 대해서도 불안해하거나 걱정할 필요가 없다고 확신하신다. "그 대신에 그분께서 너를 지배하시며, 이 모든 것들이 너의 것이 될 것을 확신하라."Mack, 1993, 78고 말씀하신다.

요컨대 사회공포증을 겪지만 예수 그리스도를 내적 자기 대상으로 삼고 다른 사람보다 하나님의 진정시키는 자기 구조에 통합적인 사람은 공포를 주는 사회적 상황에 홀로 들어가지 않는다. 오히려 공포를 주는 사람들 속에서 그의 존재감을 느끼게 도와주는 다른 내적 대상과 함께 들어간다. 이 내적 자기 대상은 부정적인 판단과 정죄하는 태도로 공포를 주는 지배적인 사람들 속에서 견디도록 힘을 준다. 예수 그리스도는 사회공포증을 겪는 사람의 내면에 침묵으로, 지배 집단의 힘은 실제로 텅 비어있고 허무하기 때문에 공포를 느낄 이유가 없다는 지속적인 확신을 주신다.

인지 행동 치료자가 불안을 겪는 내담자에게 상황을 극복하도록 돕는 방법과 예수 그리스도가 사회공포증을 겪는 사람의 전제와 믿음을 '재구조화'시키는 방법은 다르다. 인지 행동치료자들은 사회적으로 불안을 겪는 사람에게 자신이 부정적인 판단에 굴복할 합리적 근거가 있는지의 여부를 생각한 후에, 그런 근거가 없다는 확신을 갖도록 돕는다. 한 마디로 인지 행동 치료는 사회에 대하여 긍정적인 관점을 회복해야 효과가 발생하였다고 말할 수 있다. 이와는 대조적으로 예수는 사회가 비판, 판단 그리고 비방으로 구성되어 있다는 인식을 바꾸도록 요구하지 않는다. 다만 이런 현실에도 불구하고 그는 지배적인 집단의 힘이 일시적이며 곧 사라질 것이라는 통찰을 얻도록 도와서 이 세상에 참여하도록 권고한다. 이 통찰의 과정은 하나님의 현존의 경험이라는 은혜의 선물과 함께 이루어진다.

나는 인지행동 치료가 사회공포증을 겪는 사람들이 믿는 것보다 실제로 그들이 살아가는 사회가 덜 비판적이라고 생각하도록 돕는다고 생각한다. 인지 행동 치료에서 흔히 사용되는 가상 역할극 기법은 내담자로 하여금 본인이 생각하는 것보다 사람들이 덜 비판적임을 이해하도록 돕는다. 그러나 이 가상 집단 그룹이 사회공포증의 고통을 받는 사람들로 구성되어 있기 때문에, 서로를 친절하게 대할 가능성이 높다는 사실도 염두에 두어야 한다. 이 치료적 집단은 실제 사회적 상호작용에서 발견하기 어려운 이상적 집단의 성향을 보일 수도 있다.

한 예를 들어서 사회공포증을 겪는 사람이 특별히 마음의 상처에 취약하다는 관점을 설명하고자 한다. 바로 요나 선지자의 이야기이다. 요나는 니느웨 사람들이 그를 바보로 만들 능력과 의지를 가지고 있음을 알았다. 그래서 니느웨로 가기를 꺼렸고, 니느웨에 가서도 그들과 멀리 떨어져 있었다. 그때에 예상했던 일들이 벌어졌다. 니느웨 사람들이 회개하여 그를 부끄럽게 그의 예언이 틀렸음을 증명해서 만들어 버렸다. 그들이 이렇게 할 줄을 요나가 어찌 미리 알 수 있었겠는가? 나는 요나가 과거에 자신이나 다른 사람이 사회적 희생자가 되는 상황을 경험하였기 때문에 다시 희생자가 되는 상처의 경험이 두려워서 예언하기를 꺼렸다고 추론한다. 또한 그가 타인에 대하여 비판할 때에 주목받지 못하는 상황을 경험하였을 가능성이 있었다고 추측해 본다. 사회공포증을 겪는 사람들은 사회적 상황에서 부정적인 판단에 민감하다. 하지만 부정적인 판단이 없는 사회적 상황이 존재하리라고 믿는 것은 비현실적이다. 이런 점에서 사회공포증을 겪는 사람들은 사회적 상황들이 실제보다 더욱 너그럽기를 바라는 비현실적인 소망을 가지고 있다. 이런 그들의 태도에 대하여 "또한 사람들이 하는 모든 말에 네 마음을 두지 말라 그리하면 네 종이 너를 저주하는 것을 듣지 아니하리라 너도 가끔 사람을 저주하였다는 것을 네 마음도 알고 있느니라."전도서 7:21-22라는 말씀을 권하고 싶다.

그들에게 예수 그리스도는 매우 현실적인 관점을 제시한다. 사회적 상황은 언제나 지배와 굴복의 역동을 가지고 있으며, 대부분의 상황에서 복종하는 사람들은 지배적인 사람들에 의하여 희생자가 될 것 이라고 예상되는 상황에서 뒤로 물러난다. 한 마디로 복종하는 사람들도 나름대로 힘을 가지고 있다. 이런 의미에서, 사회공포증을 겪는 사람들의 회피 행동은 힘을 가진 항의의 행동이 될 수 있다. 여기에서 예수 그리스도는 복종하는 사람들이 자신들도 물러나는 행동을 취할 힘을 가지고 있음을 깨닫기를 원한다. 그들이 스스로 거부할 힘이 있음을 인식하고 그 힘을 행사할 때에, 굴욕감을 느끼며 복종하거나 비관적인 항의의 태도에서 벗어날 수 있다. 더 나아가서 그들이 스스로에게 선택권이 있음을 깨닫고 그 선택권을 행사해서 위협적인 상황을 피할 때에, 지배적인 집단에게 굴복할 수밖에 없다고 믿었던 사람들은 그들의 용기에 감탄하고 찬사를 보낼 수도 있다. 더 나아가서 사회공포증을 겪는 사람들이 참여할 수밖에 없는 상황에서 지배적인 집단의 지도자의 이야기를 듣지 않거나, 세심한 주의를 기울이지 않기로 선택하는 방식으로 조용한 항의를 할 수 있다.

예수 그리스도는 내적 자기대상의 역할을 통하여 지배적인 집단에 대하여 명시적, 또는 은밀한 항의의 행동이 유효하다고 암시한다. 그는 조용한 항의의 행동을 통한 거절을 지지한다. 이런 관점에서 그는 사회 공포증을 겪는 사람들의 옹호자가 되신다. 예를 들어서, 간음의 현장에서 끌려와서 고소자들에 의하여 돌에 맞아 죽을 위기에 처하였던 여인에 대한 변호 요8:1-11에서 이런 옹호자의 모습이 드러난다. Joplin은 이 이야기에 대한 분석1992에서, 예수 그리스도가 여성의 운명과 자신의 운명을 연결하면서, 위기의 사회적 상황에 대하여 책임을 지겠다는 의사표시를 하였다고 말한다. 만약 군중들이 여성을 정죄하는 데에 실패하였다면 사회적으로 모세의 율법을 위반하는 것이다. 그러나 만약 그 여성을 정죄하여 살인하게 되면 로마의 법을 위반하는 것이 된다. 당시에 로마의 법은 유대의 산헤드린이 사형을 선고할 권한을 가지고 있지 않았다. 따라서 예수 그리스도는 아무도 예상할 수 없었던 방식으로 종교법과 세속 법의 이중 구속의 덫을 벗어났다.229-230 그는 군중들에게 "너희 중에 죄 없는 자가 먼저 돌로 치라"라고 말씀하셨다. 그가 침묵하시며 땅에 글씨를 쓰실 때에, 한 명씩 자신의 양심을 들여다보기 시작하였고, 지도자들부터 시작해서 평민에 이르기까지 모두 흩어졌다. 결과적으로, 의인과 죄 많은 여인의 차이가 희미해졌다. 예수 그리스도는 여성의 고발자들에게 도전하고, 심지어 그 여성과 부적절한 관계를 맺은 사람들이 군중 속에 있을 수 있다고 넌지시 말함으로써 현장에 있는 사람들 중에서 그 누구도 그 여성을 심판할 수 없는 상황을 만들어냈다. 한 마디로 "현장에 있던 모든 남성들의 양심 안에서 숨어져있던 심리적 간음을 재구성"233하였다.

예수 그리스도는 변호자로서의 역할을 통해서 지배적인 집단이 그 여성에게 권한이 없다는 사실을 보여주었고, 계속 그 자리에서 침묵 속에서 땅에 글을 쓰면서 고발자들의 힘을 무력화시켰다. 이 이야기에서 예수 그리스도는 사회적 상황에서 지배와 복종의 역동을 흔들어버리는 내적 자기대상의 역할을 감당하셨다. 마찬가지로 자기대상으로서 불안과 공포의 짐에 눌린 인간 영혼의 치료자로서의 역할을 계속 감당한다. 오늘날도 사회공포증을 겪는 사람들이 공포를 느끼는 사회적 상황들을 예상하면서 그들이 경험하는 "자동적 사고"에 반대해서 "온유한 자는 복이 있나니 그들이 땅을 기업으로 받을 것임이요"마5:5라는 확신과 권능의 말씀을 전하신다. 사회공포증을 겪는 사람들이 피해왔던 모든 사회적 상황과 그 시대에 새로운 비전을 심어준다. 그의 전복시키는 현존을 통하여 권능의 부여를 경험한 사람들에게 이 비전은 눈에 보이는 현실이 된다.

결론

제7장의 문화적 차이에 대한 결론부분에서, Okano의 융통성의 원칙이 공포를 경험하게 만드는 특정 상황 속에서 공포증을 앓는 사람들에게 다른 사람들을 피하겠다는 결심을 할 권리를 지지하기 위하여 사용되었다고 설명하였다. 여기에서 그 결정과 결과가 어떠하던지 간에, 종교가 사회공포증을 겪는 사람들의 불안과 공포를 완화시키는 데에 도움이 되는 두 가지 방식을 설명하였다.

첫 번째는 내적으로 진정시키는 하나님 현존의 인식을 더 깊이 자리 잡도록 노력하는 방법이다. 불안을 일으키는 사회적 상황에서 살아남으려고 스스로의 힘에만 의존해야 한다고 믿는 태도에서 벗어나서, 자신에게 현존하는 '더 높고 친근함 힘'이 있다는 믿음을 선택할 수 있다. 다만 이 진정시키는 하나님의 현존은 그 동안 참여를 꺼렸던 사회적 상황에 참여하도록 도움을 주지만, 그럼에도 불구하고 무조건 '성공'을 보장하지 않는다. 오히려 진정시키는 하나님의 현존은 더 이상 사회적 상황의 참여여부 자체가 삶의 성공과 실패를 결정한다고 여기지 않도록 돕는다. 심지어 공포를 경험하게 하는 상황을 너무 빨리 떠나서 실패하였다고 느끼거나 연설이나 보고서의 프레젠테이션을 진행하는 동안에 고통을 느껴도, 진정시키는 하나님의 현존은 그 두려운 사건이 진행되는 순간과 그 사건이 끝난 후에도 함께 있어서 궁극적으로 그 분의 관점이 가장 중요하며, 성공적인 수행을 하지 못하게 되어도 그 분의 관점에서 그 수행이 실패가 아니었다는 확신을 준다. 하나님은 "나는 너의 '성공적인' 자기를 사랑하지만, '실패하는 자기는 경멸한다.''고 말씀하시지 않는다. 오히려 하나님은 실패하는 자기에게 손을 뻗어서 그 자기를 끌어안으시는 분이시다. 사회공포증을 겪는 사람이 불안하게 만드는 상황에 들어감에 따라 진정시키는 하나님의 현존은 들의 백합화를 생각하거나 공중의 새를 생각하게 하면서, 불안할 이유가 없다고 믿게 하신다. 하나님이 백합과 새를 돌보신다면 지금 사회공포증을 겪는 사람도 지켜주시고 돌보아주시지 않겠는가? 어떤 상황에서 최선을 다하지 못했다고 느껴서 자신이 한 일에 대하여 낙심하고 실망하여도 진정시키는 하나님의 현존은 그래도 괜찮고, 더 이상 그 일에 얽매이지 말라고 위로하신다. 파티에서, 교실에서, 회의실에서, 강당에서, 사장의 사무실에서, 판매점에서 일어난 일들이 결코 사소한 일은 아니었지만, 하나님의 현존과 진실한 관계를 맺었기 때문에 실패로만 끝나지 않고 의미가 있는 일들이 된다.

　진정시키는 하나님의 현존을 인식하기 위한 부단한 노력은 하나님이 함께 하심으로 모든 공포를 완전히 극복할 수 있고, 모든 사회적 상황을 확신과 자신감을 가지고 들어갈 수 있다는 과대 자기의 믿음을 수반하지 않는다. 진정시키는 하나님 현존의 경험은 공포감 자체를 완전히 제거하는 자기 확신의 모델이 되지 않는다. 그러나 하나님의 현존을 경험하게 되면 불확실한 상황 속에서도, 비판을 받는 상황 속에서도 자신이 결코 외톨이가 아니라는 인식을 갖게 된다. 여기서 중요한 것은 어떤 상황에 들어가야 할지에 대하여 고민하지 않게 되는 것이 아니라, 불안하게 만드는 상황에 들어갈 때에도 진정시키는 하나님의 현존이 함께 하신다는 인식이 주는 평안함이다. 시편 131편은 하나님의 현존에 대한 이해가 아름답게 표현된다.

여호와여 내 마음이 교만하지 아니하고
내 눈이 오만하지 아니하오며
내가 큰 일과 감당하지 못할 놀라운 일을 하려고
힘쓰지 아니하나이다
실로 내가 내 영혼으로 고요하고 평온하게 하기를
젖 뗀 아이가 그의 어머니 품에 있음 같게 하였나니
내 영혼이 젖 뗀 아이와 같도다
이스라엘아 지금부터 영원까지 여호와를 바랄지어다[8]

"큰일과 감당하지 못할 놀라운 일을 하려"는 태도를 포기하는 결정은 약함의 표시가 아니다. 오히려 진정시키는 하나님의 현존에 근거한 영혼의 힘을 반영한다. 그런 영혼의 힘은 위대한 대중 웅변가가 되어 위원회의 중요한 정책의 토론에서 설득력 있는 목소리를 내고, 밝고 재치 있는 대화자가 되어 사장으로 하여금 자신의 뜻을 허락하게 만드느냐의 여부에 성공의 의미를 두지 않게 만든다. 그러나 그렇다고 해서, 삶의 모든 것이 박탈되지 않는다. 역설적이게도, 신성시키는 하나님의 현존 속에서 남에게 확실한 지배력을 행사하는 어떤 일을 하려는 꿈을 포기하는 것은 영혼이 힘을 가지고 있음을 증명한다.

진정시키는 하나님의 현존에 대한 의지는 이완 기법과 어느 정도 유사성을 가지고 있지만 오히려 인지치료와 더욱 일치하며, 하나님의 현존에 대한 믿음으로 새로운 관점을 갖게 되면 이전과 다르게 사회적 상황을 경험하게 된다고 가르친다. 다시 말해서, 공포를 주는 사회적 상황에 들어가기 전부터 종료된 이후의 과정에 이르기까지 진정시키는 하나님의 현존을 인식하는 것은 사회공포증을 겪는 사람이 가지고 있는 사회적 상황에 대

---
[8] 개역개정판

한 조건화된 믿음을 상대화시키고, 자기 자신에 대한 무조건적이고 비합리적인 신념을 근본적으로 바꾼다. 진정시키는 하나님의 현존은 '무능하고', '사회적으로 부적절한' 자신에 대한 관점을 '편하지 않다. 그럼에도 불구하고 나는 견딜 수 있다.'라는 관점으로 변경시킨다.

사회공포증에 대한 정신분석적 접근방법이 적절한 이유는 공포증이 아동 초기의 부적절한 진정시키는 구조에서 발전하였다고 보기 때문이다. 이런 관점에서 시편 131편에서 어머니의 품에서 평화롭게 쉬는 어린아이의 은유가 "고요한 어린아이"와 같은 시인의 영혼을 대변한다. 진정시키는 어머니를 통하여 경험할 자기 대상이 진정시키는 하나님의 현존을 통하여 경험될 수 있다. 하나님의 현존은 두려운 사회적 역경이 시작되기 전부터 마칠 때까지, 그리고 그 이후에도 변함없이 품어주는 어머니의 품과 같다고 이해할 수 있다.

두 번째로 위험한 사회적 상황에 함께 들어가는 예수 그리스도의 역할은 종교가 사회공포증의 완화를 위하여 제공하는 자원이다. 복종하는 사람들에게 상처를 주는 지배적인 집단의 힘에 도전함으로써, 예수는 자기의 힘을 북돋우어주는 self-empowerment 내적 자원이 된다. 그는 사회공포증을 겪는 사람에게 지배적인 집단의 힘을 지나치게 의식하지 않게 하고, 반드시 지배적인 집단이 원하는 방식으로 굴복할 필요가 없음을 깨닫게 한다. 겉으로 '복종적이지만' 실제로 나름대로 담대한 마음으로 행동하는 조용한 반항의 태도를 갖도록 돕는다. 사회공포증을 겪는 사람들이 겉으로 보기에 굴복하는 듯이 보이지만 나름대로 주관을 가지고 행동을 선택할 수 있다는 통찰이 공포를 감소시킨다. 결국 예수 그리스도가 제시하는 권능은 힘이 드러나는 데에 있는 것이 아니라 감추어진 데에 있다는 전통적인 일본의 신념과 잘 들어맞는다. Joplin이 강조한대로 요한복음 8장의 간음한 여성의 이야기에서 여성의 운명이 어떻게 될지 결정이 나지 않았을 때에,

예수 그리스도가 땅 위에 어떤 내용을 쓰고 있었는지에 대하여 많은 추측이 있다.[231] 그러나 그 내용이 어떠하던 간에 복음서 기자는 독자들에게 그 내용을 숨겼고, 그 내용이 감추어졌기 때문에 무언가 신비스러운 힘을 전한다. 비슷한 방식으로 사회공포증을 겪는 사람들은 겉으로 공손하지만, 나름대로 주관을 가진 복종의 힘을 가지고 있다. 예수 그리스도는 내적 자기대상으로서 이 감추어진 힘이 유효하다고 가르친다. 사회공포증을 겪는 사람은 위험이 잠재된 상황으로 들어갈 때에 내면에 감추어져서 드러나지 않지만, 강한 힘을 가진 예수 그리스도라는 자기대상을 가질 수 있다.

이런 나의 관점은 이론적으로 Kohut의 내적 자기대상의 개념에 근거한다. 그 외에 뚜렷하게 나의 관점을 지지할 이론적 문헌을 찾기가 쉽지 않다. 그 이유는 부분적으로 사회공포증에 대한 많은 문헌들이 공포증의 고독에 초점을 두고 이론을 전개하기 때문이다. 앞에서 살펴본 대로, 공포증을 겪는 사람에 대한 치료자의 참여를 옹호하는 어떤 치료 계획 자기 효용 모델은 여러 이유 때문에 특정 공포증과 사회공포증을 위하여 설계되어서 사회공포증에는 별 효과가 없어 보인다. 이런 개인의 고독에 대하여 강조하는 치료 문헌들은 사회공포증세를 병리적으로 본다. 한 마디로 사회적 환경은 괜찮고 건강하고 문제가 없지만, 사람에게 문제가 있다는 것이다.

그러나 예수가 살던 당시에 병리적으로 여겨졌던 귀신 들렸던 사람의 이야기에서 사회 질서 그 자체가 악마적이었다는 사실이 드러났다.Hollenbach, 1976 동시에 사회공포증을 겪는 사람들도 사회생활에 대한 부정적 판단을 가지고 있음을 간과할 수 없었다. 특히 그들은 지배와 복종의 체계에 대하여 비판적이고, 지배와 복종의 역동이 최소화되어서 참여자들이 서로 동등한 사회적 상황을 소중히 여긴다. 사회공포증을 겪는 사람들이 지배와 복종이 최소화되는 상황 조화로운 가정과 친한 친구들과의 상호작용에서 불안을 별로 느끼지 않는다는 사실은 그들이 널리 퍼진 사회적 질서에 대하여 부정적인 판단을 가지고 있음을 보여주는 증거이다. 그러나 지배와 복종의 체계는 피할 수 없다. 모든 인간 사회, 집단의 일부분이다. 특히 현대와 같은 자기선전의 시대에 그 역동의 힘은 확대된다. 사회공포증을 겪는 사람들에게 진실한 사회적 질서는 지배와 복종의 역동이 사라져버린 "주님의 식탁"의 이미지로 표현된다. 거기에서 그들은 조금도 불안을 느끼지 않는다.

그러나 당분간 예수는 불편한 상황들에게 감추어진 것의 위력을 인정하신다. William Stafford의 시 "표현의 자유Freedom of Expression"에서 표현1996, 72된 것처럼, 예수는 지배적인 집단이 일방적으로 참여를 강요하는 불편한 상황을 떠날 결정이 유효하다고 인정하신다.

> 내 발은 가만히 서서 귀 기울이네.
> 언제 사람들의 떠나는 발걸음 소리가 들릴까?
> 복도를 걷기 시작하는지 알려고.
> 그들의 프로그램이 끝나서,
> 걸어 나갈 때가 되었지.
> 어느덧 인생의 프로그램이 끝나고, 그들은 걸어 나가네.
> 내 발도 서둘러 자갈 위를 걷는 소리가 들리네.
>
> 문득 깨달았네. 내 스스로 떠날 기준을 세운다면,
> 놀음꾼, 뚜쟁이, 허풍장이, 남들 위에 군림하는 인간들과
> 함께 있다가 그들이 떠날 때에 같이 동행할 필요가 없음을.
> 내 발이 말하지 "그들이 있는 곳은 내가 있을 곳이 아니라고"
> "정중하게 그러나 당당하게
> 그들과 함께 있기를 거절하고 떠나라고"

마침내 나 스스로 결정해서 떠났지.

예수는 제자들에게 그들을 환영하지 않는 마을에서 발의 먼지까지 털어 버리고 떠나라고 말씀하셔서 우리에게 언제든지 마음대로 떠날 선택의 자유가 있음을 깨닫게 하신다.

참고문헌

Akillas, E., & Efran, J. S. (1995). Symptom prescription and reframing: Should they be combined? *Cognitive Therapy and Research*, 19:263-79.

American Psychiatric Association (1994). *Diagnostic and Statistical Manual of Mental Disorders (DSM-IV)*. Washington, D. C.: American Psychiatric Association.

Arkin, R. M. (1986). Shyness and self-presentation. In W. H. Jones, J. M. Cheek, & S. R. Briggs, eds., *Shyness: Perspectives on Research and Treatment*. New York: Plenum Press.

Arrindell, W. A. et al. (1989). Perceived parental rearing styles of agoraphobic and socially phobic in-patients. *British Journal of Psychiatry*, 155:526-35.

Baker, S. R., & Boaz, D. (1983). The partial reformation of a traumatic memory of a dental phobia during trance: A case study. *The International Journal of Clinical and Experimental Hypnosis*, 31:14-18.

Bandura, A. et al. (1980). Tests of the generality of self-efficacy theory. *Cognitive Therapy and Research*, 4:39-66.

Beck, A. T. et al. (1979). *Cognitive Therapy of Depression: A Treatment Manual*. New York: The Guilford Press.

Beck, A. T. et al. (1985). *Anxiety Disorders and Phobias: A Cognitive Perspective*. New York: Basis Books.

Beidel, D. C., & Morris, T. L. (1995). Social Phobia. In J. S. March, ed. *Anxiety Disorders in Children and Adolescents*. New York: The Guilford Press, 181-211.

Bergmann, M. V. (1980). On the genesis of narcissistic and phobic character formation in an adult patient: A developmental view. *International*

Journal of Psychoanalysis, 61:535-46.

Bourdon, K. H. et al. (1988). Gender differences in phobias: Results of the ECA community survey. *Journal of Anxiety Disorders*, 2:227-41.

Breuer, J., & Freud, S. (1955). Studies on hysteria. In J. Strachey, ed. and trans., *The Standard Edition of the Complete Psychological Works of Sigmund Freud*, 2. London: Hogarth Press, 1-311. Originally published in 1893-1895.

Brown, D. R. et al. (1990). Racial differences in prevalence of phobic disorders. *The Journal of Nervous and Mental Disease*, 178:434-41.

Bruch, M. A., & Cheek, J. M. (1995). Developmental factors in childhood and adolescent shyness. In R. G. Heimberg et al., eds., *Social Phobia: Diagnosis, Assessment, and Treatment*. New York: The Guilford Press, 163-82.

Bruch, M. A., & Heimberg, R. G. (1994). Differences in perceptions of parental and personal characteristics between generalized and nongeneralized social phobics. *Journal of Anxiety Disorders*, 8:155-168.

Bruch, M. et al. (1989). Social phobia and perceptions of early parental and personal characteristics. *Anxiety Research*, 2:57-65.

Buss, A. H. (1980). *Self-Consciousness and Social Anxiety*. San Francisco, Calif.: Freeman Press.

Buss, A. H. (1986). A theory of shyness. In W. H. Jones, J. M. Cheek, & S. R. Briggs, eds., *Shyness: Perspectives on Research and Treatment*. New York: Plenum Press.

Butler, G. (1985). Exposure as a treatment for social phobia: Some instructive difficulties. *Behavior Research an Therapy*, 23:651-657.

Butler, G., & Wells, A. (1995). Cognitive-behavioral treatments: Clinical applications. In R. G. Heimberg et al., eds., *Social Phobia: Diagnosis, Assessment, and Treatment*. New York: The Guilford Press, pp. 310-33.

Chaleby, K. (1987). Social phobia in Saudis. *Social Psychiatry*, 22:167-170.

Chapman, T. F. et al. (1995). Epidemiology and family studies of social phobia. In R. G. Heimberg et al., eds., *Social Phobia: Diagnosis, Assessment, and Treatment*. New York: The Guilford Press, 21-40.

Clark, D. M., & Wells, A. (1995). A cognitive model of social phobia. In R. G. Heimberg et al., eds., *Social Phobia: Diagnosis, Assessment, and Treatment*. New York: The Guilford Press, 69-93.

Coleman, M. D. (1982/1983). Prestructuring determinants in a case of phobia. *International Journal of Psychoanalytical Psychotherapy*, 9:537-51.

Cook, E. W. et al. (1988). Emotional imagery and the differential diagnosis of anxiety. *Journal of Consulting and Clinical Psychology*, 56:734-40.

Darwin, C. (1998). *The Expression of the Emotions in Man and Animals*. New York: Oxford University Press.

David, D. et al. (1995). Panic-phobic patients and developmental trauma. *Journal of Clinical Psychiatry*, 56:113-17.

Davidson, J. R. T. et al. (1994). The boundary of social phobia. *Archives of General Psychiatry*, 51:975-83.

Donahue, B. C. et al. (1994). Behavioral assessment and treatment of social phobia: An evaluative review. *Behavior Modification*, 18:262-88.

Elting, D. T., & Hope, D. A. (1995). Cognitive assesment. In R. G. Heimberg et al., eds., *Social Phobia: Diagnosis, Assessment, and Treatment*. New York: The Guilford Press, 232-58.

Fisher, S., & Fisher, R. L. (1993). *The Psychology of Adaptation to Absurdity: Tactics of Make-Believe*. Hillsdale, N. J.: Lawrence Erlbaum Associates.

Frankl, V. E. (1939). Zur medikament sen Unterst tzung der Psychotherapie bei Neurosen. *Schweizer Archiv f r Neurologie und Psychiatrie*, 43:26-31.

Frankl, V. E. (1975). Paradoxical intention and dereflection. *Psychotherapy: Theory, Research and Practice*, 12:226-37.

Freud, S. (1961). The Ego and the Id. In J. Strachey, ed. and trans., *The Standard Edition of the Complete Psychological Works of Sigmund Freud*, 7. London: Hogarth Press, 123-245. Originally published in 1923.

Fyer, A. J. et al. (1993). A direct interview family study of social phobia. *Archives of General Psychiatry*, 50:286-93.

Gabbard, G. O. (1992). Psychodynamics of panic disorder and social phobia. *Bulletin of the Menninger Clinic*, 56:A3-A13.

Gambrill, E. (1995). Helping shy, socially anxious, and lonely adults: A skill-based contextual approach. In W. O'Donahue & L. Krasner, eds., *Handbook of Psychological Skills Training: Clinical Techniques and Applications*. Boston: Allyn & Bacon, 247-86.

Ghosh, A., & Marks, I. M. (1987). Self-treatment of agoraphobia by exposure. *Behavior Therapy*, 18:3-16.

Greist, J. H. (1995). The diagnosis of social phobia. *Journal of Clinical Psychiatry*, 56 (Suppl. 5): 5-12.

Haley, J. (1973). *Uncommon Therapy: The Psychiatric Techniques of Milton H. Erickson, M. D.* New York: W. W. Norton.

Hand, I., & Lamontagne, Y. (1976). Th exacerbation of interpersonal problems after rapid phobia-removal. *Psychotherapy: Theory, Research and Practice*, 13:405-11.

Hayers, S. C., & Barlow, D. H. (1977). Flooding relief in a case of public transportation phobia. *Behavioral Therapy*, 8:742-46.

Heckelman, L. R., & Schneier, F. R. (1995). Diagnostic issues. In R. G. Heimberg, et al., eds., *Social Phobia: Diagnosis, Assessment, and Treatment*. New York: The Guilford Press, 3-20.

Heimberg, R. G., & Barlow, D. H. (1988). Psychosocial treatments for social phobia. Psychosomatics, 29:27-37.

Heimberg, R. G., & Juster, H. R. (1994). Treatment of social phobia in cognitive-behavioral groups. *Journal of Clinical Psychiatry*, 55:38-46.

Heimberg, R. G., & Juster, H. R. (1995). Cognitive-behavioral treatments: Literature reviews. In R. G. Heimberg et al., eds., *Social Phobia: Diagnosis, Assessment, and Treatment*. New York: The Guilford Press, 261-309.

Heimberg, R. G. et al. (1985). Treatment of social phobia by exposure, cognitive restructuring, and homework assignments. *The Journal of Nervous and Mental Disease*, 173:236-45.

Hollenbach, P. W. (1976). Jesus, demoniacs, and public authorities: A sociohistorical study. *Journal of the American Academy of Religion*, 44:567-88.

Holt, C. S. et al. (1992). Situational domains of social phobia. *Journal of Anxiety Disorders*, 6:63-77.

Holt, P. E., & Andrews, G. (1989). Provocation of panic: Three elements of the panic reaction in four anxiety disorders. *Behaviour Research and Therapy*, 27:253-61.

Hope, D. A. et al. (1990). Representations of the self in social phobia: Vulnerability to social threat. *Cognitive Therapy and Research*, 14:177-89.

Humphreys, L., & Beiman, I. (1975). The application of multiple behavioral techniques to multiple problems of a complex case. *Journal of Behavior Therapy and Experimental Psychiatry*, 6:311-15.

James, W. (1950). *The Principles of Psychology*, 2 vols. New York: Dover Publications. Originally published in 1890.

James, W. (1961). *Psychology: The Briefer Course*. Gordon Allport, ed. Notre Dame, Ind.: University of Notre Dame Press. Originally published in 1892.

James, W. (1982). *The Varieties of Religious Experience*. New York: Penguin

Book. Originally published in 1902.

Jansen, M. A. et al. (1994). Personality disorders and features in social phobia and panic disorder. *Journal of Abnormal Psychology*, 103:391-95.

Jarrett, F. J., & Schnurr, R. (1979). Phobias and depression: Clinical and psychometric aspects. *Journal of Behavior Therapy and Experimental Psychiatry*, 10:167-71.

Joplin, P. K. (1992). Intolerable language: Jesus and the woman taken in adultery. In P. Berry and A. Wernick, eds. *Shadow of Spirit: Postmodernism and Religion*. London: Routledge, 227-37.

Kagan, J., & Reznick, S. J. (1986). Shyness and temperament. In W. H. Jones et al., eds., *Shyness: Perspectives on Research and Treatment*. New York: Plenum Press, 81-90.

Kagan, J. et al. (1987). The physiology and psychology of behavioral inhibition in children. *Child Development*, 58:1459-73.

Kaufman, G. (1985). *Shame: The Power of Caring*, 2nd rev. ed. Cambridge, Mass.: Schenkman Books.

Kaufman, G., & L. Raphael (1996). *Coming out of Shame: Transforming Gay and Lesbian Lives*. New York: Doubleday.

Kessler, M. N. (1995). Will social phobics answer the telephone? *American Journal of Psychiatry*, 152:653.

Kitayama, O. (1985). Pre-oedipal "taboo" in Japanese folk tragedies. *International Journal of Psychoanalysis*, 12:173-86.

Kitayama, O. (1987). Metaphorization-making terms. *International Journal of Psychoanalysis*, 68:499-509.

Knight, J. A. (1967). Church phobia. *Pastoral Psychology*, 18:33-38.

Koenig, H. G. et al. (1993). Religion and anxiety disorder: An examination and comparison of associations in young, middle-aged, and elderly adults. *Journal of Anxiety Disorders*, 7:321-42.

Kohut, H. (1971). *The Analysis of the Self*. New York: International Universities Press.

Kohut, H. (1977). *The Restoration of the Self.* New York: International Universities Press.

Kohut, H. (1984). *How Does Analysis Cure?* Arnold Goldberg, ed. Chicago: The University of Chicago Press.

Kohut, H. (1985). *Self-Psychology and the Humanities: Reflections on a New Psychoanalytic Approach.* C. Strozier, ed. New York: W. W. Norton.

Lamb, C. S. (1985). Hypnotically-induced deconditioning: Recontruction of memories in the treatment of phobias. *American Journal of Clinical Hypnosis,* 28:56-62.

Lasch, C. (1979). *The Culture of Narcissism: American Life in an Age of Diminishing Expectation.* New York: W. W. Norton.

Leary, M. R., & Kowalski, R. M. (1995). The self-presentational model of social phobia. In R. G. Heimberg et al., eds., *Social Phobia: Diagnosis, Assessment, and Treatment.* New York: The Guilford Press, 94-112.

Lee, H. B., & Oei, T. P. S. (1994). Factor structure, validity, and reliability of the fear questionnaire in a Hong Kong Chinese population. *Journal of Psychopathology and Behavior Assessment,* 16:189-99.

Lewis, A. (1970). Problems posed by the ambiguous word 'anxiety' as used in psychopathology. *Israel Annals of Psychiatry and Related Disciplines,* 5:105-21.

Lewis, R. W. B. (1991). *The Jameses: A Family Narrative.* New York: Farrar, Straus and Giroux.

Liebowitz, M. R. et al. (1985). Social phobia: Review of a neglected anxiety disorder. *Archives of General Psychiatry,* 42:729-36.

Lindemann, C. (1994). Phobias. In B. B. Wolman & Stricker, G., eds. *Anxiety and Related Disorders: A Handbook.* New York: John Wiley & Sons, 161-76.

Linden, W. (1981). Exposure treatment for focal phobias. *Archives of General Psychiatry*, 38:769-75.

Llewelyn, S. P. (1980). The uses of an eclectic approach: A case study. *British Journal of Medical Psychology*, 53:145-49.

Lukas, E. (1984). *Meaningful Living: A Logotherapy Guide to Health*. New York: Grove Press.

Lynd, H. M. (1958). *On Shame and the Search for Identity*. New York: Science Editions.

Mack, B. L. (1993). *The Lost Gospel: The Book of Q and Christian Origins*. San Francisco, Calif.: Harper San Francisco,

Mahler M. S et al. (1975). *The Psychological Birth of the Human Infant: Symbiosis and Individuation*. New York: Basic Books.

Marks, I. (1995). Advances in behavioral-cognitive therapy of social phobia. *Journal of Clinical Psychiatry*, 56:25-31.

Marks, I. M., & Gelder, M. G. (1966). Different ages of onset in varieties of phobias. *American Journal of Psychiatry*, 123:218-21.

McNeil, D. W. et al. (1995). Behavioral assessment: Self-report, physiology, and overt behavior. In R. G. Heimberg et al., eds., *Social Phobia: Diagnosis, Assessment, and Treatment*. New York: The Guilford Press, 202-31.

Meissner, W. W. et al. (1987). A view of aggression in phobic states. *Psychoanalytic Quarterly*, 56:452-76.

Menninger, W. W. (1994). Psychotherapy and integrated treatment of social phobia and comorbid conditions. *Bulletin of the Menninger Clinic*, 58:A84-A90.

Mersch, P. P. A. et al. (1992). Somatic symptoms in social phobia: A treatment method based on rational emotive therapy and paradoxial interventions. *Journal of Behavioral Therapy and Experimental Psychiatry*, 23:199-211.

Miller, S. (1985). *The Shame Experience*. Hillsdale, N. J.: Erlbaum.

Mineka S., & Zinbarg, R. (1995). Conditioning and ethological models of social phobia. In R. G. Heimberg et al., eds., *Social Phobia: Diagnosis, Assessment, and Treatment*. New York: The Guilford Press.

Morrison, A. P. (1996). *The Culture of Shame*. New York: Ballantine Books.

Mott, T. (1986). Current status of hypnosis in the treatment of phobias. *American Journal of Clinical Hypnosis*, 28:135-37.

Munjack, D. J., & Moss, H. B. (1981). Affective disorder and alcoholism in families of agoraphobics. *Archives of General Psychiatry*, 38:869-71.

Newell, R., & Shrubb. S. (1994). Attitude change and behavior therapy in dysmorphophobia: Two case reports. *Behavioral and Cognitive Psychotherapy*, 22:163-69.

hman, A. (1986). Face the beast and fear the face: Animal and social fears as prototypes for evolutionary analysis of emotion. *Psychophysiology*, 23:123-45.

Okano, K-I. (1994). Shame and social phobia: A transcultural viewpoint. *Bulletin of the Menninger Clinic*, 58:323-38.

st, L-G. (1978). Fading: A new technique in the treatment of phobias. *Behavior Research and Therapy*, 16:213-16.

st, L-G. (1985). Ways of acquiring phobias and outcome of behavioral treatments. *Behavior Research and Therapy*, 23:683-89.

st, L-G. (1987). Age of onset in different phobias. *Journal of Abnormal Psychology*, 96:223-29.

Otto, R. (1923). *The Idea of the Holy*. J. H. Harvey trans. London: Oxford University Press.

Pfister, O. (1948). *Christianity and Fear: A Study in History and in the Psychology and Hygiene of Religion*. W. H. Johnston, trans. London: Geroge Allen & Unwin.

Pollard, C. A. et al. (1989). Help-seeking patterns of anxiety-disordered individuals in the general population. *Journal of Anxiety Disorders*, 3, 131-38.

Pollard, C. A., & Henderson, J. G. (1988). Four types of social phobia in a community sample. *The Journal of Nervous and Mental Disease,* 176:440-45.

Potts, N. L. S., & Davidson, J. R. T. (1995). Pharmacological treatments: Literature review. In R. G. Heimberg et al., eds., *Social Phobia: Diagnosis, Assessment, and Treatment.* New York: The Guilford Press, 334-65.

Pribor, E. F., & Dinwiddie, S. H. (1992). Psychiatric correlates of incest in childhood. *American Journal of Psychiatry*, 149:52-56.

Pruyser, P. W. (1983). *The Play of Imagination: Tower a Psychoanalysis of Culture.* New York: International Universities Press.

Quinlan, M. J. (1953). Memoir of William Cowper: An autobiography edited with an introduction. *Proceedings of the American Philosophical Society*, 97:359-82.

Ragsdale, J. E., & Durham, K. R. (1966). Audience response to religious fear appeals. *Review of Religious Research*, 28:40-50.

Rapee, R. M. (1995). Descriptive psychopathology of social phobia. In R. G. Heimberg et al., eds., *Social Phobia: Diagnosis, Assessment, and Treatment.* New York: The Guilford Press, 41-66.

Rapee, R. M., & Lim, L. (1992). Discrepancy between self- and observer ratings of performance in social phobics. *Journal of Abnormal Psychology*, 101:728-31.

Rapee, R. M. et al. (1988). Social phobia features across the DSM- III-R anxiety disorders. *Journal of Psychopathology and Behavioral Assessment*, 10:287-99.

Reich, J. (1986). The epidemiology of anxiety. *The Journal of Nervous and Mental Disease*, 174:129-36.

Reich, J. et al. (1988). Anxiety symptoms distinguishing social phobia from panic and generalized anxiety disorders. *The Journal of Nervous and Mental Disease.* 176:510-13.

Rosenbaum, J. F. et al. (1991). Behavioral inhibition in children: A possible precursor to panic disorder or social phobia. *Journal of Clinical Psychiatry,* 55:10-16.

Ross, J. (1980). The use of former phobics in the treatment of phobias. *American Journal of Psychiatry,* 137:715-17.

Ross, J. (1991). Social phobia: The Anxiety Disorders Association of America helps raise the veil of ignorance. *Journal of Clinical Psychiatry,* 52:43-47.

Roth, M. & Argyle, N. (1988). Anxiety, panic and phobic disorders: An overview. *Journal of Psychiatric Research,* 22:33-54.

Routh, D. K., & Bernholtz, J. E. (1991). Detachment, separation, and phobias. In J. L. Gewirtz & Kurtines, W. M., eds., *Intersections With Attachment.* Hillsdale, N. J.: Lawrence Erlbaum, 295-309.

Salkoviskis, P. M. (1991). The importance of behaviour in the maintenance of anxiety and panic: A cognitive account. *Behavioral Psychotherapy,* 19:6-19.

Schneier, F. R. et al. (1992). Social phobia: Comorbidity and morbidity in an epidemiological sample. *Archives of General Psychiatry,* 49:282-88.

Schneier, F. R. et al. (1994). Functional impairment in social phobia. *Journal of Clinical Psychiatry,* 55:322-31.

Shorkey, C., & Himle, D. P. (1974). Systematic desensitization treatment of a recurring nightmare and related insomnia. *Journal of Behavior Therapy and Experimental Psychiatry,* 5:97-98.

Stafford, W. (1996). *Even in Quiet Places.* Lewiston, Idaho:Confluence Press.

Stein, M. B. et al. (1995). Reply to Mr. Kessler. *American Journal of Psy-*

chiatry, 152:653-54.

Stopa, L., & Clark, D. M. (1993). Cognitive processes in social phobia. *Behavior Research and Therapy*, 31:255-67.

Thyer, B. A. et al. (1988). Is parental death a selective precursor to either panic disorder agoraphobia? A test of the separation anxiety hypothesis. *Journal of Anxiety Disorders*, 2:333-38.

Tikalsky, F. D., & Wallace, S. D. (1988). Culture and the structure of children's fears. *Journal of Cross-Cultural Psychology*, 19:481-92.

Trower, P., & Gilbert, P., (1989). New theoretical conceptions of social anxiety in clinic and nonclinic samples: Psychological and cognitive correlates. *Journal of Consulting and Clinical Psychology*, 54:523-27.

Turner, S. M. et al. (1986). Psychopathology of social phobia and comparison to avoidant personality disorder. *Journal of Abnormal Psychology*, 95:389-94.

Uhde, T. W. et al. (1991). Phenomenology and neurobiology of social phobia: Comparison with panic disorder. *Journal of Clinical Psychiatry*, 52:31-40.

Van Amerigen, M. (1991). Relationship of social phobia with other psychiatric illness. *Journal of Affective Disorders*, 21:93-99.

Watzlawick, P. et al. (1974). *Change: Principles of Problem Formation and Problem Resolution*. New York: W. W. Norton.

Wells, A. et al. (1995). Social phobia the role of in-situation safety behaviors in maintaining anxiety and negative beliefs. *Behavior Therapy*, 26:153-61.

Wieselberg, N. et al. (1979). The desensitization derby: In *vivo* down the backstretch, imaginal at the wire? *Journal of Clinical Psychology*, 35:647-50.

Williams, S. L. (1987). On anxiety and phobia. *Journal of Anxiety Disorders*, 1:161-80.

Williams, S. L. (1988). Addressing misconceptions about phobia, anxiety, and self-efficacy: A reply to Marks. *Journal of Anxiety Disorders*, 2:277-89.

Williams, S. L. (1992). Perceived self-efficacy and phobic disability. In R. Schwarzer, ed., *Self-Efficacy: Thought Control of Action*. Washington, D. C.: Hemisphere Publishing Corporation, 149-76.

Williams, S. L., & Kleifield, E. (1985). Transfer of behavioral change across phobias in multiple phobic clients. *Behavior Modification*, 9:22-31.

Williams, S. L. et al. (1985). Guided mastery and performance desensitization treatments for severe acrophobia. *Journal of Consulting and Clinical Psychology*, 53:237-47.

Wlazlo, Z. et al. (1990). Exposure in *vivo* vs. social skills training for social phobia: Long-term outcome and differential effects. *Behavior Research and Therapy*, 28:181-93.

Zajecki, J. M., & Ross, J. S. (1995). Management of comorbid anxiety and depression. *Journal of Clinical Psychiatry*, 56:10-13.

Zerbe, K. J. (1994). Uncharted waters: Psychodynamic considerations in the diagnosis and treatment of social phobia. *Bulletin of the Menninger Clinic*, 58:A3-A20.